김창룡의

미디어
비평노트

김창룡의

미디어
비평노트

김창룡 지음

이담
Books

프롤로그
─나에게 미디어 비평이란

나에게 '미디어 비평'이란 다양한 얼굴로 다가온다. 가장 먼저 '즐거움'이다.

미디어 소비자들이 자칫 이해하지 못하거나 간과하는 부분을 알아내 보충 설명할 수 있거나 문제를 지적해 줄 수 있을 때 보람과 즐거움을 느낀다. 일종의 미디어 소비자들에 대한 서비스이며 동시에 단순 미디어 소비자로 전락하는 위험성에 대한 경계 신호이기도 하다. 견제, 감시를 두려워하지 않는 일부 언론인들의 불공정하거나 부당한 보도에 대해 오직 독자, 시청자의 입장에서 다른 시각, 문제점을 지적할 수 있다는 것은 흥미로운 일이며 보람 또한 느낀다. 이것이 한국 저널리즘의 발전에 기여하는 또 다른 방안이라고 믿는다.

현역 저널리스트 생활을 타의에 의해 그만두고 학계로 온 후, 저널리즘에 대한 비평자의 시각으로 저널리스트 때와 마찬가지로 치열하게 고민하며 비평문을 내보내고자 노력했다. 나는 10년 남짓 미디어 비평을 하면서 지치기도 했지만 여전히 '미디어 비평'을 하고 있는 것은 바로 이런 즐거움과 보람도 있기 때문이라고 자위한다.

나에게 '미디어 비평'이란 때로 괴로움과 고통을 의미하기도 한다. 본의든 아니든 비평을 당하는 당사자나 해당 언론사 입장에서는 매우 곤혹스러워하거나 심지어 보복의사를 전하기도 한다. 때로는 나의 표현이 부드럽지 못하거나 부족한 전문성 때문이든 이런 것이 아니더라도 매우 주관적 판단으로 나에게 전화나 인터넷, 엽서 등으로 협박, 공갈을 할 때면 인간적 괴로움과 슬픔을 느끼기도 한다. 누구나 칭찬을 받고 싶어 한다. 특히 언론인들, 정치인들은 단순 비평조차도 '내 편, 네 편'으로 편 가르기 하며 '친여' '친야' 등으로 구분하려 든다. 학자에 대한 장점은 정치적 편견 없이 공정하게 비평하는 것으로 대중은 받아들인다. 물론 일부 정치학자들은 그렇지 않지만……. 누가 알아주든 그렇지 않든 학자적 양심을 지키며 비평하기란 그래서 어렵다. 시류에 편승하지 않고 권력의 눈치를 보지 않고 소신껏 막강한 미디어 권력을 상대로 비평을 내놓는다는 것은 때로 위험을 자초하는 일이기도 하다.

나에게 '미디어 비평'이란 일종의 의무감의 표현이기도 하다.

언론학자들이 모두 미디어 비평에 나서는 것은 아니다. 그러나 나는 미디어 발전을 위해 미디어 비평은 반드시 필요하다고 믿는 사람이다. 또한 미디어 비평은 올바른 미디어 소비자들의 교육을 위해서도 불가피하며 저널리즘의 질적 발전에 필수요소라고 믿는다.

미디어 비평은 누구나 할 수 있는 것 같지만 사실 제대로 하기란 매우 어렵다. 기자나 피디 세계의 프로페셔널에 도전하는 차원을 넘어 한 수 지도해야 할 때도 있기 때문이다. 주관적인 단순 인상기 차원의 비평은 누구나 할 수 있지만 저널리스트들이 공감하는 공정하고 전문성 있는 비평은 그 나름의 가치를 인정받는다고 본다. 이제 미디어는 일부 계층의 전유물이 아니라 모든 국민의 일반 소비재처럼 정신세계와 가치판단에 직접적 영향을 미치는 필수재가 됐다. 이를 위한 가식 없는 정보공개와 비평은 언론학자의 몫이기도 하다.

마지막으로 미디어 비평은 이제 없어져야 할 장르가 아닌 더욱 발전시켜야 할 시대적 과제가 됐다는 점에서 언론 학자에게 책임을 묻고 있다고 생각한다.

2010년은 신문계의 방송진출, 재벌의 방송진출 등이 본격적으로 이루어지는 해이기도 하다. 여야가 첨예하게 맞선 사안이 헌법재판소를 거치면서도 끝내 합의점을 찾지 못한 채 시행에 들어간다는 점에서 '2010년 한국 미디어계 변화'는 역사적 주목을 받고 있다. 권력이 바뀔 때마다 언론은 크게 요동쳤다. 방송진출을 꿈꾸는 거대 신문사들은 이해 당사자의 입장에서 권력에 대한 '비판, 감시역할'이 한계에 부딪히는 모습을 보이고 있다. 이런 때일수록 더욱 미디어 비평은 필요하지만 현실은 비평이 질식하고 있는 상황이다.

미디어 비평의 목표는 미디어 소비자들에게 오직 정확하고 공정한 서비스를 하자는 것뿐이다. 언론이 권력의 영향에 따라 때로 공정을 가장한 불공정한 보도를 하는 것, 보도를 가장한 홍보를 하는 것, 정보를 과장해 광고를 하는 것 등을 가려내 이를 막고 경각심을 촉구하자는 것이다. 정치적 배려, 고려 등은 있을 수 없다. 미디어 비평의 존재이유는 바로 정직성과 서비스 정신에 있다.

편의상 방송, 신문 비평 등으로 나눈 뒤 따로 저널리즘 비평을 마련했다. 저널리즘 비평에서는 신문, 방송이 타 매체와 연관되었거나 인터넷 매체, 통신사 등을 다루고자 했다. 커뮤니케이션 비평에서는 주로 소통이나 화법, 용어의 문제를 다뤘다.

한국의 저널리즘 발전을 기대하며 동시에 미디어 소비자들의 의식도 한 단계 업그레이드되기를 희망한다.

참고로 여기에 인용된 글들은 미디어 전문신문 '미디어 오늘' 온라인상에서 서비스된 것을 중심으로 오프라인에 소개하게 된 것임을 밝힌다.

2010년
인제대학교 신문방송학과 김창룡

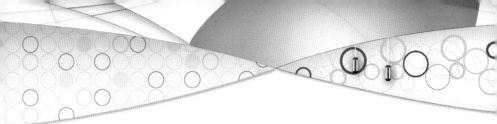

▌목차

방송비평 │ *제 1 장*

멀쩡한 아나운서를 KO시킨 술, 감기약
[미디어창] 아나운서에게 엄격한 윤리의식이 요구되는 까닭

'신문사의 꽃'은 기자, '방송사의 꽃'은 피디(PD)라는 말이 있다. 그 매체에서 그만큼 중요성을 강조하는 표현이 되고 있다. 이 가운데 '방송사 꽃 중의 꽃'은 아나운서라고 생각한다. 전파를 타고 대중에게 직접적인 접촉을 하는 아나운서들을 화면에 최고로 멋지게 나오게 하기 위해 작가, 조명, 카메라맨, 기술진, 피디 등이 총출동된다. 시청자들은 아나운서들의 화려한 말과 표정, 제스처를 위해 보이지 않는 스태프진들이 얼마나 고생하고 있는지 이들의 노고를 알아주지 않는다. 방송에서 보이지 않는 것은 존재하는 것도 아니니까. 아나운서만 기억하고 그들에게 선망의 시선을 보낼 뿐이다.

아나운서들은 물론 그들 나름대로 긴장감 속에서 최선의 모습을 전달하기 위해 노력한다. 아나운서의 실패는 그 팀 전부의 좌절로 이어진다. 따라서 아나운서, 앵커들은 어느 직종보다 자기관리가 철저한 프로정신으로 똘똘 뭉쳐져 있어야 한다는 것은 상식이다.

이름만 대면 알 만한 유명 TV진행자가 담배를 계속 피우는 것을 보고 안타까운 마음을 가진 적이 있다. 담배가 얼마나 목에 나쁜지 익히 들어 왔기 때문이다. 담배와 함께 술이 이렇게 멀쩡한 아나운서들을 격침시키리라고는 생각도 하지 못했다. 지난해 MBC에 이어 올해에는 KBS에서 베테랑 아나운서가 음주파문으로 마이크를 빼앗겼다.

KBS는 2009년 12월 16일 KBS 1 라디오 '저녁 7시 뉴스'를 방송하며 불분명한 발음으로 논란을 빚은 서기철 아나운서에 대해 다음 날 즉각 "음주방송을 한 것이 맞다."며 "방송 전, 불가피한 사정으로 외부인과 저녁 식사를 하며 반주를 했고, 이후 뉴스 직전에 감기약을 복용한 것이 확인됐다."고 밝혔다.

KBS는 '음주방송'을 인정하면서 '감기약 복용'도 언급했다. 감기약 복용을 믿는다 하더라도 이것이 '음주방송' 실수를 뒤집을 수는 없다. 2008년 1월 31일, MBC '스포츠뉴스' 음주 진행으로 파문을 일으켰던 임경진 전 아나운서의 경우는 이보다 더했다. 당시 자체 조사에서 "일본에서 진행된 2009 베이징 올림픽 핸드볼 예선 재경기 한일전 경기 생중계를 한 뒤 1월 31일 오후 귀국 승리를 자축하는 회식에서 맥주 2잔을 마셨다."며 "이후 수면을 취한 뒤, 감기약을 먹었는데 이 때문에 진행에 실수가 빚어졌다."고 말했다.

MBC는 아예 '감기약' 탓으로 돌렸다. 이에 비해 KBS는 그나마 정직한 편이다. 인간은 누구나 실수하는 법, 우리 사회가 그런 실수에 좀 더 너그러워져야 할 필요가 있지만 아나운서들의 경우는 입장이 좀 다르다.

수많은 대중이 자신의 입과 표정, 태도를 주목하는 그런 자리에 서야 하기 때문에 '인간적 실수'가 용납되지 않는 어려운 직종이다. 그런 실수는 스태프 전체의 노력을 수포로 돌아가게 만들고 방송사 이미지를 실추시키는 결과를 초래한다.

'저녁에 불가피한 사정으로 외부인과 저녁식사는 할 수' 있지만 이미 정해진 뉴스 진행시간이 있는데, 음주를 했다는 것은 자기관리, 자기통제의 실패로밖에 해석할 수 없다. 물론 '한국의 술 권하는 사회'도 문제다. 뉴스를 진행해야 하는 아나운서에게 술 권하는 그런 정신 나간 사람, 판사, 검사에게 폭탄주 권하는 변호사, 기자들에게 술 권하고 촌지도 뿌리는 검찰총장……

한국사회에는 특정 직종, 직위에 가면 가만히 있어도 술 주고 돈 주려고 안달하는 희한한 사회다. 그 문화에서 자기중심을 잡지 못하면 한순간에 '감기약' 소리를 치면서 추락하게 된다. 평소 깔끔한 목소리와 명쾌한 발음의 베테랑 아나운서조차도 술은 삽시간에 모든 것을 헝클어 놓는 괴력을 발휘하는 법이다. 입으로 살아가는 아나운서의 혀가 꼬이면 인생도 함께 꼬이게 된다.

'방송제작 가이드라인'이 잘 정비된 'KBS 2007년 개정판'을 자세히 살폈지만 어디에도 '음주, 감기약을 조심하라'는 내용은 없었다. 제1장 'KBS 방송의 규범' 편 제4조 '방송의 품위와 제작자의 윤리'를 보면 '품위 있는 방송'을 언급하고 있는 정도다. "…… 일상적인 방송활동에서도 스스로 품위를 지키도록 노력해야 한다. KBS는 한국을 대표하는 공영방송으로서 사회 환경에 대한 비판과 감시기능을 충실히 수행해야 한다. 이 기능을 올곧게 수행하기 위해 ……." 등으로 명시하고 있다. 여기서 '엄격한 직업윤리와 도덕적 청렴성'을 요구하고 있을 뿐이다. 이제 음주방송 부분도 추가해야 하는 것이 아닐까.

해마다 반복되는 아나운서들의 음주 파문, 개인의 문제이기도 하지만 조직과 사회 전체의 문제이기도 하다. 모두가 폭탄주에 취해도 국민의 눈과 귀 역할을 하며 이를 제대로 전달해야 할 아나운서, 앵커들은 깨어 있어야 한다. 죄 없는 '감기약'을 운운한다는 것은 스스로 공영방송의 품위와 신뢰를 저버리는 반윤리적 행위가 된다.

아나운서의 마이크를 뺏는 것은 저널리스트의 펜을 뺏는 것이나 다름없는 처절한 형극이다. 한 번 잃은 신뢰를 다시 회복하기란 세 배, 네 배 더 힘들다. 그렇게 노력하며 쌓아 온 명성도 날리는 데는 불과 3분밖에 걸리지 않는다는 평범한 진리를 다시 한 번 확인하게 된다.

■ 2009년 12월 17일

KBS는 미녀들 아닌 국민의 방송이 돼야
[미디어창] '제2의 미수다' 예방 위해 자·타율 규제 더욱 강화해야

KBS 2TV <미녀들의 수다> 방송에서 빚어진 문제의 발언, "키 180㎝가 안 되는 남자는 루저(패배자)"에 대해 일부 남성들은 언론중재위원회에 민사소송을 제기했고, 방송통신심의위원회는 심의에 들어갔다고 한다.

지금 반짝 관심을 모으고 있는 사안이지만 곧 아무 일도 없는 것처럼 잊힐 것이고 거꾸로 '미수다'는 더욱 시청률을 올리는 상업적 효과의 이득을 누리게 될지도 모른다. 이런 큰 사회적 소동에서 교훈을 얻고 제도개선으로 이어지지 못하면 매우 허망한 일이 될 것 같아 원인을 찾고 대안을 제시하고자 한다.

먼저 이 사안의 결론부터 미리 예상해 본다. 언론중재위원과 방송심의위원 경험을 바탕으로 유사 사례에 대한 검토 의견을 종합해 보면, 결론은 비교적 단순하다. 언론중재위원회는 '소송당사자 적격' 부분에서 '이유 없음' 결론을 내릴 확률이 매우 높다. 52명 아니라 520여 명이 '손해배상청구소송'을 냈다고 하더라도 그 발언이 '불특정 다수'를 대상으로 했기 때문에 '소송당사자' 적격에 '하자가 있다'는 식의 결과가 예상된다는 것이다. 그래서 언론중재위원회에 소송을 제기한 사안은 하나의 해프닝으로 끝날 것으로 보인다.

그러면 방송통신심의위원회 연예·오락방송특별위원회(특위)는 어떻게 결론을 내릴까? 이곳은 이미 '시청자에 대한 사과'에 준하는 중징계가 필요하다는 의견을 모았다고 한다(미디어오늘 11월 17일자 보도 참조). 특위에서 내릴 수 있는 가장 무거운 징계가 '시청자에 대한 사과'에 불과하다. 물론 이것도 방송사 입장에서는 부담스런 징계수위인 것은 틀림없지만 그렇다고 방송제작 시 '더욱 조심해야 하겠다'는 정도의 예방, 경계 효과는 미미한 조처이다. 이대로 조용히 넘어가면 이와 유사한 일은 또다시 재발할 가능성이 매우 높다.

그래서 문제의 원인을 정확히 진단해야 제대로 된 처방이 나오게 된다.

첫 번째 원인은 해당 프로그램 진행자가 방송의 책임성에 대한 프로의식의 부재에 기인한다. 진행자의 경우, 문제의 돌출발언이나 위험발언이 나올 경우 바로 제지하거나 즉각적인 시정조치를 할 수 있어야 한다. 방송진행자는 그래서 최후의 편집자 겸 데스크의 역할을 할 수 있는 역량을 갖춰야 한다. 진행자는 자신이 '말을 잘한다'는 것은 기본이고 여기에 타인의 발언에 대한 수위조절(일종의 게이트키핑) 역할까지 부여받은 것이다.

두 번째 원인은 책임 PD의 무책임한 자세가 문제였다. 비록 사회자가 미처 문제의 발언을 시정하지 못했다 하더라도 스튜디오에서 제작을 총괄하는 PD의 입장에서 제작 중에 시정 혹은 사과발언을 유도하도록 지시할 수 있는 위치에 있고 상당수 PD들은 그렇게 한다. 그것이 아니고 녹화방송일 경우, 문제는 더욱 간단하다. 문제의 발언을 편집해서 빼 버리면 간단하다. 그런데 편집은커녕 자막까지 집어넣었다는 것은 단순 무지에서 비롯된 것이 아닌 시청률을 의식한 의도성을 의심할 수도 있다. 어떤 경우든 인간의 외모를 가지고 '루저'를 운운하는 식으로 방송이 외모지상주의를 부추긴다는 것은 있을 수 없는 일이다.

　세 번째 원인은 KBS 내부의 자체 징계 시스템도 고장 났다는 것을 볼 수 있다. 논란이 되고 언론에서 여론화하니까 'PD와 작가를 교체했다'는 것이다. 교체는 징계가 아니고 대피시켜 주는 일종의 면죄부를 부여하는 것이다. KBS의 방송제작 가이드라인은 이런 방송제작을 엄격하게 금하고 있다. 이를 반할 경우, 처벌을 명시하고 있지만 가이드라인도 제작윤리강령도 지켜지지 않고 있음을 목격하고 있다.

　네 번째 원인은 이렇게 자율규제가 작동되지 않을 경우, 타율규제가 힘을 발휘해야 하지만 타율규제라 할 수 있는 법적, 제도적 장치도 위에서 언급한 것처럼 '종이호랑이'에 불과하다. 저는 개인적으로 언론에 대한 타율규제는 최소화돼야 하고 자율규제가 활성화돼야 한다고 믿는다. 그러나 타율규제가 작동되지 않으면 자율규제도 있으나마나 하다는 것을 외국의 사례에서 확인할 수 있었다.

마지막으로 방송심의특위에서도 여론화되지 않고 있다는 것은 제대로 심의조차 하지 않으며 전문성이 의심되는 인사들도 다수 위원으로 앉아 있다는 것이다. 여기다 시청자들은 모르지만 그나마 솜방망이 징계조차 피하기 위해 갖은 로비로 징계 자체를 무력화시키는 데 위원들이 고스란히 노출돼 있다는 것이다.

결론을 내리고자 한다. 원인 규명에서 밝혔듯이 먼저 자율규제를 활성화시키기 위해서는 자체윤리위원회에 외부 전문가들이 참여해야 한다. 타율규제가 좀 더 강화돼야 한다. 이와 함께 프로그램 진행자들과 PD들에게 방송제작의 법적 한계 등에 대한 전문적인 교육을 지속적으로 강화시켜야 한다.

덧붙이자면, KBS 타이틀을 걸고 '미녀……' 운운하는 방송 제목으로 물신주의, 외모지상주의를 부추기는 프로그램을 지속해야 하는가에 대한 근본적인 물음이다. 불특정 다수를 시청자로 하는 공영방송사에서 '미녀……'들만을 뽑아서 신변잡기적인 발언이나 늘어놓는 식으로 무슨 공익성이 담보되는지 자문해 보기 바란다. KBS는 미녀들의 방송이 아닌 구호 그대로 '국민의 방송'이어야 한다.

■ 2009년 11월 20일

방송사마다 이사, 사장, 이사장에 친권력 성향, MB선거캠프공신들이 차고 들어가더니 '땡이뉴스'는 늘어나고 '세계 언론자유 지수'는 폭락하는 등 역사의 퇴행을 알리는 굉음이 요란하다. 오직 국민과 진실을 위해 존재해야 할 공·민영 방송의 보도행태에 어떤 문제가 있으며 방송저널리즘은 어디로 가고 있는가.

'미디어오늘(10월 28일자)'에 따르면, 방송3사의 권력비판이나 견제는 드물고 일방 홍보 격인 '땡 MB뉴스' 사례가 늘어났다고 한다. 미디어오늘은 "이 대통령의 동선을 좇는 방송3사의 기사가 그 예다. 유엔총회, G - 20 정상회의, 아시아 3개국 순방 등 대외 활동은 물론이고 국군의 날 행사, 한국토지주택 공사 출범식, KBS 사랑나눔 콘서트 등도 방송 뉴스로 내보낸다."라고 보도했다.

언론보도에 날카로운 비판의 잣대를 들이댄 '미디어오늘'의 비판은 크게 세 가지로 집중됐다. 방송사들은 'G - 20 정상회의, 출국부터 귀국까지 내내 주요 기사'로 다뤘다는 점, '대통령 일거수일투족이 뉴스'로 부각됐다는 점, 비판 없이 전달만 하는 '앵무새 기사'가 주를 이뤘다는 점을 문제 삼았다. 이런 지적들은 방송저널리즘의 퇴행을 우려하는 차원에서 당연히 제기됐어야 할 문제점들이지만 사회 주요 의제가 되지 못하고 있다.

방송비판에 앞장섰던 대형 신문사들이 이런 문제점을 알면서도 과거와 달리 침묵하고 있다. 과거 참여정부 시절 사사건건 방송사의 '미디어 비평'이나 '권력과 언론의 관계'를 문제 삼던 때와는 대조적인 모습을 보인다. 시대와 권력의 성향에 따라 저널리즘의 기능이 엿가락처럼 늘었다 줄었다 하면 신뢰성도 일관성도 인정받지 못한다.

미디어오늘의 '방송비평'은 큰 메아리가 되지 못하고 방송채널권 확보라는 이권의 당사자가 된 대형 신문사들은 현 정부에 대해 전반적으로 우호적인 입장을 견지하고 있다. 가끔 구색 갖추기 용으로 비판의 목소리를 내는 듯하지만 스스로 힘이 빠져 있다.

'좌파적출'이라는 살벌한 용어를 만들어 낸 권력집단은 '눈에 보이지 않는 손'을 움직여 김제동 씨나 손석희 교수마저 방송사에서 몰아냈다. 권력의 친구, 참모를 방송사 이사나 사장, 이사장으로 앉힌 보람을 느끼며 쾌재를 부를까.

그 사이 방송의 권력 비판과 견제는 힘을 잃었다. 권력을 향한 찬사와 과장이 '뉴스'로 포장돼 시청자들의 눈과 귀를 사로잡았다. 비판이 사라진 곳에 홍보가 들어섰다. 이런 현상에 대해 국제사회의 한국에 대한 언론자유도 평가는 냉혹했다.

'국경 없는 기자회(RSF)'가 최근 발표한 '2009 세계 언론자유 지수'에서 한국은 조사 대상 국가 175개국 가운데 69위(15.67)를 기록해 지난해보다 22계단, 참여정부 당시보다 약 30계단 하락했다. 미네르바, PD수첩, YTN 등의 '무리한' 수사가 영향을 끼쳤다고 전해졌다.

유인촌 문광부 장관은 '국경 없는 기자회'에 항의하겠다는 뜻을 밝힌 것으로 언론은 전했다. 국경 없는 기자회에 무엇으로 어떻게 항의할지는 유 장관이 판단할 일이다. 그러나 KBS, YTN, EBS 등 방송사마다 '색깔 없는 방송' 'MB색깔'로 채색하며 무리수를 두는 현실을 두고 무슨 말을 할 수 있을지 또한 얼마나 설득력이 있을지 의문이 앞선다.

밤 9시 시보와 함께 울려 퍼졌던 '땡 전두환 대통령 각하께서는 ……' 소위 '땡전뉴스'는 방송이 권력에 시녀 노릇 하며 진실을 배신하고 국민을 우민으로 삼았던 암울했던, 잊을 수 없는 과거의 교훈으로 남아 있다. 당시 홍보에 앞장섰던 나팔수 방송인들은 정치권으로 뛰어들어 일신의 영달을 누렸지만 진실에 목말랐던 시민들은 'KBS 시청료 거부운동'으로 이에 맞섰다.

퇴락한 방송저널리즘으로 공영방송의 수신료를 인상하겠다는 것은 받아들이기 어렵다. 진정한 국민의 방송으로 권력에 대한 감시, 견제역할을 충실히 하겠다는 의지와 함께 그것이 방송현장에서 나타날 때 국민은 비로소 수신료 인상에 동의하게 될 것이다.

대한민국 국민은 국가의 위상에 걸맞은 언론자유도를 누릴 수 있어야 한다. 그런 언론자유도는 권력에 빌붙을 때, 나팔수를 자처할 때는 결코 오지 않는다. 진정한 국민의 방송이 무엇인지 공영방송사가 먼저 중심을 잡아야 한다. 국민의 인내심을 더 이상 시험해서는 안 된다. 시사와 견제가 사라진 곳에 홍보와 연예가 판치는 바보상자는 퇴출의 대상이 될 것이다.

■ 2009년 10월 28일

위기의 '국민의 방송' KBS
[김창룡의 미디어창] 이명박 정부 출범 뒤 KBS의 변화

　부동의 신뢰도 1위를 자랑하던 공영방송 KBS의 신뢰도는 이명박 정부출범과 함께 이병순 낙하산 사장이 들어오면서 급전직하로 떨어졌다. 결국은 취재현장에서 쫓겨 다니거나 KBS 로고를 숨기고 취재해야 하는 서글픈 현실에 직면하게 됐다.

　세계 어느 곳에도 공익을 최우선으로 하는 공영방송사가 시민들로부터 쫓겨 다니거나 로고를 떼고 제작하는 경우는 없다. 위기의식을 느끼고 있는 KBS 사내 기자와 피디 등의 활발한 토론과 구체적 대안을 모색하고 있는 모습은 그래도 조직의 건강성을 보여 주는 징표다. '국민의 방송'을 자처하는 KBS가 왜 국민의 질시와 비판에 직면해 있는가.

　적어도 세 가지 관점에서 심각한 문제점을 노출하고 있기 때문이다. 구체적으로는 공영방송의 역할, 편성, 제작 등에서 반복하여 문제를 확산시키고 있다. 노무현 전 대통령의 서거로 이런 문제는 더욱 극명하게 나타났다.

먼저 편성 문제부터 살펴보자. 지난 5월 23일 오전, 노무현 전 대통령의 갑작스런 죽음이 처음으로 알려지던 급박한 상황에 모두가 방송에 귀를 기울였다. 처음에는 자살인지 사고사인지 분명하지 않아서 궁금하여 여기저기 채널을 돌려 봤지만 상업방송 SBS만이 뉴스특보를 전하고 있었다. 공영방송 KBS는 한가롭게 오락 프로그램을 방영하고 있었고 자막으로만 긴급한 소식을 전했다.

믿을 수 없는 일이었다. 직전 대통령이 자살이든 사고사든 사망이 분명한 시점에서 국민 모두가 궁금해하는 상황에서 공영방송이 오락 프로그램을 계속 방영하고 있다는 사실을 이해할 수 없었다. 의도적이든 그렇지 않든 이것은 '편성사고'로 분류될 만한 일로 책임자 처벌 사항이다. 국가기간방송사로 지정된 KBS가 국가에 중대 상황이 발생했는데 이를 신속하게 방영하도록 편성을 바꾸지 않았다면 직무유기에 해당된다. 더구나 민간 상업방송 SBS는 고군분투하고 있었다. 모두들 SBS에 채널을 고정시키며 KBS를 외면했다.

6월 1일 KBS PD협회가 발표한 성명서는 "…… 온 국민이 비통함에 잠겨 있던 지난주, KBS의 구성원들은 전임 대통령을 잃은 슬픔에 더해 참담함과 굴욕감에 몸을 떨어야 했다. 국민과 함께 고인의 명복을 빌어야 할 시간에 오락 프로그램과 코미디 영화가 나가고, 어이없는 축소 보도와 방송 사고들이 잇따른 후, KBS의 PD, 기자, 스태프들 그리고 중계차들이 현장에서 쫓겨났다."고 지적했다. 내부 구성원들도 이런 문제점을 알고 있었지만 적절하고도 신속하게 대응할 수 없는 내부의 구조적 문제가 있었다는 점을 고백하는 말이다.

이런 편성문제 외에도 제작상에서도 심각한 자기검열이 존재한 것으로 보인다. 미디어오늘은 KBS 내부 제작진의 말을 인용하여, "양적인 부분도 부족했고, 진행도 파행을 겪었을 뿐 아니라 무엇보다 지난해 8월 말 이병순 사장이 취임한 이후 쌓여 왔던 것들이 이번 일을 계기로 결정적으로 터지게 돼 치명타를 맞게 된 것으로 해석된다."고 보도했다. 길거리 시민의 인터뷰를 내부에서 '정치적 구호'로 해석해서 삭제했다고 해서 논란이 있었다. 무슨 내용을 넣고 말고는 제작의 자율권에 속하기 때문에 외부자가 쉽게 논할 입장이 못 된다. 다만 그 모든 제작행위는 논리적으로 설득할 수 있어야 하고 타당성을 지녀야 한다. 제작진들이 반발하고 이를 문제 삼는다는 것은 스스로 제작의 윤리와 자율성이 침해됐다는 반증이다.

무엇보다 중요한 것은 공영방송사의 역할이다. 시민들이 수신료를 납부하면서까지 공영방송제도를 유지시키는 가장 큰 이유가 광고나 시청률, 권력의 유혹이나 압박 등에 굴하지 말고 공정하고 중립적인 방송을 하라는 요구를 전제로 하고 있다. 공영방송사마저 권력의 하수인으로 전락하거나 권력의 홍보도구로 탈바꿈할 때 공영방송사는 스스로 존재의 근거를 허무는 것이다.

KBS는 이미 과거에도 '땡전뉴스'로 온 국민의 기대를 저버리고 군사정권에 빌붙었던 부끄러운 과거 이력이 있다. 그 때문에 사과를 하고 진정한 공영방송으로 거듭나겠다고 다짐까지 했다. 그 이후 구성원들의 눈물겨운 노력으로 한국 언론매체 가운데 부동의 영향력 1위, 신뢰도 1위의 평가를 받았다. 그러나 이런 화려한 업적과 성취가 불과 1년여 만에 불신과 권력의 하수인으로 되돌아가는 위기를 맞고 있다. 의식 있는 구성원들의 반발과 자성의 목소리가 나오는 것은 당연한 것이다.

한나라당 공성진 최고위원이 2일 <CBS> 라디오 '김현정의 뉴스쇼'에 출연해 전날 쇄신특위가 노무현 전 대통령 서거와 관련한 '대통령 담화문'을 청와대에 요구한 데 대해 "담화가 아니라 더 이상의 말씀도 있어야 한다."고 주장하며 "이유야 어떻든 간에 이런 현상을 자연스럽게 위무하고 격려해 줘야 할 책무가 대통령에게는 있는 것"이라고 말했다. 공영방송이야말로 바로 이런 점을 지적하고 제의하는 역할, 권력을 견제, 감시하는 역할을 한시도 잊어서는 안 된다.

권력은 짧고 공영방송의 역사는 길다. 정부보다 공영방송을 더 믿는 영국의 경우, 이런 권력의 전환점에서 공영방송은 권력의 편이 아닌 국민의 편에 섰기 때문이다. 사장은 권력의 눈치를 보고 주요 간부들은 사장의 눈치를 보는 식으로는 공영방송이 존재할수 없다. KBS가 진정으로 신뢰의 방송, 국민의 방송으로 되돌아가기를 기대한다.

■ 2009년 6월 2일

강호순 신상공개, 세 가지 전제조건
[김창룡의 미디어창] 연쇄살인범 신상공개 논란에 대해

7명의 부녀자를 잔인하게 살해했다고 자백한 강호순(38) 씨의 신상공개 여부를 두고 공개를 요구하는 시민의 목소리가 높아지고 있는 가운데 일부 언론사에서 마침내 사진공개에 나섰다. 조선일보, 중앙일보가 강 씨의 얼굴사진을 공개한 데 반해 공중파 방송사, 경향, 한겨레, 동아일보 등은 1월 31일 현재 여전히 공개하지 않고 있다.

"살인자에게도 인권이 있다." "무죄추정의 원칙은 존중돼야 한다." "여론재판은 안 된다." 등의 주장은 비공개의 논리적 근거가 되고 있다. 반대로 "스스로 인권을 포기한 자에게 인권을 운운한다는 것은 사치다." "반인륜범죄자들의 얼굴은 공개돼야 한다." 등은 공개의 논리가 되고 있다.

언론사들 사이에서도 사진을 포함한 범인 신상공개에 대해 입장이 엇갈리고 있어 흉악범 신상공개 여부에 대해 보다 광범위한 공론화 과정이 필요한 것으로 보인다. 여기서는 공론화에 필요한 하나의 주장을 제기하고자 한다.

그 주장은 적어도 세 가지 전제조건을 충족시킬 경우, 비록 최종 재판으로 유죄가 확정되기 전이라도 범인의 신상을 공개해야 한다는 것이다. 첫째, 연쇄살인범이나 아동 성폭행범 등 反인륜범죄나 흉악범죄에 한한다. 둘째, 범인임을 스스로 자백, 인정하고 이를 뒷받침할 만한 물증 일부 등이 나타나야 한다. 셋째, 스스로 인간이기를 포기하며 타인의 행복추구권 등 인권을 유린한 사건에 한한다.

위의 세 가지 조건을 충족할 경우, 언론사에서 자체적으로 판단해서 범인의 신상공개를 원칙으로 할 것을 제안한다. 따라서 조선일보와 중앙일보 등이 과감하게 범인 강 씨의 얼굴사진을 공개한 것은 용기 있는 도전으로 한국사회에 새로운 규범을 만드는 노력의 일환으로 평가한다.

물론, 범인의 얼굴 등 신상공개가 인권존중이라는 보편적 가치를 훼손할 우려가 있다는 점은 충분히 이해가 간다. 또한 범인의 신상공개로 인해 그 가족과 친척 등이 2차 연쇄적 피해가 우려된다는 측면도 있다.

그러나 잔인한 살인마, 스스로 인간이기를 포기한 흉악범과 그 가족의 인권과 행복추구권은 존중하고 우려해 주는 이면에 그의 손에 희생된 무고한 피해자와 그 가족들의 인권은 고려되지 않고 있다는 측면도 있다. '무죄추정의 원칙'은 하나의 원칙일 뿐이다. 세상에 예외 없는 원칙이 없듯이 그 예외를 두지 않을 상황에 왔다는 것이다.

국내 언론은 1990년대까지는 살인 등 강력사건에 한해 피의자

얼굴을 공개해 왔다. 1994년 9월, 부유층을 납치·살해하고 시체를 소각 처리한 '지존파 사건' 당시 현장 검증에 나왔던 지존파 일당들은 모두 얼굴이 공개됐다. 96년 10월 '지존파'를 모방한 '막가파' 5명이 구속됐을 때 역시 이들의 신상은 공개됐다.

그러나 인권을 강조하던 2004년 무렵부터 '인권 수사'가 강조되면서, 피의자들이 언론에 노출될 때 모자와 마스크를 씌워 주는 관행이 생겨났다. 경찰이 2005년 마련한 '직무규칙'에는 "경찰서 내에서 피의자와 피해자의 신원을 추정할 수 있거나 신분이 노출될 우려가 있는 장면이 촬영되지 않도록 해야 한다."는 초상권 침해 금지 규정이 만들어졌다. 이것은 초상권 침해, 행복추구권 등 피의자들의 인권이 강조되면서 경찰이 만들어 낸 일종의 자구책이었다.

이후 연쇄 살인범 유영철 사건(2004년)과 정남규 사건(2006년) 때도 경찰의 신원보호로 국민들은 범인의 얼굴을 볼 수 없었다. 인권보호와 함께 '무죄추정의 원칙'이 광범위하게 적용됐기 때문이다.

또한 한국은 법적으로 초상권에 관한 한 엄격한 잣대를 적용하는 편이다. 초상권의 경우, 피의자 사전 명시적 동의(묵시적 동의도 안 된다.)를 규정하고 있기 때문이다. 공인(公人)의 경우 초상권 보호가 제한적이지만 범인이라 하더라도 일반 사인(私人)의 경우보다 엄격하게 공개를 금하고 있는 추세다.

선진국에서는 대체적으로 흉악범의 인권보다 범죄 예방과 '국민의 알권리'를 더 중시하는 경향이 있다. 흉악범의 인권보호와 범죄예방 및 국민의 알권리를 비교 형량하여 신원공개를 원칙으로 하고 있는 셈이다. 미국, 영국, 프랑스 등에서 살인범, 아동성범죄자, 총기살인 미수범 등에 대해서는 얼굴사진을 바로 공개하는 편이다. 이들의 인권보호보다 다수 시민들의 인권을 우려하고 범죄예방 차원에서 이루어지고 있으며 이에 대해 사회적 합의가 이미 이루어진 편이다.

지난 2004년 서울 서래마을에서 자신의 영아 2명을 살해한 혐의로 프랑스인 부부가 체포되자, 프랑스 신문과 방송들은 즉시 그들의 얼굴 사진을 크게 보도한 적이 있다. 일본에서도 작년 3월 도쿄 시내에서 흉기를 휘둘러 8명을 사상케 한 20대 남자의 얼굴이 언론을 통해 일본 전역에 널리 알려졌다.

공개수배자들은 전단지나 방송을 통해 신원을 공개하면서 '무죄추정의 원칙'이라는 논리를 내세워 이들을 함께 보호해야 한다는 것은 논리의 모순이다. 남의 인권을 유린하고 이를 인정한 범인들에게까지 인권의 이름으로 신원을 공개해서는 안 된다는 주장은 일종의 사치에 불과하다. 법은 보호할 만한 가치가 있는 권리만을 보호해야 한다.

■ 2009년 1월 31일

'한국의 대표적 공영방송' KBS와 '24시간 뉴스전문채널' YTN이
내홍으로 거의 동시에 몸살을 앓고 있다. 권력기관 등 외부 환경을
감시, 견제해야 할 언론기관이 내부 문제로 투쟁과 파업 등에 휘말
려 기력을 소진해 가는 것은 불행한 일이다. 이해관계가 없는 미디
어 소비자 입장에서 못 본 척 지나칠 수 없는 이유는 '언론이 바로
서야 나라가 바로 선다.'는 믿음 때문이다.

언론은 바로 서고 싶지만 대중에 미치는 막강한 파급력과 영향
력 때문에 언론과 우호적 관계를 형성하려는 정치세력, 권력기관은
항상 존재해 왔다. 권력이 바뀔 때마다 주요 방송사 사장 자리는
선거의 전리품으로 전락해 왔고 이것은 한국사회에서 하나의 전통
이 됐다. 청산해야 할 잘못된 관행이지만 언론을 장악하지 못하면
'통치가 어렵다'는 주장은 여전히 유효한 것 같다.

그러나 이번 낙하산 사장들이 추구하는 방송장악 행태는 최소한
의 배려나 존중은 찾아볼 수 없다는 점, 불도저식 일방적 밀어붙이

기로 내부 반발을 자초하고 있다는 점, 언론인에 대한 파면, 해임 등 최악의 수단을 예사로 행사하고 있다는 점 등이 주요 특징으로 나타난다. 권력을 가진 자가 폭력적 수단과 방법을 동원하게 되면 그 피해자들의 반발과 파문은 걷잡을 수 없이 확산되고 이는 결국 미디어 소비자들에게도 피해가 고스란히 미치게 될 것이다.

이병순 KBS 사장은 자신의 취임에 비판적이었던 양승동 사원행동 대표와 김현석 기자를 파면하고, 성재호 기자는 해임했다. YTN에서도 이미 언론인에 대한 무더기 징계가 있었다. 낙하산으로 내려온 사장들이 공통적으로 과정의 정당성과 문제를 제기하는 구성원들에 대해 이해를 구하고 화합적 행동을 취하는 대신 '해고, 파면'이라는 '살상무기'를 동원했다.

권력과 정치권으로부터 독립성과 중립성을 지켜야 할 방송사의 구성원들이 낙하산 사장에 대해 그 정도의 반발도 예상하지 못했단 말인가. 그 정도의 반대와 저항도 '파면과 해임'으로 처단하겠다는 것은 스스로 한때 수행했던 언론인의 직분을 부정하는 행위가 된다. 불의와 부정에 '노'라고 일어선 언론인들을 다독여서 화합하는 모습을 보여 주는 노력은 없고 온통 물리력과 밀어붙이기, 극단적 징계만 횡행하여 한국사회를 더욱 살벌하게 만들고 있다.

YTN을 보라. 이해를 구하는 성의도, 설득하려는 논리도, 상대를 존중하는 배려도 볼 수 없다. 권위주의시대 사장이 멋대로 휘두르는 인사권을 남용하는 전형이다. 구성원들이 일방적으로 무시당하고 있다고 판단하게 되면 반발하고 반대하는 것은 필연이다.

구본홍 YTN 사장은 최근 치러진 보도국장 선거에서 최다 득표를 한 후보자를 배제하고 2위 득표자를 신임하여 보도국장으로 임명해 노조의 반발을 초래하고 있다고 한다. 네 명이 출마한 선거에서 압도적으로 가장 많은 표를 얻은 김호성 뉴스1 팀장은 나머지 후보 세 명의 득표수를 합친 것보다 많은 표를 얻었지만 임명받지 못했다고 한다.

인사권이 사장에게 있다고 하지만 투표까지 해서 구성원들의 총의를 담은 만큼 이를 존중하는 것이 순리지만 구 사장은 '김 팀장이 보도국을 이끌 만한 연배가 되지 않는다.'는 등의 이유를 들어 거부했다는 것이다. 형식논리로는 별 문제가 없다고 주장할 수 있지만 실제 내용으로 보면 YTN의 분란은 더욱 확산될 전망이다. 누구도 자신의 뜻이 부당하게 무시당했다고 판단하게 되면 좀체 참기 어렵기 때문이다.

낙하산 사장들의 권위주의식 일방통행 뒤에는 최시중 방송통신위원장, 문광부, 청와대 등 권력의 비호나 묵인, 동조가 있는 것으로 보인다. 낙하산 사장들은 구성원들을 제압하기 위해 온갖 극단적 수단을 동원하고 국회에서는 신문·방송 겸영 허용과 사이버모욕죄를 신설하는 법을 강행하려 하고 있다. 국회에서는 쇠톱과 망치가 동원돼 국제적 망신을 자초하더니 이제 방송사에서는 굴러온 낙하산들이 멀쩡한 언론인들을 쫓아내는 주객전도 현상이 나타나고 있다. 상식과 몰상식이, 정의와 부정이 뒤바뀌며 언론계를 뒤흔들고 있다.

이명박 정부는 무엇이 두려운가. 언론인과 국민을 상대로 이해와 설득을 구하지는 않고 청와대 지하벙커에서 무엇을 획책하고 있는가. 검찰과 법원은 사이버 논객에 불과한 미네르바를 구속하는 과정에서 스스로 정치집단화됐음을 선언했다. 이 정부는 입법부와 사법부를 장악했고 이제 마지막 남은 언론을 손아귀에 넣기 위해 무리한 수단을 동원하는 것으로 비친다. 그것이 오해라면 권력이 나서서 풀어야 할 것이고 사실이라면 역사의 죄를 짓는 것이다. 신뢰 잃은 정부는 엄포와 법으로도 국민의 마음을 되돌릴 수 없을 것이다.

어느 날 갑자기 나타나 해고, 파면을 외치며 남의 눈에 눈물을 쏟아 내게 하는 자들에게 역사의 응징은 반드시 뒤따르는 법, 다만 그 시기가 문제일 뿐이다.

■ 2009년 1월 17일

'지혜와 경제지식을 제공하는 것도 죄?'
[김창룡의 미디어창] '지혜의 여신' 미네르바

아마추어들이 프로의 세계를 다룰 때는 신중해야 한다. 섣부른 예단도 비약도 금물이다. 어설픈 지식으로 오만을 떨게 되면 오류는 필연이다. 시사프로그램, 그것도 경제 분야를 다루는 피디, 작가들은 아마추어들이지만 프로들의 힘을 빌려 경제시사 문제를 다룬다. 프로의 힘을 빌리는 제작진의 성의가 부족하거나 판단력이 떨어지면 신뢰는커녕 지탄을 받게 된다.

KBS가 '시사투나잇' 프로그램을 폐지하고 이름을 '시사360'으로 바꾸어 2008년 11월 17일 첫 방송에서 사이버 논객 미네르바를 방영한 뒤 후폭풍에 휩싸이고 있다. KBS는 사이버상에서 경제대통령이라고 불릴 정도로 필명을 날리고 있는 미네르바에 대해 '어두운 지하실의 실루엣' 등으로 부정적으로 묘사해 비판을 받았다. 그런데 MBC '뉴스데스크'는 11월 18일 클로징 멘트에서 "미네르바에게 귀를 기울이는 것이 맞다."고 발언해 누리꾼들의 지지를 받았다.

미네르바라는 똑같은 대상을 향해 두 공중파 방송이 이렇게 상반된 모습을 보이는 경우는 흔치않다. 언론에서도 서로 다르게 보도하고 있다는 정도면 시청자 입장에서 잘 판단이 서지 않는다. KBS는 과연 잘못 보도한 것일까? 잘못됐다면 어떤 부분이 어떻게 잘못된 것일까?

방송 직후 해당 프로그램 시청자 게시판에는 "부정적으로 표현했다."는 비판의 글이 쇄도했다. 19일 오후까지 2천여 개의 항의성 글이 올라왔다(11월 18일 <인터넷한겨레> '180도 우 편향으로 사회를 조명한다?' 기사 참조). 아고리언들도 수백 개의 댓글을 통해 '시사360'의 편향성을 성토했다고 한다. 비판과 호평은 각자의 입장에 따라 다르기 때문에 쉽게 판단할 수 없다. 제작진의 해명을 들어 볼 필요가 있다.

'시사360' 서현철 책임프로듀서는 18일 <미디어스>와 인터뷰에서 "지난 금요일 업무가 시작됐고, 주말 회의와 월요일 당일에 본격적인 취재를 하면서 여러 가지 미숙했던 점은 인정하고 겸허하게 반성하고 있다."며 "'미네르바'의 경우 절대적인 시간 부족으로 인해 연출이 미숙했다. 시청자에게 사과드린다."고 말했다. 제작책임자가 '절대적 시간부족'을 이유로 내세웠고 '시청자 사과'를 언급했다. 이 말은 시간부족 때문에 제대로 취재를 하지 못했고 비교분석, 판단할 수 없는 상황에서 설익은 방송을 했다는 고백이다.

프로의 세계를 다루면서 아마추어들이 기본적 예의도 갖추지 않은 채 어설픈 작품을 적당히 방영했다는 자기고백인 셈이다. 그 결과가 '시청자 사과'로 이어졌다. 무엇을 어떻게 잘못했다는 것인지 어떤 부분이 잘못돼 사과한다는 것인지 역시 분명하지 않다. 이 부

분은 방송인터뷰에 응했던 다른 전문가의 입을 통해 확인된다.

'시사360' 인터뷰에 응했던 김태동 성균관대 교수는 KBS 시청자 게시판에 '미네르바님 미안합니다'라는 제목의 글에서 "당신을 덜 칭찬해서 1초라도 더 화면에 비쳤다면 오히려 덜 편파적이 됐을지 모르겠다. 아예 인터뷰에 응하지 않았다면 좋았을까 하는 후회도 해 본다. 미네르바가 예측을 잘 맞힌 것에 대해 그것이 얼마나 힘든 일인가 설명했다. …… 당신은 제가 아는 한 가장 뛰어난 국민의 경제스승"이라고 말했다.

미네르바를 향해 취재원이 이런 평가를 할 정도라면 제작진의 입장에서도 부담스러웠을 것이다. 그런데 KBS는 미네르바를 어둠 속에서 글을 쓰는 사람으로 연상케 하는 화면, 미네르바의 글을 읽는 성우의 과장된 음성, 미네르바에 대한 시민들의 부정적인 인터뷰를 주요하게 보도해 마치 미네르바를 '경제 괴담 유포자' 수준으로 깎아내렸다는 한겨레신문의 평가를 받았다.

공영방송이 기존의 프로그램을 논란 끝에 폐지하고 처음으로 시도하여 만든 시사프로가 이 정도 수준이라면 앞으로가 더 문제다. 이것은 시간의 문제가 아니고 시각의 문제다. 시사프로그램을 만드는 것이 얼마나 어렵고 얼마나 전문적 식견이 필요한지 또한 공정성이 요구되는지 만들어 본 사람들은 알 수 있다.

경제 분야에 대해 정확한 진단을 하고 예측하는 전문가가 없다고 언론마다 떠들었다. IMF 때는 경제전문가는 물론이고 언론마저

도 제대로 보도하지 못했다고 사과의 글을 올리지 않았던가. 이제는 사이버상에서나마 미국의 서브프라임모기지 사태, 환율문제 등 정확한 예측을 하는 경제전문가의 탄생을 보게 돼 그나마 다행이라고 생각했는데 공영방송에서 '경제괴담' 수준으로 격하하고 절필하도록 만든다는 것은 어불성설이다.

더구나 관련 경제학자조차 그의 분석력과 통찰력에 대해 찬사를 쏟고 있고 그의 글 때문에 다수가 경제지식을 얻고 관련 정보와 판단에 도움을 받는데 무엇이 문제라는 말인가. 정부의 경제정책에 대해 비판적 의견을 제기하기 때문에 당국자들은 불편하게 생각할 수 있다. 그러나 KBS는 정부당국자와 입장이 같지 않다.

미네르바가 허위사실을 유포하고 있는가, 개인의 명예를 훼손하고 있는가? 참으로 난세에 이해할 수 없는 것은 언론이 스스로의 본분을 잃고 경제전문가의 입을 막고 펜을 뺏는 행위를 하는 것이다. 그것이 의도하지 않았다 하더라도 결과는 별로 달라질 것이 없다.

지식정보화 사회라는 것은 이런 지식인, 전문가들이 사이버상에서 다양한 글과 분석을 통해 지식의 대중화를 이루는 사회를 말한다. 그가 국가의 안보를 위협하거나 빨치산 논리로 개인의 인격을 매도하지 않는다면 섣불리 비판과 감시의 카메라를 들이대는 일은 삼가야 한다. 그런 감시의 카메라를 기다리는 곳은 한국에 너무 많기 때문이다. KBS는 MBC의 말에 귀 기울이라.

"요즘 인터넷 경제논객 미네르바로 시끄럽다. 찬반논란이 있고

월간지에 기고가 실리고 비난방송까지 나왔다. 이렇게 된 까닭은 그의 분석이 정부보다 더 정확하고 논리적이기 때문이다. 누구인지 찾아내고 입을 다물게 하기보다는 미네르바의 한 수에 귀를 기울이는 게 맞아 보인다."(MBC 뉴스데스크 11월 18일자 마무리 멘트)

■ 2008년 10월 11일

나이가 들수록 지위가 올라갈수록 용기를 낸다는 것이 어려워지는 경향이 있다. 기득권을 놓치지 않으려 하고 손익계산 후 도움이 안 될 경우 무시하거나 외면하기가 쉽다. 무사안일이 판을 치고 '좋은 게 좋다'는 식으로 넘어가려는 상황에서 '그건 아니다'고 소리치는 것은 외롭고 위험하기까지 하다.

뉴스전문채널 YTN 대량 해고 사태로 번진 'YTN 낙하산 사장 파문'이 새로운 전기를 맞고 있다. 이명박 대통령 후보시절 선거캠프에서 일했던 구본홍 참모가 어느 날 소문대로 YTN 사장으로 내려온다는 소식에 YTN 노조들을 중심으로 반대 움직임이 시작됐다. 이후 구 사장과 노조는 정면대결 양상으로 상황은 악화됐고 급기야 구 사장은 자신을 반대하는 시위자들, 인사 불복종자들을 중심으로 대량 해고라는 초강수를 뒀다.

구 사장은 사규에 의한 정당한 징계라는 입장이지만 시위에 나선 기자 등 노조원들은 방송의 정치적 중립을 해칠 수 있는 정치권 인사의 낙하산 사장 선임은 '용납될 수 없다'는 입장이다. 더구나 뉴스전문채널의 입장에서 어느 방송보다 정치적 중립성과 공정성이 중시되는데 대선 선거캠프에서 활동한 정치참모의 사장 선임은 YTN의 신뢰성과 권위에 도움이 되지 않는다는 판단이다.

구 사장이라는 막강한 권력의 힘 앞에서 YTN 노조원들의 저항은 위태로워 보였다. 시간이 흐를수록 저항의 강도는 떨어지는 법이지만 YTN의 경우 다르게 보였다. KBS 노조와 달리 '공정방송' '독립방송'에 대한 결의는 더욱 강력해졌고 심지어 릴레이 단식투쟁으로 강화됐다. 힘든 투쟁이었지만 동참하는 선후배들의 수도 늘어났다. 대량 해고 사태라는 극단적 조치가 내려졌지만 이들의 투쟁은 흔들리지 않았다. 반전은 다른 곳에서 나타나기 시작했다.

원희룡 한나라당 의원은 10일 KBS라디오에 출연하여 YTN 대량 해고 사태와 관련하여 "현재처럼 일방적으로 밀고 나가는 것은 사태 해결에 도움이 안 된다. 여당과 정부에도 뜻하지 않은 부담을 끼치는 것"이라고 말했다. 원 의원은 "신뢰와 대화의 실마리를 확보하기 위한 노력을 해도 부족할 판인데 현재처럼 밀고 나가는 것은 정부와 여당에 누를 끼치는 것"이라며 이같이 말했다. 그는 더 나아가 "취임반대 운동을 했던 33명 직원들에 대해서 어떤 대화의 실마리나 신뢰 형성의 계기도 잡지 못하고 6명을 대량 해고하는 이런 사태는 80년대 이후 초유의 사태"라고 비판했다.

이명박 정부가 임명한 구 사장 인사에 대해 집권당 의원이 문제를 제기한 것이다. 구 사장 취임 이후 악화일로로 치닫고 있는

'YTN 사태'에 대해 '정부와 여당에 누를 끼치는 것'이라는 평가를 내린 것이다. 사실상 구 사장의 집권행태와 그 이후 진행된 사태에 대해 잘못을 인정하는 발언이다.

원 의원의 이런 발언은 지극히 옳은 지적이지만 매스컴을 통해 공개적으로 실행한다는 것은 대단한 용기를 필요로 한다. 당장 이명박 정부와 문광부에서 원 의원의 발언 내용을 환영할 리가 없다. 원 의원의 발언은 동료들로부터도 격려보다 질시나 비난받을 소지가 다분하다. 일부 논평가들은 심지어 '원 의원은 말뿐'이라고 비판하기도 한다.

그러나 보라. 이렇게 말하기도 얼마나 어려운가. 무엇이 잘못됐고 무엇이 옳은 길인지 모두 알지만 대부분 입을 다물고 있지 않은가. 행동 없고 말만 한다고 나무란다면 앞으로 이런 말조차 들을 수 없을지도 모른다. 원 의원의 용기 있는 목소리에 박수를 보내는 데 인색하고 싶지 않다.

원 의원의 목소리도 외롭지 않았다. 타사 기자들도 나섰기 때문이다. 외교통상부와 통일부 출입기자들도 10월 10일 YTN 노조원 33명에 대한 집단 징계 철회를 요구하는 성명서를 발표했다.

외교부 출입기자단은 "구본홍 씨가 YTN 사장에 임명된 것에 서로 다른 생각을 가질 수 있고 YTN 노조의 투쟁도 논란이 있을 수 있다." 며 "하지만 언론의 생명인 공정보도를 훼손할 수 있다는 고민으로 팔을 걷어붙인 기자와 진심 어린 협상을 외면한 채 기자의 생명인 펜을 뺏고 마이크를 끄는 행동은 어떤 이유로도 정당화될 수 없다."고 비판했다.

타사 기자들이 함께 뜻을 모아 성명서를 발표하기 위해서도 용기가 필요하다. 특히 정치적 중립과 공정성을 생명으로 하는 뉴스전문 방송사의 사장에 정치권 인사가 온다는 것은 그 자체가 불신으로 연결된다. 어차피 정치권에 발을 들여놓은 구본홍 씨는 이명박 정권하에서 마음만 먹으면 '신이 내린 직장'이라는 공기업의 감사나 기관장 자리로 옮겨 갈 수도 있다. 향후 결말이 어떻게 나든 구 씨가 YTN의 수장으로 있는 한 YTN은 '정권의 하수인' '관영방송화로의 전락'을 막을 길이 없을 것이다.

'경제를 살리겠다'던 이명박 대통령은 집권 후 경제 살리기에는 한계를 드러내고 측근들로 방송통신위원회 위원장, 방송사 사장직 물갈이에는 과도하게 집착하는 모양새가 국민적 호응을 받기 힘들다. 곧 대통령의 라디오 주례방송을 시작한다고 하는데 언론에 대한 기본적인 인사원칙조차 무시하는 상황에서 어떻게 언론인들로부터 호감을 얻고 국민적 지지를 회복할 수 있을지 의문이다. 최시중 위원장, 구본홍 사장 등 이들을 고집하면서 주례가 아닌 하루종일 라디오 방송을 독점해도 홍보도 설득도 되지 않을 것이다. 결자해지의 용기가 어느 때보다 절실하다.

■ 2008년 10월 11일

공영방송의 정치적 독립성에 빨간불이 켜졌다.

이명박 대통령과 최시중 방송통신위원장, 유재천 KBS이사장의 삼
각커넥션은 공영방송 KBS의 위상을 권력의 전리품으로 전락시켰다.

이명박 대통령이 정연주 KBS 사장을 해임하는 형식을 취하기 위
해 먼 길을 돌았다. 감사원과 검찰, 방송통신위원회, KBS 이사회
등 필요한 공조직을 총동원해서 사장 해임을 밀어붙였다. 문제가
있다면 정 사장 해임이 아니라 구속시켜도 언론계나 학계가 반발
할 이유가 없다. 정연주 개인의 문제가 아니라 공영방송 사장을 이
런 방식으로 내쫓게 될 때 앞으로 공영방송 KBS의 미래는 암울해
질 수밖에 없다.

대통령의 정치적 멘토로 알려진 최시중 방송통신위원장은 최근
"영국 BBC의 모델을 KBS에 기대한다. KBS의 경우 정권이 교체될
때마다 항상 문제가 있고, 지금도 그런 상황이다. 그런 것을 고치
겠다는 것이 제 소신"이라며 "KBS가 편향되어 있다는 것을 부인할

수 없을 것이며 일반 국민의 인식이 그렇다. KBS를 공정한 위치로 돌려놓을 것이다."라고 말한 것으로 전해졌다.

▲ 지난 8일 오후 KBS 정연주 사장의 해임제청안을 통과시킨 KBS 이사들이 경찰의 보호를 받으며 이사회가 열렸던 KBS 본관 3층 회의실을 빠져나오고 있다(오른쪽 위 - 이춘호, 강성철 이사).
ⓒ 미디어오늘

최 위원장이 BBC를 KBS의 모델로 만들겠다는 소신은 높이 평가한다. 부디 그렇게 해 주기를 당부하고 싶다. 그러나 최 위원장의 이런 주장과 소신은 자가당착의 논리에서 벗어날 수 없다. BBC의 정치적 독립성을 확보하려는 노력은 정치권에서도 존중받고 있다. BBC도 정치권 인사가 추천받아 오기도 하지만 한국처럼 '특정 정파의 앞잡이 노릇'을 하는 역할은 없다. 비록 정치권에 몸담았더라도 BBC에 들어오는 그 순간부터 정치권과는 단절을 선언하며 철저한 BBC맨이 되기 때문이다.

참여정부의 코드 인사를 비판하던 한나라당이 집권하자 똑같은 코드 인사를 되풀이하고 있다. 그러면서 'BBC'를 운운한다는 것은 시청자들의 수준을 우습게 보고 있거나 권력의 오만을 자랑하는 것'으로 비칠 뿐이다.

표리부동한 논리로 권력의 하수인으로 전락한 유재천 KBS 이사장은 KBS 안방에 경찰을 불러들인 장본인으로 드러났다. 미디어오늘(8월 11일자)에 따르면, 유재천 이사장이 지난 8일 이사회 때 경찰력의 KBS 난입을 요청한 것을 두고 KBS 사원들의 반발이 격렬해지자 11일 오후 "우발적인 것이었다."고 해명했다고 한다.

유 이사장은 사이버 홍보실에 올린 '사원 여러분께 드리는 글'에서 "제가 분명하게 말씀드리는 것은 경찰의 신변보호 요청은 미리 계획된 것이 아니라 우발적이었다는 것"이라고 주장했다. 유 이사장의 말처럼 '미리 계획된 것이 아닌 우발적'이었다고 주장하기에는 해명해야 할 의혹이 너무 많다. 오히려 이사장 자리가 위험해지자 '우발적 거짓말'을 하고 있다는 주장이 더 설득력을 얻고 있다.

'공영방송 사수를 위한 KBS 사원행동'이 11일 오후 기자회견을 통해 △ 이사회 전날(지난 7일) 서울시내 모 호텔에서 1박을 하며 경찰 투입을 모의, △ 이사회장에 영등포경찰서 소속의 정보과 형사가 시작부터 배석, △ 당일 유재천 이사장이 KBS에 경찰 투입을 직접 지시, △ 당시 유재천 이사장이 "KBS의 공식 요청이 없이는 힘들다."는 정보과 형사의 의견에도 불구하고 경찰 투입을 직접 지시했다고 주장한 내용에 대해서는 아무런 해명을 하지 않아 의혹을 오히려 더욱 키웠다고 미디어오늘은 지적하고 있다.

유 위원장은 공영방송의 정치적 중립성과 권력으로부터 방송의 독립을 누구보다 앞장서서 외쳐 온 원로학자이다. 그의 수많은 문하생들은 현재 학계와 언론계에서 그의 변신에 당혹해하고 있다. 그의 석연찮은 행보에 대해 차마 논평을 꺼리고 보도를 자제하는 등 특별한 대접을 받고 있음을 알 만한 사람은 알고 있다. 그가 강조하던 권력으로부터 방송독립은 '우발적인 행위'로 이율배반의 이론이 되고 말았다. 앞으로 어떤 궤변으로 권력의 하수인을 KBS 사장으로 모셔 올지 노년의 변신이 화려하다.

이들이 BBC를 논하고 권력과 언론의 독립을 논하는 것은 언론자유다. 그러나 말과 행동이 일치하지 않을 때 '거짓이 되고 과욕이 되고 권언유착'이 된다. 폴리널리스트들과 폴리페서들의 합작품으로 무엇을 기대할 수 있겠는가.

유 이사장은 경찰을 불러들인 데 대해 "앞으로 다시는 이런 일이 없도록 하겠다는 약속을 드리며 사원 여러분의 너그러운 이해

를 부탁드립니다."라고 당부했다. 사장 바꾸기 목표 달성에 성공했
는데 앞으로 이런 일이 있을 이유가 없다. 사원 여러분의 너그러운
이해는 무엇에 대한 이해란 말인가. 경찰을 불러들인 데 대해 '내
가 우발적으로 했으니 이해해 달라'는 것이라면 KBS 사원을 대학
교 학생들 정도로 착각한 것이다. 유 이사장이 그런 식으로 경찰을
공영방송사 사내로 불러들일 법적 권한이 없기 때문이다.

누구나 정의를 쉽게 부르짖을 수 있다. 틈만 나면 신문과 방송에
나와 방송독립 등 입바른 소리를 할 수도 있다. 그러나 실행하지
못하는 이론이라면 공염불에 불과하다. 그래서 폴리페서들의 굴절
은 더 큰 배신감과 실망감을 줄 뿐이다. KBS가 BBC의 흉내는 낼
수 있어도 그 신뢰성과 권위를 따라갈 수 없는 것은 KBS 구성원의
질이 떨어지거나 의지가 없어서가 아니다. 바로 거짓과 위선으로
위장된 폴리페서, 폴리널리스트들의 준동 때문이다.

■ 2008년 8월 12일

"관영과 공영방송 구분도 못 하는 사람들이……"
[김창룡의 미디어창] 국영방송, 관영방송, 공영방송

이스라엘 방송에는 '드라마(연속극)'가 없어 화제가 된 적이 있다. 외국 언론에서 왜 재미있는 '드라마'가 없느냐는 질문에 답변이 명쾌했다. "우리는 드라마보다 더 재미있고 긴장감 넘치는 뉴스가 있기 때문"이라는 대답을 본 적이 있다.

민주주의 국가를 표방한 나라 가운데 유일하게 '언론에 대한 검열권'을 헌법에 명시하고 있는 나라가 이스라엘이다. 검열권은 국가 보안이나 종교문제, 팔레스타인 테러문제 등과 관련하여 행사되는 것이 보편적이다. 비록 검열권이 있지만 정치권력이나 고위 권력자의 비리 보도 등에 대해서는 가차 없는 비판과 감시의 칼날이 파고든다.

이런 검열권 때문에 이스라엘 방송이 관영방송이라고 비판받기도 하고 언론자유가 제한된 국가라는 지적도 받는 편이다. 그러나 뉴스가 '재미있고 긴장감 있기' 위해서는 관영방송 체제하에서는 불가능하다.

한국은 헌법에서 검열권을 부정하고 있다. 민주주의 국가인 한국에는 공영방송과 상업방송이 주축을 이뤄 소위 공민영 방송체제를 구성하고 있지만 근래에 집권 정치세력의 입에서 '국영방송, 관영방송'이란 용어가 무분별하게 튀어나오고 있다. 용어의 혼동인지 의도된 발언인지 분명하지 않지만 국정을 총괄하고 이끌어 가는 국정책임자들의 발언으로는 위험하기 짝이 없는 무식한 발언이다.

그러면 국영방송, 관영방송, 공영방송은 무엇이 다른가. 여러 가지 기준과 각도에 따라 복잡하게 말할 수 있지만 좀 단순화하여 쉽게 접근해 본다. 국영방송과 관영방송은 거의 동의어처럼 통용된다. 민주주의가 진전되지 못한 개발도상국이나 군사정권하에서 집권세력의 지배도구수단으로 존재하는 방송을 국영방송 혹은 관영방송이라고 부른다. 여기에는 권력 감시나 비판은 거의 없다. 오직 집권세력에 대한 찬양과 미화만이 존재할 뿐이다. 뉴스가 재미있기는커녕 시청자들의 '스트레스'로 작용한다.

한국도 이런 관영방송 시대를 경험한 바 있다. 가까운 전두환 군사정권 시절 소위 '땡전뉴스'가 대표적인 관영방송의 표본이다. 9시뉴스 시보와 함께 "땡, 전두환 대통령 각하께서는……" 혹은 "이순자 여사께서는 고아원을 방문하여……" 등으로 보도한다. 뉴스가 긴장감을 주는 것은 없고 '좌절감, 절망감'을 심화시키게 된다. 결국 'KBS 시청료 거부운동'이 벌어지는 역사를 경험한 바 있다. 관영방송은 기본적으로 정치권과의 독립을 부정한다. 관영방송사 사장은 정치권에서 일방적으로 임명하여 낙하산식으로 내려보낸다. 이를 거부하거나 반대 목소리를 내는 세력은 수사기관이 용서치 않는다. '알아서 기는' 세상을 목격하게 된다.

치욕스런 관영방송의 시대를 경험한 대한민국 국민은 눈물과 피로 저항하며 마침내 1987년 6월 29일 소위 '6·29선언'을 이끌어낸다. '6·29선언'의 핵심내용 중의 하나는 '모든 자유를 자유롭게 한다는 언론의 자유보장'이었다. 정치권력은 방송에서 손을 떼고 엄격한 중립을 지킬 수 있는 공영방송체제를 허용하고 인정한 것이다.

공영방송은 관영방송, 국영방송과 글자 하나 다르지만 내용은 천양지차가 난다. 우선 정치권과의 독립이 가장 두드러진다. 공영방송은 상업방송의 천박함이나 자본과 정치권력의 눈치를 보지 않을 수 있도록 시청료로 운영된다. 정부의 교부금이나 재정지원으로 운영되는 관영 혹은 국영방송의 정치권 예속에서 벗어나 사장 선임도 별도의 이사회를 통해 이뤄지도록 했다. 이런 제도를 만들기는 했지만 '관영방송의 달콤한 추억'에서 벗어나지 못하는 한국집권세력들은 늘 방송을 권력의 하부기구 정도로 만들기 위한 시도가 그치지 않았다. 노무현 정부나 이명박 정부나 별로 다를 바 없다.

이명박 정부는 노골적으로 '국영방송이니 공영방송'을 거론하며 무리하게 방송장악을 시도하고 있어 더 큰 비판을 받는다. 박재완 청와대 국정기획수석은 최근 자신의 KBS 방송과 관련한 인터뷰가 논란이 되자 "방송의 중립성을 확립하는 한편 정부의 국정 철학과 국정 지표를 구현하기 위해 노력해야 한다는 원론적 수준의 언급"이라고 해명했다.

이 해명 자체가 논리적 모순을 담고 있다. '방송의 중립성을 확립'하면서 '정부의 국정철학과 국정지표를 구현'할 수는 없기 때문이다. 방송의 중립성은 정치적, 경제적, 사회적 중립성을 의미하며 집권세력의 국정철학과 반드시 일치할 수는 없다. 국정철학이나 국정지표를 구현하기 위해 노력해야 하는 것은 행정부 기관이지 이를 감시, 견제해야 하는 언론기관이 아니다.

서울신문 7월 2일자는 한나라당 안경률 사무총장의 발언을 인용하여 "KBS가 과연 방송의 중립성을 100% 유지했다고 할 수 있겠는가. 많은 시간을 계속 촛불집회만 방영하는 행태나 대통령을 직·간접적으로 폄하하는 일들은 국영방송으로서 상상도 할 수 없는 것"이라며 불만을 드러냈다고 한다.

당 사무총장이 KBS를 '국영방송'이라고 지칭하며 비판하는 것은 벌써 기본 전제가 잘못됐기 때문에 이런 발언이 나오는 것이다. 청와대 국정기획수석이나 한나라당 사무총장의 발언을 보면 앞으로 KBS는 공영방송에서 관영방송 내지 국영방송으로 전락할 것이 불을 보듯 뻔하다. 그런 방송매체에서 나오는 뉴스는 물론 '찬양과 미화'가 '비판과 감시'를 대신하게 될 것이다. 정치권력, 자본권력을 감시하고 견제하는 방송의 역할이 사라진 뉴스가 무슨 긴장감과 재미를 선사할 것인가.

민주주의의 후퇴와 역사의 퇴행을 목격하게 될 것은 자명한 일이다. 한국 역사의 뒤안길로 사라진 줄 알았던 '관영방송, 국영방송' 용어가 집권세력의 입에서 반복하여 공개적으로 회자되는 이면

에 '29만 원짜리 전두환'이 웃고 있다. "두 끼만 먹자."는 전두환의 말을 관영방송은 "땡, 전두환 대통령 각하께서는 손수 청와대에서 두 끼만 먹기로 시범을……" 식으로 보게 될 것이다. 공영방송을 관영방송으로 혹은 공영방송답게 만드는 것은 집권세력의 의지가 가장 큰 역할을 하게 될 것이고 이는 이명박 대통령의 언론정책을 가늠하는 잣대가 될 것이다. 좀 더 당당하고 좀 더 논리적일 수는 없을까.

■ 2008년 7월 22일

'사장만 물러나면 된다?'
[김창룡의 미디어창] 정치권력과 KBS, MBC, YTN

　　공영방송 KBS와 MBC가 비슷한 시기에 서로 다른 이유로 정치
권력의 거센 압력에 직면해 있다. 겉으로 드러난 이유는 다르게 나
타나도 결론은 같아 보인다. 사장만 바뀌면 된다. 그 사장은 물론
이명박 선거캠프에서 언론특보 혹은 방송특보 등 이른바 폴리널리
스트로 바뀌어야 한다.

　　뉴스전문채널 YTN은 17일 오전 상암동 DMC 누리꿈스퀘어에서
임시 주주총회를 열고, 구 사장 내정자를 사장으로 선임했다. 미디
어오늘에 따르면, 김재윤 대표이사는 개회성립과 함께 "구본홍 씨
의 이사선임을 의결한다."고 선언한 뒤 40여 초 만에 곧바로 폐회
했다고 한다.

▲ 17일 서울 상암동 디지털미디어시티(DMC) 누리꿈스퀘어 회의실에서 진행된 **YTN** 임시주총에서는 **1**분여 만에 구본홍 사장 내정자 선임안이 의결됐다. 사진은 임시주총의장인 김재윤 대표이사. ⓒ 미디어오늘

사장에 선임된 구본홍 씨는 지난해 대통령 선거 때 이명박 대통령의 방송특보를 지내 사장 내정 때부터 낙하산 인사라는 논란이 불거졌고 노조가 계속 취임 반대운동을 벌여 왔던 인물이다. YTN 노조는 사 쪽이 주총을 강행하면서 사실상 법적 절차는 마무리됐지만 주총진행 과정에서 불법적인 부분에 대해 법적으로 대응할 것이라고 밝혀 노사갈등은 계속 이어질 전망이다.

YTN 사장에 물리력을 동원해 기습적으로 이명박 캠프 폴리널리스트로 앉히던 그 시각, KBS를 향해서는 검찰의 칼날이 허공을 가르고 있었다. 물러나기를 거부하는 정연주 사장에 대해 검찰은 다섯 번째 출두 요청을 했던 것이고 이에 대해 정 사장 변호인단은

"검찰 소환에 응하지 않기로 했다."고 밝혔다. KBS 정 사장을 쫓아내기 위해 감사원, 교육부, 검찰, 방송통신위원회 등 국가기구가 총동원된 양상을 보여 왔다는 것은 이미 주지의 사실이다.

정 사장 변호인단은 "정 사장이 세무 소송을 조정으로 끝낸 것은 경영상 고려에 의한 것이었다는 점은 자명하다."며 "특별감사와 외주 제작사에 대한 세무조사가 진행되고 있는 상황에서 정 사장을 소환하려 하는 것은 공영방송에 대한 정치적 압력으로 볼 수밖에 없다."고 주장했다.

▲ 17일 서울 상암동 디지털미디어시티(DMC) 누리꿈스퀘어 회의실에서 진행된 YTN 임시주총에서 회의장 진입을 가로막는 용역들에게 불법행위를 중단하라고 소리치는 YTN 현덕수 전 지부장. ⓒ 미디어오늘

MBC 역시 'YTN 낙하산 인사' 작전이 성공하던 날, <PD수첩>은 '공정성' 논란 끝에 방송통신심의위원회로부터 중징계를 당했다.

방송통신심의위가 줄 수 있는 가장 큰 징계조치인 '시청자 사과'라는 결정은 향후 '검찰이 물러날 명분'을 주는 것이 아닌 '처벌'을 내릴 좋은 구실로 작용하게 될 가능성이 높다. 검찰은 MBC <PD수첩>을 향해 칼끝을 겨누고 있지만 검찰 뒤에서 원격 조종하고 있다는 의심을 받고 있는 정치권력은 역시 MBC 사장 교체를 노리고 있다. 이것은 그냥 추측이 아니라 한나라당이 그 저의를 드러냈기 때문이다.

조선일보 7월 18일자는 제목으로 "한나라 'PD수첩, MBC사장이 책임져야.'"라고 강조했다. 직접 인용하면 이렇다.

"한나라당 정책위원회는 17일 방송통신심의위가 MBC 'PD수첩'에 대해 시청자 사과조치 요구를 취한 것에 대해 'MBC는 '게이트키핑(gate-keeping)' 기능이 제대로 작동할 수 있도록 방송 전 자체 심의를 강화해야 할 것'이라며 '잘못에 대해선 당사자는 물론 사장 등이 책임질 것을 요구한다.'고 논평했다."

한나라당이 하나의 시사프로그램에 대해 논평을 내면서 이렇게 '사장 책임'을 강조한 것은 이례적이다. 물론 향후 이명박 캠프 폴리널리스트가 사장으로 오게 되면 이런 식의 논평은 없을 것이다.

시사프로그램뿐만 아니라 보도, 교양, 오락 등 다양한 프로그램을 내보내는 방송사에서 제작진의 잘못으로 사장이 책임을 지게 되면 어느 누구도 단 1개월을 사장직을 제대로 할 수 없을 것이다. 사장을 바꾸기 위해서 무리한 주장과 오버액션을 과감하게 시도하고 있다. <PD수첩>은 여기다 '괘씸죄'도 적용된다. 쇠고기 파동의 진원지로 촛불시위를 유도했고 이명박 대통령의 신뢰도 하락과 사과를 가져왔다고 믿는다. '의도된 왜곡보도' 때문에 추가협상에 나서고 국민에게 대통령이 사과하고 검역주권 문제를 공론화하는 등의 공익적 역할에 대해서는 말이 없다.

이명박 정부가 앞으로 어떤 식으로, 누구로 방송사 사장단으로 구성할지는 두고 볼 일이다. 드러난 사실만 보면 이명박 캠프에서 뛰었던 많은 폴리널리스트들이 초조하게 순서를 기다리고 있어 특유의 밀어붙이기는 계속될 것이다.

한 가지 유념해야 할 사항은 과거 '80년대 국민'과 '2천 년대 국민'은 다르다는 점이다. 정보가 제한되고 정보통제가 가능했던 시대, 국민은 정확한 판단을 내릴 정보가 절대적으로 부족했다. 이런 정보 역시 관제언론의 손아귀에서 적절히 왜곡, 조작됐다. 그러나 2천 년대 국민은 많은 정보를 가진 똑똑한 시민으로 거듭났다. 매체 환경도 관제언론 시대에는 상상할 수 없는 다양한 미디어와 저널리스트들이 구석구석을 살핀다. 정보독점과 통제의 시대는 종언을 고했다. 참여정부가 어설픈 '취재지원선진화 방안'을 들고 나왔다가 혼쭐이 나는 모습을 보지 못했던가.

이 정부가 언론장악, 방송장악을 위해 KBS, MBC, YTN 등 곳곳에서 무리수를 두면 둘수록 이명박 대통령에 대한 신뢰도는 하락하게 될 것이다. 나아가 신문·방송 겸영 등 언론정책 추진에도 값비싼 사회적 비용을 지불해야 할 것이고 뜻대로 되기도 쉽지 않을 것이다. 비판과 반대의 목소리를 '반대를 위한 반대'로 치부하지 말고 겸손하게 들어 주는 자세가 아쉽다. 공영방송에 대한 자율권과 독립성을 존중하는 정치권력의 페어플레이만이 신뢰회복에 도움이 될 것이다.

■ 2008년 7월 18일

법적 처벌대상이지만 '입법미비'로 처벌할 수 없다고 한다. 방송
3사의 지난 4·9총선에서 엉터리 선거 예측보도에 대해 선거방송
심의위원회가 제재는커녕 정정요구조차 할 수 없다는 것이다.

미디어오늘(4월 22일자)은 "부정확한 제18대 국회의원 선거 예측보
도를 내보냈던 지상파방송 3사가 제재를 받지 않았다. 개정된 선거방
송심의 규정 탓에 선거가 끝난 뒤 방송되는 지상파 3사의 예측보도는
선거방송심의위원회의 심의범위에 속하지 않기 때문"이라고 전했다.

▲ 예측보도와 관련 KBS, MBC, SBS의 사과방송

선거방송심의위원회는 전체 회의를 열고 KBS, MBC, SBS 등 지

상파 3사의 총선 개표방송의 선거방송 심의에 관한 특별규정 제11조(사실보도) 2항 위반 여부를 심의한 결과, "규정을 준수한 것으로 판단해 제재 조치를 내리지 않기로 했다."고 한다.

선거방송 심의에 관한 특별규정 제11조(사실보도) 2항은 "방송은 선거 결과에 대한 예측보도로 유권자를 오도하여서는 아니 되며, 실제 결과와 예측이 다를 경우 지체 없이 이를 정정 보도하여야 한다."고 규정하고 있다.

첫 번째 논란은 당일 바로 해명성 사과방송을 한 MBC, SBS의 경우 '지체 없이 이를 정정한 것'으로 볼 수 있으나 하루가 지난 11일 사과형식으로 양해를 구한 KBS도 과연 '지체 없이 이를 정정한 것'으로 볼 수 있는가에 대한 판단이다. 제11조 규정을 '준수한 것'으로 판단해 제재 조치를 내리지 않기로 했다는 설명은 과연 타당한가.

방송3사는 1996년 출구예측 여론조사를 시작한 이래 이번까지 한 번도 빠지지 않고 거액의 예산과 인력을 투입해서 '엉터리 출구조사 보도'를 신속하게 했다. 세계 언론은 '참으로 아둔하고 어리석은 보도'라고 조롱거리로 삼았다. 일본 특파원들은 한국 언론의 용감성과 무모함에 고개를 흔들었고 국제세미나 등지에서 이를 지적하기도 했다. 국제망신과 불신을 자초했지만 개선된 것은 없고 국민을 상대로 부정확하고 어설픈 보도를 대단한 과학적 보도기법인 양 자화자찬했다.

제11조의 규정을 자의적으로 해석해서는 안 된다. 여기서는 분명히 두 가지 내용을 강조하고 있다. 첫째 방송이 선거결과에 대한 예측보도로 유권자를 오도하지 말라는 당부다. 그리고 혹 이런 예측보도로 오도할 경우 지체 없이 정정 보도하라는 것이다. 11조의 핵심 개념은 방송이 주제넘게 예측보도에 나서서 유권자를 오도해서는 안 된다는 것이다. 그런데 방송심의위원회는 무슨 근거로 방송사들이 '이 조항을 준수한 것'으로 판단한 것인가. 한두 번도 아니고 반복해서 이런 일이 발생한다는 것은 심의위를 우습게 보거나 심의규정 자체에 별 의미를 두지 않고 있다는 반증이 아닌가.

두 번째 논란이 사실상 이 글을 쓰게 만들었다. 심의위는 "지상파 3사의 총선 예측보도는 선거방송심의위의 심의기간을 벗어나 제재 여부를 논의할 수 없다."라고 알려졌다. '방송위원회가 2006년 2월, 선거방송심의기간을 선거종료시점까지로 변경해 선거가 끝난 뒤인 저녁 6시에 방송되는 지상파 3사의 예측보도는 선거방송심의위가 심의할 수 있는 안건이 아니기 때문'이라고 한다. 개정된 선거방송심의 규정 3조(적용범위) 1항은 "투표마감 시각까지의 선거방송에 적용한다."고 명시하고 있다.

선거방송심의위가 적용범위를 넘어서는 사안에 대해 심의를 할 수 없는 것은 옳은 논리다. 이것은 입법미비의 일종으로 추후 개정, 보완을 건의하겠다고 한다. 선거방송심의위의 판단을 존중하면서도 이견을 제기하고자 한다.

한시기구인 선거방송심의위가 선거방송에 관해서 선거 120일 전

부터 투표마감 시각까지의 영상물에 대해 심의하는 것으로 규정하고 이를 준수한 데 대해서는 이론의 여지가 없다. 그렇다면 선거 120일 이전과 투표마감 이후에 벌어지는 엉터리 여론조사, 불공정 선거보도나 명예훼손 등의 선거보도에 대해서는 어떻게 해야 하는가.

방송심의위원회 보도교양 심의위원회에서 다루면 된다. 선거방송 심의위가 선거 후 해체되는데 적용범위를 넘어선다고 해서 제재할 수 없다고 두 손 들고 물러나는 것은 불가피하지만 이 문제를 일반 심의위원회에 넘겨서 심의하도록 해야 할 것이다. 입법미비의 논란이 있는 것은 선거방송과 직접 관련된 것을 선거방송심의위원회에서 다루지 못한다는 차원에서 보완이 필요하다는 것이다. 그러나 그렇다고 해서 이런 명백한 오보에 대해 현실적으로 제재를 할 수 없는 것처럼 주장하는 것은 곤란하다.

2006년 개정된 '방송심의관련규정' 제2절 제17조(오보정정) 규정을 보면, "방송은 보도한 내용이 오보로 판명되었거나 오보라는 사실을 알았을 때에는 지체 없이 정정방송을 하여야 한다."라고 규정하고 있다.

항시적으로 운영되는 방송심의기구가 있고 이를 뒷받침하는 규정이 있는데, 해산하는 선거방송심의위가 '제재할 수 없다'고만 주장할 것이 아니다. 선거방송심의위원회는 법이 정한 특정한 선거기간에 한정돼 선거방송심의를 전담할 뿐이다. 그 기한 이외의 영상물에 대해서는 그것이 선거에 관련이 됐든 대통령에 관련이 됐든 방송심의위원회 해당 분과에서 심의하면 된다.

    2004년 총선거 출구여론조사에서 대형오보를 한 SBS 방송사의 한 고위간부는 선거방송심의위원회에 불려 온 자리에서 "향후 선거일 출구여론조사 보도는 하지 않을 것"이라고 증언해서 경징계를 받은 바 있다. 선거방송심의위원회 회의일지를 보면 이런 기록은 쉽게 확인된다. 결과적으로 심의위원들을 상대로 거짓말을 한 것이다.

    지상파 3사의 거듭된 '무모하고 아둔한 엉터리 출구여론조사'에 대해 가중처벌을 해야 할 판인데, 소극적 법적용으로 제재할 수 없다는 것은 방송의 심의기구 존재를 부정하는 것이다. 엄청난 예산을 쏟아부어 가면서 불필요한 시청률 경쟁에 내몰린 공·민영 방송사에 대해 일정한 제재를 가할 수 없다면 시청자들은 반복해서 우롱당하게 될 것이다.

■ 2008년 4월 23일

정몽준 한나라당 최고위원의 MBC 여기자 성희롱 논란 사건에 대한 진실은 밝혀져야 한다. 총선전에는 편파성 혹은 공정성 논란 때문에 관련 테이프를 공개하지 못한 점을 이해할 수 있다. 그러나 정 의원의 당선으로 선거는 끝났지만 그의 성희롱과 거짓해명 논란은 끝나지 않았다.

MBC가 이 사건을 어물쩍 넘기려 한다는 것은 마치 당선자에 대해서는 선거법 적용도 관대하다는 똑같은 논리로 비판받게 될 것이다. MBC나 해당 기자에게만 사과하면 모든 것을 없던 것으로 덮어 두기에는 정 의원의 당내 비중과 향후 역할이 만만찮은 것으로 전망된다. 한국 정치의 비극은 제대로 검증되지 않은 인사들이 국가 주요 요직에 앉는 것에서부터 출발한다. 또한 공영방송 MBC는 자사 기자의 성희롱 연루라는 피해 당사자이자 동시에 이를 가감 없이 공정하게 보도해야 하는 보도기관이다.

2008년 4월 3일 전국언론노동조합 문화방송본부는 "정몽준 씨는 즉각 공직 후보를 사퇴하라."는 성명서에서 왜 보도돼야 하는가를 잘 설명하고 있다. 그러나 사건 직후 MBC는 뉴스데스크를 통해 단신 처리하더니 선거 후에는 여전히 침묵으로 일관하고 있다. MBC의 이런 모습은 자가당착에 빠져 있거나 보도기관의 의무를 방기하고 있는 것으로 보인다.

이 성명서에서 MBC는 무엇이라고 주장했던가.

"…… 당시 MBC가 촬영한 화면은 정 의원이 거짓말을 하고 있음을 명백히 보여 주고 있다. 성희롱과 모욕적 행위에 이어, 새빨간 거짓말까지. 과연 그는 공직자의 자격이 있는 것인가. ……"

성희롱과 모욕적 행위, 거짓말을 주장하며 '공직자의 자격'까지 거론했다. 이 성명서의 제목이 '정몽준 씨는 즉각 공직 후보를 사퇴하라!'였다. MBC가 공직사퇴를 운운하기 위해서는 먼저 진실을 알려야 하는 것이 급선무다. 보도할 만한 뉴스가치가 없다면 이런 식의 강력한 성명서를 발표해서도 안 된다. 공직사퇴 여부까지 거론될 만한 사안이라면 유권자는 물론 시청자들이 알아야 할 권리가 있다. 판단 주체가 이해당사자 MBC가 아닌 시청자들이기 때문이다.

더구나 여기에는 그냥 '거짓말'도 아닌 '새빨간 거짓말'이라며 정 후보를 거짓말쟁이로 몰아붙이고 있다. 한나라당 당대표 후보로 거론되며 차기 유력 대권주자로 부상하는 정 후보에게 이렇게까지 주장할 수 있는 근거는 무엇인가. 바로 문제의 동영상이다. MBC만

알고 시청자들은 진실을 모르는 상황에서 나오는 일방적 주장과 정 의원의 사과는 사건의 실체를 더욱 궁금하게 한다. MBC가 과도한 주장을 하는 것인가? 정 의원이 진실로 성희롱을 범하고 새빨간 거짓말을 늘어놓고 있는 것인가?

이런 사건의 실체적 진실을 요구하는 것이 특정후보 폄훼나 MBC를 비난하는 것인가. 선거가 끝나면 모든 것이 끝이라는 등식이 성립돼서는 안 된다. 더구나 보도기관인 언론사가 정치적 타협과 정치적 계산으로 사건의 실체를 덮어 두고 뒤에 가서 혹 이를 이용하는 수단으로 삼는다는 것도 온당하지 못하다.

18대 총선에서 나타난 미디어 보도의 특성은 방송은 지나치게 몸을 사렸다. 신문은 특정후보에 대해 여전히 정파적 불공정 보도의 전통을 이어 나갔다. 선거법이 규정한 법정 TV토론조차 제대로 열리지 못해 미디어 선거에서 핵심적인 역할을 해야 할 방송사들이 제구실을 하지 못했다.

정몽준 의원의 성희롱 논란과 MBC의 대응, 아직 정확한 진실을 모르는 상황에서 속단은 금물이다. 그러나 지금까지 MBC의 대응은 몇 가지 관점에서 우려스럽다.

첫째, 권력을 감시, 견제한다는 언론의 역할을 포기하고 있다는 점이다. 권력을 감시한다는 추상적 표현에서 뭘 감시한다는 것인가. 바로 유력 정치인들의 불법, 탈법, 편법에 대한 문제제기를 통해서 견제역할을 하는 것이다. 보도하지 않는 보도기관은 존재의 이유가 없다.

둘째, 보도기관은 보도로 평가받아야 한다는 점이다. 보도하기 전에 정치적 주장과 정치적 타협으로 문제를 해결하려는 것은 보도기관의 정치집단화를 의미한다. 국민은 진실도 모르는데 "공직에서 물러나라."라는 정치적 주장을 하다가 엎드려 절 받기 식으로 사과를 받는 식으로 사건의 실체를 덮는다는 것은 자기부정 행태다.

셋째, MBC의 향후 정치 관련 보도는 이 사건을 통해 난관에 빠지게 될 것이라는 점이다. 누구를 어디까지 검증이라는 명분으로 보도할 것인가. 명백한 성희롱, 새빨간 거짓말, 후보에 대해서는 보도조차 하지 못하고서 다른 유력 정치인들을 검증이란 이름으로 보도한다는 것은 공정성과 정당성 차원에서 자가당착의 함정에 빠지게 될 것이다. MBC가 소위 'BBK 과잉보도 논란'에 빠진 이면에는 최문순 전 사장의 통합민주당 비례대표 국회의원 입성과 무관하다고 큰소리칠 수 있는가.

진실은 때로 불편하며 누군가에게 상처를 주기도 한다. MBC가 될 수도 있고 피보도자가 될 수도 있다. 사인(私人)이라면 얘기가 달라지겠지만 공인의 경우 검증의 잣대는 냉정하고 공정해야 한다. 보도기관의 정치적 계산과 판단은 향후 입지를 더욱 좁히는 결과를 초래하게 될 것이다. 이를 문제시하지 않는 언론기관도 자기모순에서 벗어나기 힘들다. 다시 한 번 MBC의 현명한 판단을 기대한다.

■ 2008년 4월 13일

[
한나라, MBC 전면전 …… 시청자 판단은?
[김창룡의 미디어창] TV토론은 불참, 방송사에는 외압
]

    한나라당이 화났다. 사회정의를 위한 공분이라기보다는 자당 중심적 투정성 억지가 다분하다. BBK사태로 수세에 몰린 한나라당이 후보의 말 바꾸기, 위장전입, 위장취업 등 부적절한 처신에 대해 해명하고 또 해명했지만 궁색했다. 검찰 수사결과 발표를 앞두고 신당뿐만 아니라 이회창 후보 진영 혹은 전 한나라당 의원들조차 이명박 후보에게 직격탄을 날리는 수세적 상황에서 한나라당이 돌파구를 찾은 곳은 방송사였다.

    MBC 방송사를 향해 '편파보도'를 주장하며 전면전을 선포한 것이다. 한나라당의 이방호 사무총장은 11월 30일 열린 긴급 의총에서도 MBC를 비판하며 "2002년 김대업 때처럼 검찰이 '정치 검찰'처럼 할까 봐 걱정했는데 현재까지는 공정한 수사를 하고 있는 것 같다. 문제는 방송"이라고 주장했다. 이 사무총장은 "앞으로 문제가 있다면 PD, 기자에게 일일이 고소고발로 민형사상 책임을 묻겠다."고도 했다. 여기서 그친 게 아니다.

이 사무총장은 특히 MBC의 '시사매거진2580', 손석희의 '시선집중', '피디수첩', "뉴스의 광장" 등 특정 프로그램들을 거론하며 이들 방송들이 왜곡, 편파방송에 앞장서 나서고 있다고 주장했다. 그는 "'시사매거진2580'은 지난 11월 11일 방송에서 모바일 조사라는 검증되지 않은 여론조사 방법을 동원해 우리 후보의 지지율이 33.5%로 떨어졌다는 충격적인 방송을 했다."며 "아직까지 우리 후보는 어떠한 여론조사도 37% 이하로 떨어진 적 없다."고 주장했다.

문제는 한나라당 대응 방식

정치권이 방송 보도에 민감한 것은 이해가 간다. 그만큼 영향력이 있고 유·불리가 극명하게 엇갈리기 때문이다. 문제는 한나라당의 대응 방식이다. 방송사에서 공정하게 보도한다고 해도 정당이나 후보의 입장에서는 얼마든지 억울하다고 항변할 수 있다.

이 사무총장 말처럼 심할 경우 민·형사 소송을 제기할 수 있다. 선거 기간에는 이것도 부족하다고 판단해서 '선거방송심의위원회'도 한시적으로 운용되고 있다. 정파적 보도에 대해서는 이런 위원회에서 법정징계를 내릴 수 있다.

편파보도를 하지 못하도록 이중 장치를 마련한 만큼 공당은 일단 문제가 있다면 이런 제도적 장치를 이용하는 것이 바른 자세다. 여야합의로 만든 제도를 제쳐 두고 국회의원들이 떼거리로 몰려다니며 방송사 고위간부에게 항의하고 지지자들을 중심으로 시위를 한다는 것은 스스로 수권정당 자격이 없다고 주장하는 것처럼 보인다.

한나라, 미디어선거 전면 부정

만약 MBC 모바일 여론조사 보도가 잘못됐다면 선거기간만큼은 신속하게 정정이나 반론보도를 요구할 수 있다. '다른 여론조사에서 37% 이하로 떨어진 적이 없는데 시사매거진2580의 조사에서 33.5%로 떨어졌다는 보도를 했기 때문에 편파방송'이라는 식은 논리의 비약이다. 모바일 조사 어디가 잘못됐다는 것인지, 정정이 필요한지, 반론이 필요한 것인지 구체적으로 밝히고 요구해야 한다. 막연한 편파보도라는 주장은 설득력이 없다.

한나라당은 오히려 미디어 선거를 정면으로 부정하는 방식으로 미디어 선거에 임하고 있다. 이는 유권자들의 정당한 알권리를 훼손하는 행태다. 한나라당은 지난 11월 29일 방송된 MBC '100분토론'에 또다시 불참했다.

한나라당은 "MBC가 편파방송을 하고 있다."며 불참했다고 한다. 지난 11월 22일에도 한나라당은 'BBK 공방'을 주제로 예정됐던 '100분토론' 방송 5시간 전에 불참을 통보해 해당 프로그램이 결방된 바 있다. 당일 오전 MBC 라디오 <손석희의 시선집중>에서 BBK 핵심 인물인 김경준 씨의 누나인 에리카 김을 인터뷰한 것 등을 이유로 들어서였다.

에리카 김, 피의자 신분이지 범죄자가 아니다.

한나라당은 '시선집중' 프로그램이 '피의자 신분인 에리카 김'에게 여과 없이 일방적으로 말할 수 있도록 했다는 주장을 하며 예정된 토론회조차 거부한 것이다. 두 프로그램을 연계시켜 후보토론회에 참석하지 않는다는 것은 유권자에 대한 무책임한 대응 방식이다. 한나라당을 지지하든 그렇지 않든 좀 더 당당하게 유권자 앞에 나서야 한다는 것은 후보의 의무이자 유권자의 요구이다.

시선집중 프로는 에리카 김과 인터뷰를 하면서 동시에 다음 날은 한나라당에 대해 똑같은 시간대에 같은 분량의 반박, 해명할 수 있는 시간이 마련돼 있다고 고지했다. 얼마나 좋은 기회인가. 억울하다면 해명할 수 있고 오해받는 부분이 있다면 얼마든지 풀어 줄 수 있는 절호의 기회인데 이를 거부했다. 에리카 김이 피의자 신분이기 때문에 방송사가 마치 인터뷰를 해서는 안 되는 것처럼 주장했다.

한나라당에 그 많은 율사들이 있는데 피의자와 범인, 범죄자 구분을 못 하는 것은 아닐 것이다. 에리카 김은 아직 피의자 신분이지 범죄자가 아니다. 누구나 최종적으로 법원의 판결이 나오기까지는 무죄추정을 한다는 무죄추정의 원칙이 존중되고 있다.

피의자 인터뷰, 언론 책무 중 하나

국민적 관심사에 대해 또한 억울한 입장이라고 주장하는 피의자에 대한 인터뷰를 하는 것은 언론의 책무 중의 하나이다. 그 인터뷰의 내용이 문제라면 그 내용을 문제 삼아야 한다. 말하라. 무슨 말이 잘못됐다는 것인가. 거짓을 거짓이라고 전하는 것이 편파방송인가.

정당성이 결여된 주장을 하면서 정작 나타나야 할 후보 토론회는 갖은 이유를 대며 나타나지 않는 것은 유권자들의 기대와 요구를 저버리는 행위가 될 것이다. 한나라당도, 후보도 좀 더 당당한 모습을 보여 줘야 한다. 방송사 보도에 문제가 있다면 현재 마련된 법적, 제도적 장치를 최대한 활용해야 한다.

　그것이 국민적 지지율 1위의 후보와 정당이 보여 줘야 할 책임 있는 대처방식이다. 언론기관에 대한 정당의 편파보도 주장은 스스로 이해집단인 만큼 자제하고 신중해야 한다.

■ 2008년 11월 30일

방송사들의 간접광고 행태가 장르 구분 없이 심각하게 고질화되고 있다. 공영방송, 민영방송 가릴 것이 없고 드라마 뉴스, 교양 구분 없이 때로는 교묘하게, 때로는 노골적으로 시청자의 판단을 흐리게 하며 불법, 부당한 방식으로 상업적 목적을 꾀하는 것으로 보인다.

과거 간접광고가 주로 방송의 드라마 영역이나 케이블 방송과 민영방송사 등에 집중돼 나타났다면 최근에는 KBS1 TV 등 공영방송사에서, 그것도 보도 교양 등의 프로그램에서도 적발되고 있어 문제의 심각성을 더하고 있다.

방송위원회 보도교양심의위원회에서는 최근 KBS1 TV <경제포커스> 코너에서 진로 하진홍 대표이사와 인터뷰하는 내용 중 진로에서 생산한 술병이 진열된 장소를 배경으로 일부 인터뷰를 진행하는 과정에서 불거진 간접광고 문제를 다뤘다. '참이슬' 상표와 진로 로고를 부각시킨 근접촬영이 방영된 것이다.

심의위원들이 문제 삼은 것은 이미 프로그램 성격상 기업주를 인터뷰하는 것만으로도 막대한 홍보효과가 예상되는데 굳이 이렇게까지 간접광고 의혹을 받아 가면서 제작할 필요가 있었느냐는 것, 더구나 케이블이나 홈쇼핑 방송도 아니고 대표적 공영방송에서 그것도 경제전문 뉴스 프로그램에서 '이럴 수는 없다'는 공감대가 형성됐다.

　징계수위를 결정하기 위해 관계자들의 의견을 청취하며 그 제작 경위와 불가피성을 알아봤지만 설득력이 부족했다. "의도하지 않았다." "이 프로그램에 참여한 지 불과 몇 개월밖에 되지 않는다."는 등의 발언으로 공영방송의 무거운 책임을 벗어날 수 없었다. 결과는 중징계.

　문제는 이런 유의 간접광고가 적어도 뉴스 시간대에는 엄격하게 지켜져야 하지만 그렇지 못하며 공중파 방송사의 기자나 PD, 부장들조차 별로 경계하지 않는 것 같다는 데 있다. 지난해 SBS 방송사는 뉴스시간에 기자가 술 마시는 시연까지 하며 특정 술 회사 간접광고에 나섰다. 일부 심의위원들은 '간접광고가 아니라 직접광고' '기자의 자질이 의심스럽다'라고까지 목소리를 높였다.

　술이나 담배 같은 품목은 더욱 조심스럽게 다뤄야 하지만 공중파 방송사들의 일부 PD와 기자들은 취재원과 보이지 않는 '커넥션'을 의심받을 정도로 공정하고 중립적인 보도방식에 문제점을 드러내고 있다. 이런 점을 몰랐고 결과적으로 방송심의위원회로부터 징계를 받고 나서야 알게 됐다면 부장과 국장이 더 무거운 책임을 져야 한다. 공중파 방송의 사회적 책임과 국민적 기대에 부응하지 못하는 직책에 대해 자신의 자리를 한 번 되돌아봐야 하지 않을까.

만약 징계수위를 넘나들게 된다는 사실을 알면서도 방영했다면 기자, PD, 데스크가 한통속이라는 국민적 비난을 면할 길이 없다. 뉴스 시간대에 특정상품을 보도하는 것이 아니라 광고했다면 국민을 기만했기 때문이다. 방송소비자들은 광고와 뉴스 시간대가 구분돼 있기 때문에, 당연히 뉴스와 광고는 그 제작목적과 방식이 다르다고 이해하고 또한 믿기 때문에 그 믿음을 저버렸다는 인식을 갖게 된다. 한결같이 "의도하지 않았다." "미처 몰랐다." "죄송하게 생각한다."는 식의 답변은 너무 무책임하거나 비겁하다.

검찰은 지난해 한 지상파 방송사 PD와 소품담당 감독 등이 드라마에 간접광고를 해 달라는 청탁을 받고 9,600여만 원을 받은 혐의로 감독을 구속하고 PD를 불구속했다. 드라마의 간접광고 문제로 검찰의 수사가 진행될 정도라면 보통 심각한 문제가 아니다. 더구나 성역으로 존재해야 할 뉴스 시간대에 간접광고 의혹 문제는 검찰에서 나서기 전에 해당 방송사 윤리위원회가 자체적으로 중징계를 내려야 할 사안이다.

방송심의위원회는 방송징계위원회가 아니다. 징계만이 능사가 아니기 때문이며 중징계를 내려야 할 때는 마음이 무겁다. 케이블 방송사보다 공중파 방송, 공중파 방송 중에서도 공영방송에 더욱 무거운 책임을 묻는 것은 그만큼 국민적 기대와 신뢰가 높기 때문이다. 공영방송에서 근무하는 기자와 PD, 그 책임자급 부장과 국장들

은 자부심과 긍지를 지니고 국민적 신망에 부응해 주기를 고대한다.

특히 대선의 계절에 방송제작진이 공정하게 보도하기 위해 노력해도 이해당사자들은 공정성과 중립성을 문제 삼으며 징계를 요구하는 법이다. 평소에 공영방송에 대해서만큼은 신뢰할 수 있다는 믿음을 쌓게 되면 훨씬 덜 시달리게 될 것이다. 전체의 믿음은 항상 일부가 조금씩 파괴하면서 전부를 몰락시키는 법이다. 방송사 부장, 국장들은 다시 한 번 방송윤리강령, PD제작 가이드라인을 강조할 필요가 있지 않을까.

■ 2007년 4월 15일

방송3사의 성급한 '한미 FTA' 여론조사
[김창룡의 미디어창] 여론조사의 오류와 남용

한미 FTA가 극적으로 타결된 바로 그다음 날인 2007년 4월 3일, KBS, MBC, SBS 주요 방송3사는 일반 국민을 상대로 신속하게 조사된 여론조사를 일제히 쏟아 놓았다. 한결같이 타결 찬성이 반대보다 높게 나왔다는 내용이었다. 그러나 이런 식의 보도는 오류투성이에다 심각한 여론왜곡 현상을 낳아 정책결정에 민의를 왜곡, 반영할 우려가 있다.

언론이 보도한 방송3사의 여론조사 결과에 의하면, SBS 8시뉴스에서는 '한미 FTA 찬성'이 52.6%였고, 반대는 34.9%였으며 찬성의견 가운데 자영업자들이 61.9%로 가장 많았다고 한다. KBS는 9시뉴스에서 '협상에 만족한다'고 응답한 사람이 51.2%였고, '만족스럽지 못하다'는 사람은 42.3%였다고 전했다. MBC도 뉴스데스크를 통해 "이번 협상타결에 찬성하는 사람이 48%였고, '반대'는 35%, '모름'은 16%로 조사됐다."고 보도했다.

찬성이 더 높게 나왔든 반대가 더 높게 나왔든 그 자체는 문제

가 아니다. 문제는 여론조사의 기본조건이라고 할 수 있는 '협상타결의 내용'에 대한 여론조사 대상자들의 이해수준이다. 단순한 대선후보 지지도에 대한 여론조사와는 근본적으로 다르다.

분야별 협상타결 결과에 대한 정보습득과 이해를 충분히 하고 있다는 전제가 있어야 여론조사가 가능하다. 여론조사 대상자들이 시기적으로 협상타결 내용에 대한 정보를 파악하고 이런 여론조사에 응했다고 보기는 어렵다. 또한 설혹 언론보도를 통해 대략적인 내용은 알고 있었다고 하더라도 내용 자체가 복잡하고 분야별 득실관계도 따져야 하고 독소조항에 대한 해석도 남아 있어 섣부른 예단을 하기가 어려운 사안이다.

무엇보다 한미 양측에서 협상타결 전문을 아직 발표하기도 전이다. 관련 전문가들도 정확한 내용을 파악하는 과정에 있으며 언론사의 비교적 자세한 보도는 여론조사 이후에 나오고 있는 점을 감안하면 이번 여론조사는 성급했다고 볼 수 있다. 한마디로 여론조사 대상자들이 내용 파악도 못 하고 어리벙벙한 상태에서 얻어 낸 답변이라 신뢰성을 부여하기 힘들다.

신뢰성에 의심이 가는 여론조사는 비록 실시했다고 하더라도 과감하게 버려야 한다. 자기모순적인 여론조사의 내용은 방송보도에서 그대로 나타난다. 협상타결에는 찬성하면서도 이득은 미국이 볼 것이라는 답변이다. 미국이 더 이득을 보는 협상이라고 하면서 타결은 잘했다는 식을 어떻게 해석해야 할까.

오마이뉴스는 이렇게 보도했다.

"이들 방송사의 여론조사 내용을 보면 응답자의 상당수가 협상 내용에 만족스럽지 않거나, 협상이득을 미국이 볼 것이라고 답했다. 우리 자신에게 불만족스러운 내용이거나 이득이 크게 없을 것을 알면서도, 협상타결엔 찬성을 나타내는 모순적인 결과를 보인 셈이다."

오마이뉴스는 "SBS는 이번 협상 내용에 대해 '만족스럽지 않다'고 답한 사람이 45.6%였으며, '만족스럽다'는 35.5%였다. '모르겠다'는 18.9%였다. 14개월에 걸친 협상에 '미국이 유리했다'고 답한 사람도 53.9%였다. '한국에 유리했다'고 생각한 사람은 4.2%에 불과했다. KBS도 비슷했다. 이번 협상에 이득을 본 나라는 '미국'이라고 답한 사람이 50.5%였고, '한국이 이득을 봤다'고 답한 사람은 7.3%에 불과했다."

이런 논리적 오류는 어떻게 발생하고 어떻게 해석해야 할까. 여론조사 수치를 알아내는 것은 과학의 영역이지만 이 수치에 대한 의미를 부여하고 해석하는 것은 저널리즘의 영역이다. 서양에서는 여론조사를 여전히 '일종의 과학' 정도로 부르고 있으며 과도한 믿음을 부여하는 것을 경계하고 있다. 그만큼 곳곳에 오류가 도사리고 있기 때문이다.

이런 조사를 통한 통계수치에도 나름대로 의미를 부여하며 정확하다고 주장할 수는 있다. 그러나 적어도 공중파 방송에서 주요 뉴

스로 다루기 위해서는 조사의뢰기관이나 조사기관에서 필수적으로 조사 전후 질문항목들을 점검하고 게이트키핑 과정을 거쳐야 한다.

－시기의 적절성. 여론조사의 시기는 매우 중요하다.

협상타결 직후 신속한 여론조사 서비스를 하고자 하는 방송제작진의 노력은 높이 평가하지만 타결발표 하루 만에 여론조사 결과를 발표하는 식은 그야말로 졸속 여론조사로 비판받을 소지가 다분하다.

－질문지 구성과 내용의 평이성. 내용이 어렵거나 복잡한 경우 여론조사감으로는 부적절할 수 있다.

한미 FTA 협상 내용은 아직 제대로 나오지 않았으며 공식적인 전문공개는 추후 이루어질 사안이라는 점이다. 무엇보다 국민 대다수는 아직까지도 내용파악이 제대로 되지 않고 있으며 언론사의 보도에 따라 찬반이 크게 엇갈리고 있는 상황이라는 점이다. 내용도 잘 모르는 대상에게 답변을 구해 통계수치를 내는 것은 억지거나 무지, 무식할 때 가능하다.

－모순된 답변에 대한 처리. 질문내용에 따라 서로 모순되는 결과수치가 나왔을 때 어느 한쪽은 믿을 수 없다는 것이다.

질문을 하는 과정에서 서로 모순된 답변은 나올 수 있다. 때로는 진실성을 확인하는 방법으로 상반된 질문을 통해 속내를 알아내는 수법으로 활용되기도 한다. 그러나 이 경우에는 어느 한쪽의 답변은 버려야 한다. 한국에 유리한 협상으로 타결되기를 원했다는 것은 누구나 짐작할 수 있는 답변이다. 그러나 조사대상자들이 '협상

타결'에는 더 많은 찬성을 보이면서 '이득은 미국이 볼 것'이라고 답변했다는 것은 스스로 논리적 모순을 범하고 있으며 이를 그대로 보도한다는 것은 무책임하다.

– 특히 한국인들은 여론조사에서 정확한 자기 속내를 드러내지 않기 때문에 조사기관에서 더욱 어려워한다. 또한 익명의 조사방법의 경우, 그 진실성이 의심스런 경우가 무시할 수준을 벗어난다. 협상타결 직전까지만 해도 여론조사는 찬반이 팽팽하게 맞섰는데, 단 하루 만에 이처럼 바뀔 수 있다는 것은 논리적으로 설명하기가 어렵다.

한국인의 이중성을 감안하여 질문지 구성과 답변분석에 더욱 철저해야 한다는 것은 기본이다. 그러나 이런 유의 신속한 방송 서비스는 공중파 방송의 품격을 떨어트리는 결과를 빚는다.

영국의 BBC 방송, BBC 프로듀서 지침(BBC Producer's Guidelines) '여론조사' 편을 보면 방송의 오류를 막기 위해 자세한 지침을 명시하고 있다. 그중 몇 가지만 인용하면 다음과 같다. 참고할 만한 가치가 있는 것들이다.

– 여론조사의 결과로 프로그램을 이끌지 말 것.
– 여론조사로 헤드라인을 뽑지 말 것.
– 여론조사를 실시한 기관이 제공하는 조사결과 해석에 의존하지 말 것.
– 여론조사에 신뢰도를 더할 수 있는 용어를 사용하지 말 것.

BBC는 여론조사를 보도하는 데 대해 이런 문구를 통해 그 진지성과 신중함을 명시해 두고 있다.

"······ 만일 우리가 여론조사를 보도한다면 그 신뢰도에 덧붙여 정확한 과학이라고 과장할 위험이 있으며, 만일 그 결과를 무시한다면 현대 정치 논쟁의 추진력인 정보를 시청자에게 제공하지 않는 것이 될 것이다."

■ 2007년 4월 4일

거짓말이 난무하는 사회, 거짓말을 부끄러워하지 않는 사회는 결단코 선진국이 될 수 없다. 신용사회란 서로의 작은 믿음 속에 성장하는 법이다. 방송은 신용사회를 위해 사회문화와 전통을 만들어가는 데 구심점 역할을 해야 한다. 거짓이 공공연하게 전파되고 시청자들을 우롱한다는 불만으로 공영방송이 희생양이 되는 것은 큰 불행이며 국가적 손실이다.

▲ MBC <생방송 오늘 아침> (왼쪽), KBS 1 TV <아침마당> (오른쪽)

방송위원회 보도교양심의위원회는 최근 MBC '생방송 오늘 아침' 프로그램에 대해 '경고'의 징계 결정을 내렸다. MBC가 의도적으로 조작한 연출은 아니었지만 외주제작을 받아서 방영한 내용이 결과적으로 방송심의의 품위유지, 객관성 등의 규정을 위반했다고 판단했기 때문이다.

내용은 단순했다. MBC에서는 '돈 못 벌어 와서 무능한 남편, 위기의 가정'을 보여 준 커플이 그날 저녁에 방송된 KBS에서는 '다정한 부부'로 나와 시청자들을 당혹스럽게 한 것이다. MBC에서는 해당 커플의 얼굴을 모자이크 처리를 했지만 옷차림새, 방 내부구조, 장식물 등으로 인해 쉽게 같은 장소에서 동일한 부부가 연출한 것임을 알 수 있었다. 실제로 해당 방송사 게시판에는 이를 지적하는 글들이 쏟아졌다.

MBC 담당 PD는 외주사에 즉각 사실관계를 확인한 후 연출됐음을 알았다고 한다. 문제는 이렇게 잘못된 방송이 나갔음을 안 뒤에도 바로 사과방송을 하지 않았다는 사실이다. 2006년 11월 27일 방송된 내용에 대해 MBC는 그날 사실관계를 파악한 후 자체 징계절차를 밟으면서도 시청자를 위한 사과방송은 뒤로 밀어 버렸다고 한다.

이 방송이 다시 문제가 된 것은 1월 3일 미디어오늘에서 보도를 하고 나서부터 각종 포털이 퍼 나르기를 시작하면서 사태는 걷잡을 수 없이 번져 갔다. MBC는 결국 이런 상황에 직면해서야 시청자 사과방송을 하기로 결정하고 1월 5일 프로그램 말미에서 사과방송을 했다.

외주제작 비율을 높여 가는 원칙은 잘못된 것이 아니다. 그러나 외주제작사에 모든 책임을 떠넘길 수는 없다. 또한 서슴없이 거짓 연출을 일삼는 장삼이사를 탓하는 것도 공허하다. 궁극적인 책임은 MBC에 있기 때문이다. MBC가 외주제작사 해당 코너 연출자와 작가를 해고하도록 조치를 취했지만 앞으로도 이런 유형의 방송 사고는 예견된다.

바로 이어 터진 KBS 방송 사고는 단순 거짓말 정도가 아니라 시청자들을 향해 사기행각을 펼쳤다고 할 정도다.

KBS 1 TV 아침마당의 노래자랑 코너의 거짓방송은 더욱 극적이고 감동적인 사연이라 시청자들의 배신감과 분노는 더 컸다. 1월 13일 '토요 이벤트 가족노래자랑' 코너에 등장한 가장은 4살과 6살 남매와 함께 출연하여 '암에 걸린 아내가 가족들에게 짐이 되기 싫어 집을 떠났다'는 소설 같은 사연을 소개했다.

화려한 거짓말의 위력은 대단했다. 이 가족은 우승을 차지한 뒤 제주도 여행권을 상품으로 받았다. 그러나 방송 직후 한 네티즌의 제보로 눈물겹던 사연은 거짓으로 드러났다. 상품은 회수됐고 우승은 취소됐다. KBS는 그다음 방송에서 사건의 경위를 밝히고 사과 방송을 내보냈다고 한다.

KBS 역시 참가자의 거짓방송에 결과적으로 놀아난 꼴이 됐다. 국민 모두가 시청하는 방송에 나와서 예사롭게 거짓말하는 사람들이 가장 큰 문제라는 데 이견이 없다. 이들은 이미 방송을 통해 얼

굴이 모두 알려진 만큼 그 허망한 거짓말의 대가를 평생 멍에처럼 안고 살아가야 할 것이다. 푼돈이나 상품에 눈이 멀어 방송이라는 공공기관에 나와 거짓말을 한 대가가 어쩌면 예상보다 훨씬 더 큰 형벌이 될 수도 있다.

그다음 문제는 공영방송사의 프로그램 관리의 신용 문제다. 신용 사회란 그냥 개인의 양심과 도덕성에 모든 것을 맡기는 것은 아니다. 선진국 국민이라고 거짓말 안 하고 후진국 국민이라고 거짓말을 일삼는 것은 아니다. 선·후진국의 차이는 거짓말을 함부로 할 수 없는 검증시스템을 갖추고 있느냐 여부이다. 또한 그 거짓말로 피해를 입혔을 때는 그 사회에서 더 이상 정상적으로 살아가기 힘들 정도로 혹독한 사회적 비용과 대가를 치르도록 한다는 점이 차이점이다.

KBS, MBC의 경우 '게이트 키핑' 역할이 불충분하다는 것이 이번 사고를 통해 드러났다. 출연자를 믿어야 하겠지만 제작진은 다수의 시청자들을 보호하기 위해 두 번, 세 번의 검증장치를 마련해야 할 것이다. 또 하나, 잘못된 방송, 거짓 방송이 전파를 탔고 그 사실을 확인했다면 즉각적이고 자발적으로 정정 및 사과방송을 내보내야 할 것이다. 똑같은 사과방송을 하면서 남의 지적 때문에 할 수 없이 하는 것하고 자발적으로 즉각 하는 것하고는 방송에 임하는 자세와 책임감에서부터 다르다.

시청자들에게도 당부해야 할 것이 있다. 일반 시청자들이야말로 가해자이자 피해자이다. 일반 시민이 거짓 연출하고 거짓 사연을 방송에 나와 버젓이 한다. 과거에는 이런 것이 통용될 수도 있었다면 이제 네트워크가 바탕이 된 정보화 사회에서 불가능하다는 것을 깨달아야 한다. 거짓에 분노하지 않으면 우리 모두 거짓의 피해자가 될 것이다.

■ 2007년 1월 15일

신문비평 | 제2장

동아닷컴의 무분별한 어린이 신원공개
[미디어창] 언론사 윤리강령 준수 위험수위

　신문사, 방송사, 인터넷 언론사 등 대부분 매체에서 어린이 사진 등 신원공개가 예사로 이뤄지고 있다. 유명 연예인의 자식, 남편이라는 이유 하나만으로 사전 동의 없이 이뤄지고 있는 현재의 보도행태는 미성년자 신원보호, 인권보호라는 측면에서 언론사들 스스로 만든 언론윤리강령을 휴지조각으로 만들고 있다.

　동아일보사에서 운영하는 '동아닷컴'은 "배우 장신영이 남편 위모 씨의 빚 때문에 협의 이혼을 신청했다고 서울신문이 6일 보도했다. 사진은 장신영과 3살 아들의 화보촬영. 사진 제공 인스타일·닥스키즈."라고 소개하고 있다. 우연히 확인하게 된 내용이지만 2009년 11월 1일 현재에도 이혼신청을 한 배우 장신영 씨 관련 사진 6장을 칼라화보로 쉽게 확인할 수 있다.

　이 사진첩은 총 6장으로 장 씨 개인 사진 4장 외에 3살 된 아들 사진과 남편 사진도 각각 포함됐다. 아들의 사진 공개나 남편의 신원공개도 배우 장 씨와 마찬가지로 대중매체에서 이렇게 여과 없이 이뤄져도 문제가 없느냐는 데 대해 언론사들은 의문을 가져야 한다.

인터넷의 속성상 장 씨 가족의 신원공개와 사생활 노출은 삽시간에 확산됐으며 거의 한 달째 이렇게 소개되고 있다. 물론 동아닷컴은 스스로 만든 화보는 아니고 '인스타일, 닥스키즈'라는 출처를 밝히고 있지만 그 매개, 확산의 책임은 언론사의 몫이고 법적으로 문제가 되면 언론사의 책임 역시 회피하기 어렵다.

초상권이란 촬영 또는 기타의 방법으로 자신의 초상을 허락 없이 촬영당하거나 또는 공표당하지 않을 권리를 말한다. 초상권의 개념을 개괄적으로 사람이 자신의 초상에 대하여 갖는 인격적, 재산적 이익이라고 정의하는 사람도 있다(안용교, 초상권의 개념과 의의. 언론중재 1982 여름).

법조계에서는 초상권의 정의에 대해 "사람이 자기의 얼굴 기타 사회통념상 특정인임을 식별할 수 있는 신체적 특징에 관하여 함부로 촬영되어 공표되지 아니하며 광고 등에 영리적으로 이용되지 않는 법적 보장"(김창룡, 법을 알고 기사 쓰기. 1997)이라고 설명한다.

이런 법적 규정 때문에 각 언론사마다 '언론윤리강령' 혹은 취재 보도준칙 등을 만들어 '초상권'과 인권보호 차원에서 취재 대상의 신원노출에 만전을 기하기 위해 노력한다. 그러나 간혹 거꾸로 신원노출로 시청률을 올리거나 상업적 이익을 꾀하는 경우도 있어 문제가 된다.

대표적인 케이스가 지난 2009년 10월 5일 오전 방송된 SBS '배기완 최영아 조형기의 좋은 아침'에서는 최진실이 이 세상을 떠난지 1주기를 맞아 재안장식과 함께 추모식 현장 스케치에서 최 씨의 어린 두 자녀의 얼굴과 신상을 공개, 방영했을 때다. 추모의 분위기 속에 당사자들이 이 문제를 정면으로 거론하지 않아서 법적 문제는 유야무야 넘어갔지만 SBS의 불법적 보도제작 행태는 사회적 비판을 받을 만했다.

아이들의 눈물과 그림을 통해 추모의 분위기를 더욱 실감 나게 전달할 수는 있겠지만 그 아이들의 신원공개를 통해 향후 입게 될 수도 있는 부작용이나 불이익에 대해서 언론은 책임지지 않는다. 그래서 법에서는 어린이들의 신원공개는 반드시 친권자나 부모의 명시적 동의를 요하도록 못 박고 있다.

동아일보는 '기자윤리강령실천요강'에서 개인의 사생활 보호를 명시하고 있다. "4. 개인의 사생활 보호. 공공의 이익을 위해 필요하다고 판단되지 않는 한 개인의 명예와 사생활을 침해할 우려가 있는 내용에 대해 보도를 자제한다."(신문과 방송 2009년 8월호) 이 내용이 동아일보에만 적용되고 동아닷컴에는 적용되지 않는지 여부는 동아일보 내부에서 판단할 문제다. 그러나 오늘날 네티즌들은 대부분 오프라인 동아일보보다 동아닷컴을 통해 더 쉽게 기사를 접하는 만큼 '인권보호'에 더욱 각별한 주의가 요구된다.

국내에서도 법적으로 본인의 사전 동의 없이 사진을 서적에 게재했다가 초상권 및 명예훼손 혐의로 처벌을 받은 판례도 있다.

1982년 서울민사지방법원은 "피신청인은 신청인 신○○의 사진을 게재한 '서울은 지금 몇 시인가'라는 서적을 인쇄, 제본, 발매, 반포하는 행위를 하여서는 안 된다."라고 판결했다(언론중재 1982 가을).

유명 연예인, 배우 등 공인의 범주에 들어가는 사람들에 대한 매스컴의 과다한 관심과 조명 속에 이들 가족 가운데 미성년자나 다른 피해자들의 신원이 여과 없이 공개되며 이들의 행복추구권과 인권은 무시되고 있다. 국가인권위원회에서 이런 문제에 대해 언론사를 상대로 보도윤리강령 준수, 합법적 보도 등을 요구해야 되는 것이 아닌가.

미디어 법 논란, 헌법재판소의 정치적 판결, 신종플루, 4대강 개발 등 큼직큼직한 사건 속에 인간의 기본적인 인격권이 무시되고 한 개인의 존엄한 권리가 이처럼 대중매체에 의해 훼손되지만 누구도 눈길을 주지 않고 있다. 누구를 위한 개발이며 무엇을 위한 언론인가. 언론사들이 다시 한 번 저널리즘을 위해 고민해 주기를 희망하지만 이들의 무지 혹은 무시가 두려울 뿐이다.

■ 2009년 11월 1일

'미디어 비평'을 비평한다
[김창룡의 미디어창] 한국일보의 미디어 비평

　신문이나 방송의 '미디어 비평' 코너는 언론 안팎의 문제점을 전문가의 시각으로 드러내 개선을 촉구한다는 점에서 자율규제의 성격이 강하다. 미디어 비평은 일종의 주관적 평가를 내리기 때문에 그 비평의 타당성과 논리성 차원에서 논란이 있을 수 있다. 전체적으로 미디어 비평은 미디어 소비자에 대한 서비스 차원에서 독자나 시청자를 위한 배려의 일환이라는 점에는 이견이 없다.

　문제는 '미디어 비평'이라는 명패를 내걸고 자사 홍보를 하거나 자사 프로그램 해명이나 변명의 장으로 전락시킬 때는 언론의 정직성을 부정한다는 점에서 문제시해야 한다. 2009년 8월 6일자 25면, 한국일보의 '강남준의 미디어 비평' 코너 '하회마을서 떠오른 미디어 법 해법'이라는 제목의 기사가 독자를 혼란스럽게 한다는 사실이다. 서울대 언론정보학과 교수라는 전문가가 '미디어 비평'이라는 분명한 타이틀을 달고 칼럼을 작성했는데, 그 내용이 홍보도 광고도 아닌 '횡설수설'이라는 점이다.

읽고 또 읽었지만 어떻게 이런 내용의 글이 이런 제목으로 한국일보 같은 중앙지에 버젓이 실릴 수 있는지 상식을 의심케 했다. 글을 쓴 전문가의 의도를 이해하기 힘들고 그런 내용을 한국일보 편집진이 그대로 게재했다는 것이 과연 독자를 위한 정직하고 성실한 서비스를 하려는 프로의식이 있는지 의문이 들게 했다. 한국일보 기자들에게 먼저 일독을 권하고 판단을 부탁하고자 한다. 반론도 환영한다. 그 이유는 간단하다.

우선 칼럼의 코너 성격이 '강남준의 미디어 비평'이라고 하지만 그 내용에 미디어 비평은 없기 때문이다. 그 글의 첫머리는 "얼마 전 디지털 콘텐츠 업계에 종사하는 분들과 안동지역을 다녀왔다." 로 시작된다. 안동에서의 감상이 밑도 끝도 없이 이어지다가 맨 마지막에 가서 "미디어 법 풍진 세상에서 한가하게 놀러 갔다 오더니만 정신이 좀 이상해졌나 보다."라고 스스로 마무리하고 있다. 서울대 교수라는 타이틀만 없다면 '정말 정신이 좀 이상해져 만든 칼럼'으로 이해된다.

또한 제목과 글 내용의 불일치성도 간과할 수 없다. 글의 제목은 '하회마을서 떠오른 미디어 법 해법'이었다. 그러나 글 어디에도 미디어 해법은 보이지 않는다. 물론 언급이 있는데 그 내용이라는 것이 "미디어 법을 국회 내에서, 아니 전문가들이 모인 무슨 위원회에서만 지지고 볶아 봐야 하회마을 안에서 돌아다니는 꼴이다. 어느 길로 가는 것이 더 나을지 안에서는 잘 안 보인다."라고 했다. 이게 무슨 소린가. 원문이 요령부득이니 편집기자도 무척 답답했으리라. 그러나 이런 식의 제목 달기는 독자를 현혹하거나 오도하는 결과가 된다. 나 역시 무슨 해법이 있나 보고 또 보다가 독자의 입장에서 우롱당하는 심정이었음을 부인하지 않는다.

칼럼의 내용을 보면 '안동택시 기사와의 대화' '하회마을 체험과 감상' 등을 정리한 기행문 성격의 글이다. 이런 글이 잘못됐다는 것이 아니라 적어도 '미디어 비평'이니 '미디어 법 해법'이니 같은 잘못된 제목으로 독자를 찾아가서는 안 된다는 것이다.

신문이든 방송이든 모든 기사나 칼럼, 프로그램이 독자나 시청자들에게 보다 정직한 서비스를 하기 위해 고심해야 한다. 전문가가 비전문적인 글을 게재하거나 목적이나 취지에 맞지 않는 글을 기고해 왔을 때 제작진은 자체 검증하여 미디어 소비자들의 입장을 헤아려 줘야 한다. '교수' '서울대' 이런 껍데기에 현혹돼서는 안 된다.

한국에서는 이런 공개적인 미디어 비평을 하는 것도 참으로 어렵다. 사회적으로 혹은 인간적인 불이익을 감수해야 하기 때문이다. 공개적으로 미디어 비평을 하는 것도 한 개인을 마치 공격하는 것처럼 받아들이는 경향이 있다. 학회 같은 공개 세미나장에서도 '치열한 논쟁'은 드물고 '알아서 하는 예우성 발언'이 난무할 때 경쟁을 통한 학문발전은 기대하기 힘들다.

한국일보뿐만 아니라 다른 일간지에서도 이런 유의 정직하지 못한 서비스는 종종 발견된다. 제목은 '무슨 무슨 시론'이라고 해 놓고 '시론'과는 거리가 먼 '수필'을 게재하기도 한다.

미디어 법 개정에서 분명한 것은 앞으로 과열경쟁을 통해 미디어 소비자 앞에 온갖 쓰레기 같은 프로그램, 과장, 왜곡의 글들이 쏟아져 나올 것이다. 무엇이 정보인지 오보인지 미디어 비평은 1차적으로 내부에서 걸러 주는 게이트키핑(gatekeeping) 역할을 해야 한다. 또한 미디어 비평 코너를 통해 언론의 무분별한 저널리즘을 경계, 견제하는 내적 기능도 무시돼서는 안 된다. 언론사들이 보다 세심한 주의로 독자들에게 정직한 서비스를 해 주기를 기대한다.

■ 2009년 8월 10일

과거의 연합뉴스와 2009년 현재의 연합뉴스는 다르다. 법개정을 통해 현재의 연합뉴스는 명실상부한 대한민국의 공식 대표 뉴스통신사로 지위를 보장받게 됐다. 최종적으로 국회법 통과 과정을 남겨두긴 했지만 사실상 '국가기간통신사'의 명예로운 이름을 달게 됐다.

국가기간통신사는 그 이름에 걸맞은 보도의 공정성과 신뢰성으로 회원사는 물론 일반 독자들로부터 인정받고 존중받아야 한다는 것은 당위다. 이런 목표를 위해 연합뉴스 내부 구성원들의 허리띠를 졸라매는 노력이 있지만 보도에 있어서 비슷한 잘못이 반복되는 모습은 유감스럽다. 특히 인권을 존중하고 약자의 권리를 보호해야 할 국가기간통신사가 과거 잘못된 관행을 답습한다는 것은 용납하기 어렵다.

연합뉴스는 일본의 교토통신을 인용하여 6월 25일 "자살한 탤런트 고 장자연 씨의 소속사 전 대표였던 김 모(40) 씨가 조사 과정에서 '장 씨의 자살은 성 접대가 원인이 아니다.'라고 밝혔다."고 보도했다. 연합뉴스의 회원사인 국내 언론사 대부분은 이 내용을 그대로 전했다.

짧은 보도내용이지만 이 기사에는 많은 의미가 함축돼 있다. 가장 크고 주요한 문제점은 형사사건에서 유력 용의자의 주장을 일방적으로 전하고 있다는 점이다. 문제의 김 아무개 전 대표는 고 장자연 씨의 죽음에 직접적 책임이 있는 것으로 알려지면서 해외로 도주했고 이미 구속영장까지 발부받은 상태였다. 장기도주 중 일본에서 갑자기 잡혀 세간의 주목을 끌게 됐지만 그의 입에서 나오는 말은 일단 신빙성을 의심해야 한다.

특히 장자연 씨 측의 반론권은 기사 어디에도 반영되지 않은 채 김 씨의 일방적 주장, 그것도 자신에게 유리한 주장만 내세우고 있는데 이것을 교토통신에까지 의존하면서 보도했다는 것은 문제가 있다. 설혹 그렇게 보도하더라도 이 경우 문장의 술어는 '…… 밝혔다.'보다 '…… 주장했다.'가 더 적절해 보인다. 기사 구성과 용어 선택 등에서 문제를 드러냈다. 또한 이런 보도가 고 장자연 씨의 인권, 명예에 어떤 영향을 미치게 될 것인지에 대한 배려가 부족하다.

장자연 씨는 이미 사망한 상황에서 앞으로 김 씨의 일방적 주장만 쏟아지게 될 것이고 이를 연합뉴스는 신속하게 전달하기 위해 노력하는 과정에서 불거지게 될 취재보도상의 문제가 예견된다. 이 시점에서 연합뉴스가 2002년 대오보를 하고도 사과나 정정조차 하지 않은 유사 사례를 교훈으로 전하고자 한다.

2002년 1월 15일 연합뉴스는 프랑스와 영국으로 어학연수를 갔

던 진효정, 송인혜 두 여학생의 죽음을 두고 런던특파원이 '英경찰, 진효정 씨 약물과용 사망 가능성 수사'라는 제목의 기사를 타전했다. 국내 방송사와 신문사들은 일제히 두 여대생 의문의 죽음이 마치 '마약과 범죄 집단과 연계' 가능성이 있는 것처럼 보도했다.

당시 연합뉴스는 기사 첫 문장을 "프랑스 어학연수 중 영국 여행에 나섰다가 가방에 든 변사체로 발견된 진효정 씨 사건을 수사 중인 영국 경찰은 진 씨가 약물 과다복용으로 사망했을 가능성에 대해서도 조사하고 있는 것으로 알려졌다."라고 시작했다.

이 기사의 내용과 달리 영국경찰은 '약물 과다복용' 등은 애초부터 수사내용에도 없었다. 연합뉴스의 추측성 작문보도를 통해 고인이 된 두 여대생의 명예를 훼손했다. 이런 보도를 하게 된 이면에는 당시 유력한 살해용의자로 지목된 민박집 주인 김 씨의 일방적 주장 때문이었다. 결국 연합뉴스의 보도는 참담한 오보로 끝났고 이를 그대로 따라 보도했던 KBS, MBC, 조선, 동아, 중앙, 한겨레, 경향 신문 등은 모두 집단 오보를 했다.

이 사건보도를 한 지 3년여가 지난 뒤 연합뉴스는 눈에 보일 듯 말 듯 일단짜리 기사로 "민박집 주인 김 씨가 범인으로 영국법정으로부터 종신형을 선고받고 상고심을 포기했다."는 보도를 했다. 국내 대부분 언론사는 이를 무시하고 추후보도조차 하지 않았다. 졸지에 해외연수를 보냈던 두 여학생은 민박집 주인 김 씨의 돈 욕심에 억울한 희생자가 됐지만 언론에 의해 마치 '마약을 한 것처럼' '범죄 집단에 연루된 것처럼' 오해를 받았다.

물론 연합뉴스가 의도적으로 이런 오보를 했다고는 생각하지 않는다. 나름대로 기사욕구에 대한 현실적 상황에서 몇 가지 단서를 가지고 작문했을 것으로 추정된다. 그러나 결과는 무엇인가. 기자의 입장에서 결과까지 예상할 여유가 없다고 항변할 수 있지만 국가기간통신사는 달라야 한다. 이런 함량 미달, 수준 이하의 기사가 서비스되면 국내 데스크에서라도 걸러 내야 한다.

장자연 씨를 죽음으로 몰아간 가해자들에 대한 수사는 현재 결정적 열쇠를 쥔 김 전 대표의 도피로 사실상 중단된 상태다. 세간의 이목이 집중된 이 사건에 대한 수사가 재개되면 각 언론사는 김 전 대표의 말 한마디 한마디를 마치 놓쳐서는 안 된다는 듯이 보도하게 될 것이다. 여기에 국가기간통신사도 국내 언론사와 경쟁체제를 형성하며 달려들게 될 것이다. 이것은 위험천만하다.

국가기간통신사가 개인의 인권을 존중하는 기본을 지키지 않는다면 굳이 대한민국 대표 통신사를 만들 이유가 없다. 그런 수준 이하의 언론사는 차고도 넘치는 곳이 이 땅이다. 형사사건에서 특종보다 더욱 중요한 것은 희생자와 그 유가족들에게 부당한 칼질을 멈추는 것이다. '알권리만큼 중요한 것이 모를 권리'도 포함된다. 무엇을 보도하느냐도 중요하지만 어떻게 보도하느냐는 더욱 중요하다. 국가기간통신사의 역사는 이제부터 만들어 가야 하며 그 첫 출발선은 약자, 피해자의 인권을 존중하고 가해자의 범죄행각에 초점을 맞추는 것이어야 한다.

■ 2009년 6월 26일

내연녀와 짝사랑 사이
[김창룡의 미디어창] 범죄 보도, 언론의 무지함에
대하여

  현역 경찰관이 한 여인을 권총으로 살해하고 자신도 자살을 기도한 끔찍한 사건을 2009년 4월 29일 주요 뉴스로 다뤘다. 국민의 신체와 재산을 보호하도록 특수 임무를 부여받은 경찰이 무고한 국민의 생명을 앗아 가고 스스로의 목숨조차 지키지 못할 정도라는 점에서 충격적이다. 자질미달의 일부 경찰이 경찰조직 전체의 명예와 사기를 계속 떨어뜨리고 있다는 점에서 모두가 안타까움을 금할 수 없다.

  문제는 이런 불행한 범죄사건을 다루는 언론의 무지함과 신중하지 못함에 대해서도 간과할 수 없다는 사실이다. 매체에 따라 현역경찰이 살해한 대상을 '내연녀'라고 표기하기도 하고 '짝사랑'하던 사람이라고도 한다. 범죄보도는 특별히 피해자의 인권을 위해 보도의 정확성과 신중함이 요구되지만 이를 제대로 지키지 않은 것 같다.

  언론이 피해자나 그 유가족의 가슴에 두 번, 세 번 못질을 한다는 것은 용납할 수 없는 일이다. 무엇이 문제이기에 이렇게 비판하는가.

연합뉴스가 전하는 보도내용을 보면, "29일 오전 10시 20분께 전북 군산시 경암동의 한 미용실에서 나운지구대 소속 조 모(46) 경위가 짝사랑하던 이 모(36, 여) 씨의 머리에 권총을 쏘고 자신도 자살을 기도했다."라고 보도했다. 연합뉴스에 의하면 조 경위가 짝사랑하던 이 모 씨를 살해했다는 내용이다.

조선, 중앙일보 역시 연합뉴스의 보도를 인용하여 이렇게 보도했다. 경향신문의 경우, 군산발 기사로 "현직 경찰관이 평소 흠모하던 30대 여인을 권총으로 살해했다."고 보도했다. 통상적으로 일방적으로 짝사랑하는 것을 '흠모하던' 정도로 표현할 수는 있다고 본다. 그러나 동아일보는 '내연녀'로 단정하여 보도했다.

동아일보는 4월 29일자 동아닷컴 홈페이지에 "군산서 현직 경찰, 내연녀 권총 살해"라는 제목으로 같은 내용을 기사화했다. 정작 기사 내용을 보면, 어디에도 내연녀라는 단어는 등장하지 않는다. 동아의 현장기자는 경찰의 말을 인용해서 "미용실 여주인을 좋아하던 조 경위가 이날 미용실 안에서 말다툼을 벌이다 격분해 순간적으로 권총을 발사한 것으로 추정된다."라고 보도했다.

언론에서 '내연녀'와 '짝사랑'으로 보도하는 차이는 어느 정도일까. 내연(內緣)이라는 단어의 의미는 "남녀가 결혼했거나 또는 그럴 뜻으로 한집에서 사나, 아직 혼인신고를 못 한 상태"라고 정의하고 있다(민중서림, 엣센스 국어사전). 내연관계, 내연남, 내연녀 등도 모두 내연에서 파생된 용어들이다.

    권총으로 남의 생명을 앗아 간 40대 현역 경찰과 억울하게 살해된 30대 여인이 어떤 관계였는지는 언론이 알 수 없다. 설혹 내연관계라는 주장이 있었다 하더라도 경찰 수사 결과가 나온 뒤여야 가능하다. 또 내연관계가 입증됐다 하더라도 이것을 보도할 수 있느냐, 그럴 만한 공적 가치가 있느냐 여부는 별개로 다뤄야 할 사안이다.

    사건이 발생하자마자 바로 '내연녀'를 운운한다는 것은 스스로 신중하지 못하고 무책임한 보도라는 반증이다. 저널리스트들은 용어 하나하나에 신중을 기해야 한다. 경찰이 설혹 이렇게 발표하더라도 공공성과 공익적 가치, 인권 등을 생각해서 문제제기를 해야 한다. 그럼에도 불구하고 언론이 앞장서서 '내연녀'라고 소리치는 것은 시민 개개인의 인권과 법익을 존중하지 않는 보도행태다.

    이런 잘못은 어느 언론사나 범하기 쉬운 특징이 있다. 언론의 자유는 존중돼야 하지만 불행한 사건을 당한 무고한 시민의 아픔을 위로해 주지는 못할망정 상처를 더욱 아프게 해서는 안 된다. 사회적으로 이런 지적이 사소한 것이라고 무시할 수 있다 하더라도 당사자나 그 유가족의 입장에서는 엄청난 모욕감을 느낄 수 있는 사안이다.

    생각해 보라. 열심히 미용실을 운영하며 살아가려고 노력하는데 멀쩡한 경찰이 치근대며 권총까지 빼서 협박하다 살해까지 당했다면, 이렇게 애통한 일이 어디 있겠는가. 원수 같은 경찰과 내연관계, 내연녀라고 한다면 죽은 자가 눈이라도 제대로 감을 수 있겠는가. 남의 말이라고 함부로 '내연녀'라고 해서는 안 된다.

민사소송이 제기된다면 동아일보는 이 사안에 관한 한 이기기 힘들 것이다. 어느 언론사든 제발 소시민의 인권과 개인법익을 조금 더 존중해 주었으면 좋겠다.

4월 30일이면 노무현 전 대통령이 검찰에 출두하는 날이라고 전 언론사가 온통 취재경쟁으로 이런 뉴스는 취급조차 하지 않을 것이다. 전직 대통령이든 누구든 죄를 지었으면 처벌받는 것은 당연한 일이다. 조사받기 위해 검찰에 출두하는 것이 무슨 생중계까지 해야 될 현안인가. 언론만 호들갑 떠는 모양새가 나라의 무슨 큰 경사가 벌어지기라도 한 듯하다.

국민은 먹고살기 힘들다. 이미 정치적으로 사회적으로도 매장된 노무현 전직 대통령 두들기기는 그만하라. 무시당하고 소외당하는 소시민들의 이야기, 이들의 절절한 목소리가 뉴스에서 사라진 지 오래다. 언론마저 시민의 권익 보호는 뒷전이고 사건과 사건만 쫓는 허망함 속에서 중심을 잃고 있다. 한 개인의 권익을 언론 스스로 지켜 주기 위해 노력하라.

■ 2009년 4월 17일

조선의 '김보슬 PD 의도적 체포?' 보도
[김창룡의 미디어창] 검찰 대변지 자처하나

조선일보가 검찰의 일방적인 불만을 대변하는 보도를 했다. 2009년 4월 16일자 조선일보 홈페이지 조선닷컴 <김보슬 PD, 결혼 앞두고 의도적으로 자진체포?> 제하의 기사를 보면, 마치 김보슬 PD가 결혼을 앞두고 의도적으로 체포된 것인 양 보도했다. 그것도 검찰의 일방적 추측을 그대로 전했다. 파렴치범도 흉악범도 아닌데 인생 최대행사로 불리는 결혼을 눈앞에 두고 체포된 것도 통탄할 일인데, 체포한 검찰의 정치적 해석을 이렇게 버젓이 보도한다는 것은 저널리즘의 윤리와 보도준칙 차원에서도 많은 문제점을 드러내고 있다.

조선의 이 기사는 첫 시작을 "결혼식을 나흘 앞두고 체포된 MBC 'PD수첩'의 김보슬(여, 32) PD가 자진출두 대신 의도적으로 '체포'의 모양새를 취한 것이 아니냐는 불만이 검찰에서 흘러나왔다."로 시작했다. 검찰의 불만을 대변해 주는 입장을 분명히 취했다. 공정해야 할 보도기사가 처음 시작부터 균형성을 잃고 있다.

이런 행태는 이후에 이어지는 기사 내용의 대부분이 '검찰 관계자는' '그는' 등으로 검찰의 일방적 추측과 주장, 불만을 고스란히 담고 있다. 총 8개의 단락으로 구성된 기사에서 김 PD의 입장을 반영하는 내용은 어디에도 없다. 마지막 문단에서 인용한 김 PD의 '시사교양국에 전하는 글'에서조차 조선의 주장을 뒷받침할 만하다고 판단해서 일부만 끌어다 붙였다.

이런 행태의 기사는 전형적으로 반론권을 보장해 주지 않은 일방적이고 불공정한 기사작성 행태다. 언론중재위원회에 단골로 걸려드는 기사작성 유형의 하나다. 신문사나 기자가 의도했든 의도하지 않았든 취재대상에게 불리하고 사회적 평가가 저하될 내용을 보도하면서 어떤 형태로든 반대 입장을 기사에 담아내지 못했다는 것은 취재성실의 의무를 다하지 않은 것이다. 부실한 취재로 기사의 완성도가 떨어진다는 뜻이다.

같은 저널리스트의 입장에서 표현의 자유로 인해 고통을 받고 있는 타 언론사 PD에 대해 인간적 동정심까지는 기대하지 않더라도 최소한의 취재보도 준칙 준수는 강조돼야 한다. 무엇보다 검찰의 불만까지 이렇게 기사화할 만한 가치가 있느냐에 대해서도 물어야 한다.

수사기관 검찰이 결혼을 불과 나흘 앞두고 이렇게 체포한 데 대해 그렇게까지 해야 할 급박한 상황이었는가에 대한 당연한 물음 정도는 나올 법한 것이 아닌가. 그 대상이 PD든 일반 기자든 누구든. 더구나 검찰은 그 대상을 체포하는 데 성공했고 이제 수사하는 일만 남은 것인데, 취재의 초점은 당연히 그 수사과정의 정당성, 법 적용의 형평성, 공정성 등에 맞춰 줘야 한다.

조선이 왜 검찰의 입장을 대변하고 상대적 약자의 입장에 처한 피의자 신분의 인권을 이렇게 무시하는지 납득하기 어렵다. 입장을 바꿔 놓고 생각해 보자. 만약 조선일보의 기자가 특정 기사보도로 인해 결혼식을 눈앞에 두고 검찰에 긴급 체포됐을 때도 이런 식의 검찰 대변 기사를 작성할 수 있다고 생각하는가.

생각해 보라. 수사기관에 체포되고 싶은 사람이 어디에 있는가. 더구나 여전히 논란 중에 있는 '미국산 쇠고기 보도'건에 대해 이런 식으로 체포돼야 한다면 기자든 피디든 앞으로 제대로 언론활동을 할 수 있다고 생각하는가.

검찰은 입이 아닌 수사로 말해야 한다. 기자는 기사로 말한다. 수사과정의 불법, 부당사항도 아닌 검찰의 불만을 추측보도로 내보내는 언론사는 과잉친절을 베푸는 것이다. 그것도 언론윤리강령에 명시된 반론권 보장조차 위반하면서 행하는 일방적 보도행태는 한국 저널리즘의 퇴행을 의미한다. 나아가 한국 언론 자유에 심각한 위축효과를 가져오게 될 것이다.

취재원이 모호한 '검찰 관계자' '그는' 등의 말을 인용해서 '의도적 자진체포'라고 제목을 달고 기사 내용에도 그렇게 전달하는 것은 위험천만한 보도행태다. 설혹 당사자가 의도적으로 자진체포를 원했다면 여기에는 필유곡절이 있을 것이다. 그것을 취재 보도해야 하는 것이 저널리즘의 본령이다. 검찰의 불만까지 시시콜콜하게 전달하는 것은 검찰 대변지에서나 할 일이다.

기자와 조선일보에 공개적으로 묻고 싶다. 이 기사의 뉴스 가치가 어디에 있으며 보도준칙을 제대로 지켰다고 믿고 있는지. 조선일보 같은 대형언론사의 품격과 위상에 걸맞다고 판단하는지? 그렇다면 그 근거는 무엇인지?

보도대상이 된 김 PD나 이런 보도를 하는 기자, 그리고 조선일보와도 나는 특별한 관계가 없다. 그러나 언론현상을 연구하는 언론학자의 입장에서 이런 일방적으로 사회적 강자의 편을 들어 부당하게 약자를 괴롭히는 기자나 언론사에 대해서는 문제제기를 해야 한다고 믿는다. 그것이 막강한 언론사로부터 약자를 지키고 제2, 제3의 피해자를 막는 데 미약하나마 도움이 된다고 믿기 때문이다. 쓰러진 약자를 일으켜 세우지는 못할망정 밟고 지나가는 비정한 언론의 횡포는 막아야 한다.

■ 2009년 4월 17일

논리적이지 못한 동아일보의 기명칼럼
[김창룡의 미디어창] '사법부 흔드는 판사들의 가벼운 입'

동아일보 2월 28일자 '오늘과 내일'의 '사법부 흔드는 판사들의 가벼운 입' 제하의 칼럼이 현직판사들의 불만을 부채질하고 있다. 울산지법 민사2단독 송승용 판사는 2일 법원 내부 게시판에 올린 '사법부를 흔드는 두 가지 손'이라는 글에서 촛불재판과 관련된 의혹에 대한 철저한 진상규명과 해명, 그리고 일부 언론의 사법부 길들이기에 대해 엄정한 대처가 필요하다고 주장했다.

송 판사는 사법부의 독립성을 흔드는 두 가지 요소로 내부의 의혹제기와 함께 일부 언론의 보도를 거론한 것이다. 내부의 의혹제기에 대해서는 대법원이 '개인의견표명' 정도로 무시하는 전략이다. 정확한 진상을 파악하여 진실을 알려 줘야 할 책임이 있는 대법원의 행태도 납득하기 힘들다. 일부 언론으로 지목된 동아일보의 비판칼럼은 과연 어떤 문제가 있는 것인가.

언론의 사법권에 대한 비판은 감시의 도를 넘어 흔들기에 나설 정도인가에 대해서 따져 보기 위해 동아일보의 관련 칼럼을 자세하게 분석해 봤다. 적어도 세 가지의 문제점이 두드러져 현직판사의 문제제기는 타당한 것으로 보였다.

먼저, 동아의 칼럼은 논리적이지 못하다.

사법부 내부의 일부 판사들은 촛불재판 때 특정 판사에게 '몰아주기'를 한 부분에 대한 정치적 의혹 제기를 했다. 그리고 '형사수석부장판사가 촛불집회 관련 사건을 심리하던 단독판사들에게 형량 변경 등의 압력을 가했다'는 의혹이 제기됐다. 문제의 핵심은 과연 의도적인 몰아주기였는지 여부와 형량 변경 압력 유무에 있다.

그런데 동아의 칼럼을 보면, 첫 시작부터 판사들의 '반말, 고압적 자세' 등 법정에서의 행태에 대한 비판적 내용을 장황하게 거론하며 시작하고 있다. 물론 이런 것은 비판받고 개선돼야 한다. 그러나 이런 내용이 촛불재판의 몰아주기, 형량변경압력 의혹 등과 무슨 상관이 있는가. 논리적이지도 못하고 적절하지도 못해 특정 의도를 가진 칼럼이 아닌가 하는 의혹마저 갖게 한다.

둘째, 동아의 칼럼은 정당한 비판을 넘어 판사들의 정당한 내부 문제제기조차 부정하는 과욕을 범했다. 동아의 "판사는 판결로 말해야 한다."는 지적은 옳다. 그것은 사건재판에 한해서 그런 논리가 성립되는 것이다. 재판 절차상의 문제, 배당상의 문제, 형량압력 의혹의 문제에서조차 "판결로만 말하라."는 주장은 억지거나 말하지 말라는 소리가 된다.

송 판사는 "동아일보 논설위원이 판사는 판결로 말한다는 의미

를 오해하였거나, 또는 표현상의 오류로 단독판사들의 행동을 폄하하기에 이른 것이 아니라면 위 칼럼에는 '사법부 길들이기'라는 일정한 정략적 의도가 숨어 있는 것으로 추단할 수밖에 없다."고 말했다. 타당한 주장 아닌가. 언론이라면 '판사들의 문제제기에 대한 타당성'부터 따져야 한다. 판사라고 무조건 "판결로만 말하라."는 것은 자칫 언론의 횡포라는 지적을 받게 된다. 형량의 문제나 배당의 문제는 재판으로 말할 수 없는 사안이란 것을 언론사 논설위원 정도라면 모르지 않을 것이기 때문이다.

셋째, 용어의 적확성에 대한 문제를 간과하고 있다.
동아가 주장하는 '좌파'가 누구를 지칭하며 어떤 세력인지에 대한 설명 없이 막연하게 선악 개념으로 좌파라며 공격하고 있다. 특히 촛불시위에 나선 일반 시민들을 '좌파'라고 부른 데 대해 광고주불매운동까지 당하고도 그런 용어를 고집하고 있다. 한국만큼 '좌파'라는 용어가 '악'의 개념으로 부적절하게 오용되는 경우는 조중동을 제외하고는 찾기 힘들다. 저널리스트는 정확한 용어 사용이 생명이다.

동아는 최근 법복을 벗은 촛불 판사를 거명하며, "미네르바 구속과 용산 참사에 대한 감정 표현은 일부 좌파 또는 반정부세력의 '독재 정권' '살인 정권'이란 주장에 힘을 실어 줬다. 판사의 현실 인식이 이 정도밖에 안 되는지 참으로 답답하다."고 보도했다. 일부 좌파라면 어떤 부류를 지칭하는지 논설위원이라면 그 정도는 밝혀 줘야 한다.

정작 답답한 것은 '미네르바 오보'라는 대형 사고를 치고서도 진상규명을 운운하며 2주일이 지나도 진상을 밝히지 않고 있는 동아일보의 무책임한 처사. 공신력을 생명으로 하는 언론사가 한 개인을 파렴치한 범죄자로 몰아붙이는 등 인권을 짓밟았다. 또 검찰의 수사를 부정하는 보도를 반복적으로 내보낸 뒤 고작 한다는 소리가 '오보였다, 우리도 속았다'는 식은 한국 언론 전체의 명예와 신뢰를 추락시키는 부끄러운 일이었다.

의혹과 불신에 휩싸인 사법부 내부의 진실추적은 없고 거꾸로 문제를 제기한 판사들에게 '재갈을 물리려는 비난성 칼럼'은 미디어 비평의 소중함을 다시 한 번 일깨워 준다. 선출받지 않은 권력을 자의적으로 휘두르는 미디어의 횡포에 미디어가 답하라.

■ 2009년 3월 4일

월간 신동아를 발간하는 동아일보가 마침내 2009년 2월 17일 스스로 '신동아 미네르바는 가짜'라고 시인하고 사과문을 게재했다. 2008년 12월호에 시작된 신동아의 거짓행각이 2009년 3월호에 와서야 '희대의 오보'임이 판명 난 것이다. 공신력을 인정받는 언론기관이 거짓행각을 벌여 진짜 미네르바는 구속되고 법적 처벌을 받는 위기상황이 왔음에도 불구하고 설득력 없는 기사로 버티다가 결국 항복하는 과정에서 너무 많은 문제점을 남겼다.

언로가 통제되던 군사정권시절 심층보도와 민감한 주제를 다루며 독자의 알권리를 위해 노력하던 신동아의 모습과는 너무나 달라져 버린 오늘의 신동아는 실망, 좌절, 조작, 불신, 오보를 상징하고 있다. 동아일보는 이런 점을 우려해서인지 진상조사만큼은 확실히 하겠다는 의지를 표했다. 동아는 사과문을 게재하면서 "조사 과정의 객관성을 담보하기 위해 진상조사 위에 외부의 법조인과 언론학자도 참여시켜 조사 내용을 철저하게 검증받고 조사가 마무리되는 대로 독자 여러분께 결과를 알려 드리겠다."고

덧붙였다.

이 말을 곧이곧대로 믿고 싶지만 그동안 언론사들의 행태를 보면, 별로 설득력이 없다. 외부의 법조인, 언론학자로 누구를 선택할지는 동아일보가 자의적으로 판단, 선택하겠지만 이들이 들러리 역할에서 벗어나지 못할 것으로 보이기 때문이다. 형식적으로 외부인사를 동원하여 객관성을 담보하지만 실제로는 동아일보에 우호적인 인사 혹은 무늬만 객관, 실제는 동아식구 같은 언론학자가 가담하면 무슨 소용이 있겠는가.

언론학자 모두가 정의와 진실에 목말라 하고 있는 것 같지는 않다. 1990년대 한국 언론학회는 중앙일보가 '김일성 사후, 최초 동토의 땅, 북한을 가다'라는 기획시리즈에 언론상을 수여했다. 그러나 곧 오보논란에 휘말리자 자체 진상조사위원회를 구성했지만 결과 발표조차 없이 흐지부지되고 말았다. 그 이유가 이유 같지 않았다. 진상조사위원회가 '정치적 판단을 내렸기 때문'이라는 후문이 들렸을 뿐이다.

동아일보가 진상조사에 그처럼 고심하고 있다면 학계에서 공정성, 객관성을 인정받는 학자를 찾기란 어렵지 않다. 진상조사위원을 누구로 구성하느냐는 동아일보의 진상조사 의지를 가늠하는 첫번째 시험대가 될 것이다. 동아일보에 공개적으로 필자를 '진상조사위 언론학자' 후보군의 한 사람으로 자천하고자 한다. 그러나 현실성이 없음을 알고 있기 때문에 공허한 주장이 될 것이라고 본다. 이런 일련의 행태가 '미네르바'를 악용한 신동아의 상업주의를 뒷수습하는 형식적 수순으로 보이기 때문이다.

신동아는 단순히 있을 수 있는 오보를 저지른 것이 아니다. 한 개인의 인권을 짓밟았고 공신력 있는 언론기관의 사회적 책임을 방기했다. 이것은 일종의 사회범죄행위에 해당한다. 그 이유를 제시하기 전에 분명히 해 둘 일이 있다. 언론사의 오보에 대해 무조건 잘못됐다고 매도하는 것은 곤란하다는 점이다.

언론사는 불가피하게 오보를 할 수 있고 이 점에 대해 한국사회는 좀 더 너그러워질 필요가 있다. 그러나 법적으로도 그런 오보가 "오로지 공익을 위하고 진실이라고 믿을 만한 상당한 이유가 있을 때"라고 규정하고 있다. 언론사라는 자사이익이 아니고 취재성실의 의무, 검증의 과정을 모두 했음에도 불구하고 오보가 나왔다면 그것은 법적으로도 처벌해서는 안 된다는 일종의 언론사 면책특권을 부여하고 있다.

신동아는 과연 여기에 해당하는가. 이제 그 판단은 진상조사위원회에서 하게 되겠지만 그동안의 과정에서 나타난 문제점을 분석하면 회의적이다.

우선, 신동아가 주장하는 K 씨는 조작된 허구의 인물인지 실제 인물인지에 대한 기초적인 물음에조차 답변하지 않았다. 2008년 12월호는 '미네르바'를 단독으로 인터뷰한 것처럼 대서특필했지만 검찰에 구속된 미네르바는 인터뷰 요청은 받았지만 거절한 것으로 보도됐다. 이 당시는 설혹 오보를 했더라도 진짜 미네르바가 구속까지 된 상황에서 2009년 2월호에 다시 '7명의 미네르바 그룹'이라고 주장할 정도면 회사 전체 차원에서 나름대로 검증과정을 거쳤다고 봐야 한다. 사과를 할 것인지 자신들의 주장이 맞는다고 계속 밀고 나갈 것인지 늦어도 2월호에서는 밝혔어야 했다.

그런데, 신동아는 2월호에서조차 K 씨 등 7명의 미네르바 그룹이 검찰에 구속 기소된 박대성 씨와 IP 주소를 공유했다고 주장했는데 왜 그 조작된 IP 주소가 하필이면 박 씨의 집 PC 주소인지에 대해서는 설명하지 못했다. 특히 미네르바가 다음 아고라 게시판에 쓴 글이 모두 'holy~'로 시작되는 박 씨의 다음 ID로 로그인한 뒤 작성됐다는 사실이 알려지면서 신동아 3월호에 관심이 집중돼 왔다. 거짓으로 거짓을 덮기에는 사실이 너무 명백해져 버렸다.

신동아는 K 씨가 뒤늦게 당초 발언을 번복했다고 밝혔지만 애초에 왜 2월호 취재에서는 이런 사실을 밝히지 못했는지에 대해서도 의문이 남는다. 단순히 IP 주소를 공유하는 것으로는 부족하고 박 씨의 ID와 비밀번호를 알지 못하면 K 씨 등이 미네르바 행세를 할 수 없었을 거라는 상식적인 의혹조차 해명하지 못했다.

또한 따지고 보면 박 씨의 구속과 법적 처벌의 이면에 신동아의 책임이 가볍지 않다는 것을 볼 수 있다. 사이버상에서 활동하는 인터넷 논객을 스타로 만드는 데는 오프라인 언론사가 항상 큰 역할을 한다. 신동아가 그렇게 대대적으로 '띄우고……' 집중 조명하지 않았다면 박 씨가 인터넷상의 글 때문에 이렇게 중죄인처럼 법적 처벌대상까지 됐는지는 의문이다.

신동아는 이번 미네르바 파동으로 '상업적 목적'은 달성했을지 모르지만 그동안 신동아가 추구해 온 그 가치와 공신력은 땅에 떨어졌다. 뒤늦게 진상조사 구성을 운운하지만 그 시기조차 놓쳤다. 12월호 보도시점부터 미네르바의 정체에 대해서는 사회적 관심사가 됐고 의구심과 문제점이 지속적으로 제기됐기 때문이다. 여기에 확인보도를 한 것이 2009년 2월호였기 때문에 이미 검증과 확인절차를 마친 것으로 봐야 한다.

'K' 씨가 거짓말했기 때문에 신동아가 속았다는 이유가 타당한 측면을 갖기 위해서는 12월호 보도 직후여야 한다. 기자가 신이 아닌 이상 취재원의 거짓말에 속을 수도 있지만 몇 가지 간단한 취재 확인만 했어도 2월호에서처럼 또다시 대대적으로 엄청난 주장은 할 수 없다. 다른 목적이 있음을 의심하지 않을 수 없다는 것이다.

유사 사례를 살펴보자.

조선일보가 발행하던 여성지 'FEEL'이라는 잡지에서 있었던 일이다. 이 잡지는 1994년 8월호 '독점수기 호스티스 출신 서울대 여대생의 충격고백'이라는 제목으로 서울대 사회대 86학번의 여학생이 운동권 선배와 연애 끝에 배신당한 후 호스티스 생활과 재벌회장과의 동거 등의 과정을 거치면서 남자들에 대하여 부정적인 생각을 갖게 됐다는 선정적인 보도를 게재했다.

이에 서울대 사회대 86학번 여학생 총 48명 중 11명의 신청인들이 서울대 86학번 여학생으로서 기사 내용과 같은 경력을 가진 사람이 존재하지 않는다는 정정보도문을 청구했지만 이 잡지는 거부했다. 당시 필자는 문제의 여성지 편집국장에게 실체를 밝히지 못하는 이유를 물었다. 그는 "또 다른 취재원의 신원이 밝혀지고 피해가 우려되기 때문"이라며 법적으로 대응하겠다고 주장했다. 그 걱정해 주는 취재원이 허구의 인물이 아니냐고 물었지만 법적 대응을 내세우며 세월의 망각에 기대는 모습이었다.

결국 이 여성지는 2년의 세월 끝에 허구의 인물을 내세워 상업적 목적을 추구한 것으로 드러났고 법적으로도 패소했다. 마음고생을 한 신청자들의 긴 소송에 비해 변호사 수임료에도 미치지 못하는 100-300만 원 정도의 보상을 받았던 것으로 기억한다.

정보가 공개되고 비밀이 줄어드는 사회에서 시사월간지들이 설 곳을 잃어 가고 있다. 그러나 공익보다 사익을 추구하고 한 개인의 인격권을 침해하는 보도를 통해 생존권을 연명해 가는 식은 스스로의 존재를 부정하는 행위가 된다. 받아들이기 힘든 명백한 오보를 범한 신동아와 자신의 소신을 칼럼 형태로 인터넷에 게재한 인터넷 논객 중 누가 처벌받아야 할 것인가. 법의 존재이유를 법집행을 하는 검찰과 법원이 부정할 때 정당한 권위조차 땅에 떨어지게 되는 법이다. 잘못은 누구나 범할 수 있다. 그러나 그 잘못에 대한 사과는 적절한 시기에 진정성을 담은 것이어야 한다는 점을 동아일보에 상기시켜 주고자 한다.

■ 2009년 2월 17일

한국일보 '박근혜의 변신은 유죄'
[김창룡의 미디어창] 논리의 오류와 비약

기자는 논리로 먹고산다. 사실을 논리적으로 구성하고 정확한 해석을 해낼 때 기사의 가치는 명품으로 빛난다. 특히 기자의 주관이 어느 정도 허용되는 '칼럼형' 기사에서 기자의 논리적 사고와 판단은 그 기사의 가치와 품격을 결정짓는다.

한국일보 12월 16일자 '박근혜의 변신은 유죄'라는 제목의 이은호 정치부 차장의 칼럼형 기사는 이런 관점에서 논란이 되고 있다. 칼럼형 기사에서 논리적 오류나 비약이 잦게 되면 그 기사는 독자로부터 외면을 받게 되며 그 신문 전체의 이미지에도 악영향을 미치게 된다.

이 차장은 기사의 시작부터 박근혜 전 한나라당 대표를 '백합'에 비유하며 '순수라는 백합의 꽃말이 참말로 잘 어울리는 사람'이라고 상징화하고 있다. 그러나 기사 말미에 가서 '이 백합이 잡초로 변신'했다고 주장했다. '백합에서 잡초로의 변신은 유죄'라는 논리인데, 여기서 백합은 무엇이고 잡초는 무엇인지 분명하지 않다. 물론 비유와 상징으로 인용한 것이지만 합당한 논리가 뒷받침되지 않고 있다.

국회의원이라는 현실 정치인에게 과연 '순수'가 꽃말이라는 '백합'이 적합한 것인가? 한국 같은 정치판에서 어떻게 존재하고 행동해야 백합이라는 말을 들을 수 있을까? 백합은 좋고 잡초는 나쁘다는 선입관은 옳은 것인가?

박 전 대표가 '백합에서 잡초로 변신했다'고 타박하는 내용을 보면 더욱 논리의 허구성이 드러난다.

"…… 언제부터인가 박 전 대표가 변하기 시작했다. 이명박 정부의 실정을 섬뜩한 말로 비판하고 좀처럼 잘 만나지 않던 친박 의원들은 물론, 중립이나 친이 의원들과도 잦은 스킨십을 하고 있다고 한다. 한 정치인이 '백합에서 잡초가 됐다'고 말할 정도로 변화의 폭은 컸다."

이명박 정부를 비판하고 중립이나 친이 의원들과 만났다는 이유로 한 정치인의 말을 인용해서 '백합에서 잡초가 됐다'고 주장했다. 이명박 정부를 비판하면 잡초가 되나? 국회의원이 다른 국회의원 만나고 다니면 순수가 훼손돼 잡초가 되나?

이명박 정부 비판이란 것도 내용을 보면 매우 단순하고 정당한 것이다. 이 기사에는 언급되지 않았지만 지역발전방안에 대한 발표 없이 수도권 규제 완화안을 먼저 발표해서 순서에 문제가 있다는

지적을 한 것일 뿐이다. 박 전 대표만 문제시한 것도 아니고 한나라당 내부에서도 문제로 지적한 사안이었다. 또한 이런 문제제기를 당내에서 한다는 것이 잘못된 것으로 잡초를 운운할 성격인가?

박 전 대표 최대 변화를 경주방문으로 규정하고 있다. 본문을 인용해 본다.

"…… 그 변화의 꼭짓점은 11일 경주로 달려가 경선 시절 자신의 안보특보였던 예비역 육군대장 정수성 씨의 출판기념회에서 축사를 한 것이었다. 경주는 무소속 김일윤 의원이 2심에서 징역형을 선고받아 재선거가 이뤄질 가능성이 높아지면서 정 씨와 이상득 의원의 측근인 정종복 전 의원이 뛰고 있는 지역구다. 그런 곳에서 자신의 측근 행사에 참석했다는 점 때문에 박 전 대표 측의 부인에도 불구하고 친이 진영은 '사실상 정 씨의 선거운동을 도운 것'이라고 강하게 반발했다."

이 부분을 보면 이 기사가 중립적 입장을 견지하지 못하고 친이 쪽 혹은 이명박 대통령 쪽에 치우쳐 있음을 알 수 있다. 친이 진영은 '박 전 대표의 측근 행사에 참석한 것을 두고 사실상 선거운동을 도운 것'으로 해석하고 그런 관점에서 이 기사도 '백합에서 잡초 변신'을 운운하고 있는 것이다.

정치칼럼을 작성하면서 반드시 중립적 입장을 지켜야 한다는 주장은 아니다. 어느 쪽 입장을 지지하든 논리적 타당성과 공감대 형성이 중요하다는 점이다. 논리적 전제가 잘못되면 과정도 결과도 모두 참담한 실패로 끝난다.

이 차장은 기사에서 박 전 대표의 대중성에 대해 "그의 대중적 지지도는 그의 순수한 이미지에서 비롯된 것이다."라고 규정하고 있다. 처음부터 '백합, 순수'로 시작하여 뒷부분에 와서도 다시 '순수한 이미지'로 해석하고 있다. 과연 그런가.

박 전 대표의 대중적 지지도가 높은 것이 단순히 '순수한 이미지' 때문인가? 그런 측면이 없지 않지만 오히려 원칙과 정도를 걷고자 하는 단호함, 절제된 화법 등이 더 큰 이유가 아닐까? 당내 경선에 승복하기로 결정해 놓고 지키지 않은 못난 한국의 남성 정치인들(이인제, 이회창 ……)을 비웃기라도 하듯 깨끗하게 승복한 그런 신뢰의 정치인 이미지를 무시하고 있는 것은 아닌지. 차떼기땅, 부패원조당으로 만신창이가 된 한나라당을 천막당사로 옮겨 오늘의 집권당으로 만들어 낸 분명한 업적이 있는데 어찌 순수 이미지 운운 정도로 평가 절하하는 것인지?

더구나 민주당처럼 야당조차 제 역할을 못해 국민적 실망감이 더 깊어지고 한나라당에도 희망을 찾을 수 없을 때 집권당 내의 쓴소리와 문제제기는 오히려 한 줄기 희망을 선사하는 것으로 볼 수는 없는가?

"…… 친박을 확산시키고 이명박 정부를 비판해 안티 세력으로 정립하는 것보다는 경선 직후의 순수가 100배는 나아 보인다."

이명박 정부 비판에 대해 이처럼 '안티 세력'으로까지 거론하며 '순수가 100배 낫다'는 식은 논리의 비약이다. 박 전 대표를 안티 세력으로 볼 수 있는가? '순수가 100배 나아 보이니' 가만히 그냥 있어야 한다는 주문인가?

지면이 허락되는 기자의 특권은 무엇이든 쓰고 싶은 것을 맘껏 쓸 수 있다는 것이다. 그러나 논리적 구성과 전제에 대한 고민, 독자에 대한 배려는 기자의 기사작성 필수 전제조건이다.

■ 2008년 12월 16일

서울대 대학신문사, "기본부터 가르쳐라"
[김창룡의 미디어창]

얼마 전 서울대 대학신문사 기자라고 자신을 소개한 사람이 전화를 해 왔다. 내용은 '미디어오늘'에 실린 '최진실 자살칼럼'에 대해 인터뷰를 하고 싶다는 것이었다. 상대방 신원이 불확실할 경우 정중하게 거절하지만 대학신문사는 '도와줘야 한다'는 생각에 정확한 내용을 메일로 보내라고 했다.

문제는 메일의 내용보다 끝 부분에 적혀 있는 한 줄의 글이었다. 바로 '내일까지 답하라'는 식이었다. 일선 신문사 편집국장도 이렇게 다그치지는 않는데 도움을 받고자 하는 기자의 기본자세가 의심스러웠다. 아무리 자기의 일이 바쁘지만 상대에 대한 작은 배려조차 생각해 주지 않는 대학기자의 기본자세는 바로잡아 줘야 한다고 믿었다. 이렇게 답했다.

"……무례하군요.

내일까지 받고 싶다니……

기본부터 새로 배우고 인터뷰를 시도하세요.

······ 이런 식의 요구에는 응하지 않을 뿐만 아니라
내 칼럼을 인용하는 것도 허락하지 않겠어요."

 좀은 야박하게 느껴졌을지 모르지만 학생 기자인 만큼 초기에 분명하게 가르쳐 줘야 한다는 일종의 사명감 때문이었다. 이런 경우 대학생 기자의 경우 대부분 사과의 메일이 되돌아온다. 그렇게 되면 '다음에는 제대로 도와주겠다'는 말과 함께 마무리되는 것이 대학신문사 세계의 수순이다. 이 기자는 그 메일을 받고 두 번 다시 응답하지 않았다.

 이런 일은 대학신문사에서 가끔 벌어지기 때문에 처음에는 공개할 의사가 없었다. 그러나 서울대학교 '대학신문'이 스스로 공개한 2008년 10월 18일자 "독자 여러분께 깊이 사과드립니다." 내용을 보고 마음이 바뀌었다. 서울대 대학신문이 겉으로 드러난 것보다 훨씬 심각한 취재의 윤리와 원칙준수 분야에 중병이 들었다고 판단했기 때문이다. 또 서울대 이봉주 주간교수가 사과문 말미에 '윤리강령 준수'를 언급하고 있지만 실효성에 대해 의문이 들었기 때문이다.

 그 이유는 간단하다. 사과문 자체가 정확한 핵심을 잡지 못하고 두루뭉술하기 때문에 어떤 부분을 어떻게 집중 교육시켜야 하는지 알고 있는지 의심스럽다. 물론 주간교수가 일일이 학생 기자의 세세한 취재윤리까지 책임져야 하는 것은 아니다. 그러나 사안이 중대할 경우, 주간교수의 책임은 너무나 무거워진다. 내가 당한 무례한 취재경험의 경우, 주간교수에게 전달조차 되지 않았을 것이고

이런 일은 반복될 것이다. 나의 경험과 사과문을 종합하여 몇 가지만 서울대 쪽과 주간교수에게 당부하고자 하니 지도교육에 참조해 주면 감사하겠다.

1. 허위 날조 보도는 윤리강령의 차원을 넘어 사법 처리될 수 있는 중대한 범죄 사항이다. 허위날조 보도에 대한 사과는 없고 명의 도용에 대한 사과만 적시한 것은 본말을 전도하는 행위이다.

연합뉴스가 10월 19일자 서울대 교내 월간지인 서울대저널을 인용하여 보도한 내용에 근거하면 이렇습니다. "(서울대) 대학신문은 지난달 22일자 '김도연·류우익 교수 거취문제 의견 분분'이라는 제목의 기사 내용에 강단에 복귀한 류 교수를 옹호하는 내용의 학생 발언을 포함시켰다. 그러나 이 학생은 인터뷰에 응하지 않았다고 항의했고 대학신문은 일주일 후 '바로잡습니다' 코너를 통해 해당 발언이 다른 학생의 것이었다고 해명했다."고 한다.

대학신문의 정정기사에는 "……일부 기자가 취재원의 이름을 무단으로 도용해 기사를 작성했습니다."라는 식으로 사과했다. 기자가 임의로 '허위 날조' 기사를 작성해 놓고 문제가 되니 취재원의 명의 도용으로 덮어 버리고 있다. 다른 학생이 그렇게 말했다고 해서 허위 날조가 아니라는 주장은 성립되지 않는다. 왜냐면 명의를 도용당한 학생은 그런 인터뷰를 한 사실조차 없기 때문이다. 또 그렇게 진술했다고 주장하는 다른 학생이 진실로 그렇게 말했는지조차 의심스럽다. 그렇다면 애초에 굳이 이름을 못 밝힐 이유가 없기 때문이다. 알고서 이렇게 했다면 사악하고, 모르고 이렇게 했다면 다시 한 번 정확하게 알리고 고쳐야 한다. 허위 날조에 대한 사과 따로, 명의 도용에 대한 사과 따로, 다른 학생 이름 못 밝힌 이유 따로 그렇게 해야 보다 정확해진다. 명의도용보다 더 무서운 것이 허위 날조 보도이기 때문이다. 허위 날조 보도 때문에 눈물을 흘린 취재원이 한둘이 아님을 깊이 새겨야 한다.

2. 전국 대학신문사의 기자들 중 상당수는 한국 언론사 미래 기자들이기 때문에 보다 철저한 취재, 보도 윤리 준수는 강조돼야 한다.

옛 속담을 들먹일 것 없이 오늘날 한국 언론, 언론인들 다수가 존경보다 불신의 대상이 된 이면에는 대학의 부실한 교육과 지도가 있었다. 대학에서 학생들의 인성과 언론윤리강령준수를 위해 어떤 교육과 지도를 했는지 깊이 반성해야 한다. 저 역시 예외일 수 없다. 특히 서울대학교 신문사는 역사와 영향력, 언론인 배출 차원에서 타 대학교와 비교할 수 없을 것이다. 한국 언론에 대해 손가락질하고 개탄하기에 앞서 그 교육적 토대가 된 대학이 어떤 기능과 역할을 해 왔는지 깊이 반성해야 할 것이다.

3. 기자의 이미지가 그 언론사, 그 대학의 위상과 이미지를 대신한다.

서울대는 한국사회에서 어떤 부정과 비리로 얼룩져도 별로 영향을 받지 않을 만큼 독보적 자리를 잡았다. 서울대 일부 대학 기자들의 무례하거나 비윤리적 보도 역시 가볍게 넘어갈 수 있을지도 모른다.

그러나 그 사회로부터 인정받는 만큼의 고도의 윤리의식과 책무정신이 없다면 그것은 허명에 불과할 것이다. 한국사회는 가진 자들, 배운 자들의 고귀한 책무정신을 갈망하고 있다. 서울대학교는 바로 그런 미래의 인재와 기득권층을 키워 내는 최중심부에 서 있다. 모두가 서울대를 쳐다보는 현실을 부인할 수 없다. 명실상부한 서울대, 서울대 대학신문이 되어 주시기를 바란다.

■ 2008년 10월 20일

"연합뉴스, 정치적 독립성 확보는 지상과제다"
[김창룡의 미디어창] 뉴스통신진흥회 새 이사 및 이사장 선임에 앞서

연합뉴스가 새로운 시험대에 들어서고 있다. 국가기간통신사 지정 한시법 시한이 내년으로 다가왔고 연합뉴스의 사장추천권한과 예·결산을 승인하는 최고 경영기관 역할을 하는 뉴스통신진흥회의 새로운 이사 및 이사장 선임이 이달 말로 예정돼 있기 때문이다.

연합뉴스와 같은 종합정보서비스 뉴스통신사(News Agency)는 신문사와 방송사를 회원사로 뉴스와 정보를 서비스하기 때문에 영향력이 막강하다. 그러나 일반 시민의 입장에서는 뉴스의 도매상 역할에 그치는 통신사의 중요성과 역할에 대해 잘 모르는 편이다.

AP, Reuters, AFP 같은 세계적 통신사는 세계의 정보 흐름을 좌지우지하고 있다. 미국의 CNN, FOX 뉴스 같은 영상매체의 등장으로 뉴스와 정보의 독점은 더욱 가속화되고 있다. 서방세계에서 아시아와 아프리카로 일방적 정보흐름에 따른 뉴스의 독점화, 문화의 식민지화는 개선되기는커녕 더욱 악화되는 구조를 고착시켜 가고 있다. 21세기 각국의 정보주권 수호는 자본력과 기술이 뒷받침

되지 않아 헛구호로 설득력을 잃어 가고 있다.

외적으로는 '정보주권을 수호한다'는 차원에서 내적으로는 '우리의 시각으로 세계를 본다'는 취지로 연합뉴스의 국가기간통신사 지정은 설득력을 얻었다. 또한 OECD 회원국의 입장에서 경제규모와 발전에 걸맞은 통신사의 필요성에 대해 대체적인 사회적 합의가 이루어졌다. 그 결과, 연합뉴스는 한시적이나마 국가적 차원에서 '외신 베끼기를 중단시키고 정보주권의 첨병 역할'을 하라는 지상명령을 받고 국가기간통신사로 다시 태어났다.

2003년 5월에 제정된 '뉴스통신진흥에 관한 법률'에 따라 국가기간뉴스통신사로 지정된 연합뉴스는 국내외 취재망을 확충하며 정보주권 수호, 정보격차 해소 및 국민의 알권리 충족 등 국가기간뉴스통신사로서의 책무를 나름대로 충실히 수행해 왔다.

그러나 연합뉴스 구성원들의 의지와는 상관없이 2008년 10월 제2기 뉴스통신진흥회의 구성을 두고 불안한 조짐이 보이고 있다. 일부 언론에서는 지난 대선 당시 이명박 후보 캠프에서 언론특보를 지낸 최규철 씨가 차기 이사장으로 거론되고 있다. 단순히 소문으로만 나도는 정도가 아니라 10월 17일 민주당 최문순 의원실에서는 '낙하산 인사를 경계한다'는 논평을 내기도 했다.

논평의 핵심은 '이사장을 포함한 이사는 모두 7명으로 오는 23일 임기가 만료'되는데 흉흉한 소문이 나돈다는 것이다. 이 논평은 최규철 후보를 거명하며 "뉴스통신진흥회는 당연히 연합뉴스의 독

립성과 정치적 중립성을 보장할 수 있는 인물들로 구성돼야 한다."
며 "YTN 사태, KBS 사태를 겪으면서 '소문이 곧 현실이 된다'는
사실을 깨달았기 때문에 허투로 듣고 흘리기 어렵다."는 것이다.

아직 누가 차기 뉴스통신진흥회 이사장과 이사가 될지 분명하지
않다. 그러나 이 시점에서 분명히 해야 할 것이 하나 있다. 연합뉴
스를 국가기간통신사로 한시법을 통과시킬 때 절대 전제조건은 정
치적 중립성의 확보였다.

뉴스통신진흥회는 연합뉴스의 최대주주(지분율 30.77%)로, 연합
뉴스의 경영을 감독하는 한편 사장 추천권도 쥐고 있을 만큼 최고
의 영향력을 행사하는 경영기구인 셈이다. 1기 이사진들도 밀실에
서 원칙도 기준도 없이 선정돼 언론계 내외의 논란을 가져왔다. 제
2기에서는 아예 대선캠프 인사가 이사장으로 온다는 전망과 야당
의 논평까지 나오고 있는 상황이다.

연합뉴스의 정치적 중립성을 존중한다면 정치권 인사의 낙하산
사태는 용납될 수 없다. 그런 식이라면 국가기간통신사 지정 논리
도 당위성도 사라지게 된다. 연합뉴스의 정치적 편향성이나 불공정
성 등을 감시, 견제, 보호해야 할 뉴스통신진흥회 이사장에 대선캠
프 인사가 온다는 것은 정치적 오해의 소지를 스스로 제공하는 격
이다.

뉴스통신진흥회는 '정관'에 의거해 이사장을 포함한 이사 7명을
임원으로 두고 있으며, 이사는 △ 대통령이 2명, △ 국회의장이 각

교섭단체의 대표의원과 협의한 3명, △ 한국 신문협회와 한국 방송협회가 각각 1명씩 추천하며 대통령이 임명한다고 한다.

　누가 임명되든 간에 투명한 절차와 그런 인사가 추천될 수밖에 없는 당위성과 전문성 등이 검증돼야 한다. 이런 과정이 무시되는 사회는 선진화가 될 수 없다. 연합뉴스의 사활이 걸린 중대한 문제가 너무 쉽게 그 흔한 토론회 한 번 없이 결정될 때 치러야 할 사회적 비용과 손실은 너무 크다.

■ 2008년 10월 19일

정권의 나팔수가 된 조중동의 폴리널리스트들
[김창룡의 미디어창] 이동관, 신재민, 김두우

저널리스트로 활약하다가 어느 날 갑자기 정치계로 뛰어든 사람들을 폴리널리스트로 부른다. 생소했던 폴리널리스트란 용어가 한국에서 선거를 거듭할수록 그 수가 늘어나 이제 그 개념도 일반화됐다. 폴리널리스트들은 그 당당함을 넘어 뻔뻔함으로까지 비칠 정도로 정치계에 가서도 비판의 표적이 되는 경우가 잦아졌다.

미디어오늘 "언론재단 이사장 문제 내 소관 아니다" 부제 '신재민, 박래부 이사장 사퇴요구 두 달 뒤 기자들에겐 거짓말'(2008년 7월 30일자) 기사를 보면 불법과 거짓말을 넘나드는 화려한 폴리널리스트의 언행이 한때 친정이었던 언론계의 비판을 받고 있다는 사실을 알 수 있다.

신재민 문화체육관광부 제2차관이 박래부 한국 언론재단 이사장을 만나 사퇴압박을 한(지난 3월 초) 두 달 뒤 기자들에게 "언론재단 이사장 문제는 내 소관이 아니다."라고 말했던 것으로 밝혀졌다고 이 기사는 보도했다.

조선일보 출신 신 차관이 자신의 업무도 아닌 주요 언론기관장 인사에 직접 관여해서 월권 혹은 불법논란의 소지가 있음을 보여준다.

미디어오늘은 최근 신 차관이 수차례 "대통령이 KBS 사장 해임권도 갖고 있다."고 강조하고 있지만 두 달 전(5월 23일)엔 역시 "KBS는 우리 소관 밖"이며 "KBS를 둘러싼 이해관계를 가진 사람들이 해결할 문제"라고 밝히기도 했다고 전했다. 자신의 말이 앞뒤가 맞지 않으면 거짓말이 된다.

동아일보 출신 이동관 청와대 대변인은 이미 '부동산 불법거래'와 이에 따른 거짓말 논란으로 야당과 언론으로부터 사퇴압력을 받은 바 있다. 이명박 대통령의 각별한 사랑과 신임을 받고 있는 이 대변인 역시 자신이 한때 몸담았던 언론계를 향해 '보도협조'란 미명하에 언론 통제를 가해 해당 신문사는 편집국장이 노조로부터 불신임을 받는 등의 고초를 겪도록 했다.

중앙일보 출신 김두우 정무기획비서관의 행적은 특이하다. 일단 외부에 드러나지 않는 이 대통령의 '숨은 입'이란 점이 그렇다. 이 대통령이 촛불시위로 인해 사과문을 발표할 때 표현한 "뒷산에 올라가서 촛불을 바라봤다는 부분은 원래 자신의 상상으로 쓰려고 했는데 이 대통령이 뒷산에 오른 얘기를 해 줬다."는 식으로 주장했다. 대통령의 입이 된 김 비서관은 저널리스트에게는 금기시되던 상상력을 맘껏 발휘하는 스피치 라이터 역할을 하고 있다.

김 비서관은 이미 17대 국회 총선을 앞두고 한나라당 공천관계로 중앙일보에 사표를 냈다가 3일 만에 다시 회사로 복귀한 전력이 있다. 이후 중앙일보는 김 비서관에게 정치 관련 칼럼을 맡기지 않겠다고 한 것으로 알려졌지만 얼마 되지 않아 한나라당을 응원하고 조언하는 칼럼들을 쏟아 내기 시작했다. 이쯤 되면 이 정권과 조중동은 권언내통이라는 지적이 크게 잘못됐다고 할 수도 없을 것 같다.

　매일경제는 2008년 3월 4일자 기사 "MB 입 독차지한 3인방 …… 서울대 출신 이동관·신재민·김두우"에서 '세 사람이 각각 주요 신문사 정치부장 출신이라는 것'도 공통점이라고 전했다.

　이동관 대변인이 동아일보 정치부장과 논설위원 출신이고 김두우 비서관은 중앙일보 정치부장과 수석 논설위원을 지낸 후 청와대로 자리를 옮겼고 신재민 차관은 한국일보 정치부장을 거쳐 주간조선 편집장과 조선일보 부국장을 지냈다고 한다.

　이 신문은 "이동관 대변인과 신재민 차관은 대선 기간에도 각각 이명박 대통령의 대언론공보 업무와 대국민 메시지 업무를 맡아 대선 승리에 결정적으로 기여한 바 있다."고 전했다. 김두우 비서관은 선거기간에 드러내 놓고 지원했는지 여부는 분명치 않지만 선거가 끝나자 청와대에서 곧바로 불러 갔다. 과거 한나라당으로 가려고 했던 발걸음을 언론계에서 좀 더 머무른 뒤에 옮겨 간 것뿐이다.

조중동이 이명박 정권과 마치 한 몸처럼 움직이는 것은 우연도 아니고 이상한 일도 아니다. 여기서 다시 원론적인 기본을 강조해야 할 것 같다. 정치와 언론은 이렇게 상호 인적 교류가 활발해야 하는 곳이 아니다. 언론은 정치권력을 감시, 견제해야 하는 것이 숙명적 역할이다. 감시, 견제의 대상에게 부름을 받거나 스카우트돼 간다는 것은 언론 본연의 역할을 제대로 하지 않았다는 반증이다.

　　정치권으로부터 공천을 받거나 청와대 핵심요직에 불려 가는 폴리널리스트들의 공통점은 독자들은 모르지만 특정 정치집단과의 유착관계가 형성돼 있었다는 사실이다. 조중동만의 문제가 아니다. 방송사 기타 언론매체의 폴리널리스트들도 감시, 견제는 시늉만 했고 특정 정치세력과 타협, 묵인, 지지, 과장, 축소, 왜곡 등을 통해 인적 교류를 쌓아 왔다는 증거다.

　　생각해 보라. 특정 정당에 공천권을 따내기가 얼마나 어려운가. 청와대나 핵심부처 장차관으로 옮겨 가는 것이 얼마나 힘든 일인가. 그런데 저널리스트, 언론사 주요 간부, 방송진행자 등에게 이런 특혜를 조건 없이 준다는 것이 가능한 일인가.

　　그래서 한국 언론의 가장 큰 약점은 정파적 보도에서 벗어나지 못하고 있다는 지적이고 선거철만 되면 폴리널리스트들의 준동 또한 막을 수 없다는 것이다. 더 이상 윤리차원에서 폴리널리스트를 견제할 수는 없다는 것이 확인됐다.

　　입법을 통해 폴리널리스트들이 정계로 곧바로 진출하는 것에 제

동을 가해야 한다. 이를 위해 어떤 효과적이고 실질적인 방안이 있는지 18대 국회에서 논의해야 할 것이다. 이것이 권언유착의 폐단을 막고 권력과 언론이 본래의 길을 가며 민주주의를 발전시키는 길이기 때문이다.

■ 2008년 7월 30일

MBC <PD수첩> 사건이 실체 이상으로 확대돼 사회적, 정치적 주요현안으로 부상했다. <PD수첩> 사건이 과연 이 정도의 주목을 받을 만한가? 이 사건은 2008년 7월 현재 방송심의규제기구인 방송통신심의위원회와 법원, 검찰 등이 거의 동시에 수사와 조사, 심의를 병행하고 있다. 특히 검찰은 5명의 검사들로 특별수사팀까지 구성해 신속, 철저하게 대응하고 있다.

이것도 부족해서 집권당 홍준표 원내대표는 6월 26일 한나라당 지도부 회의에서 "언론의 생명은 진실보도에 있는데 최근 <PD수첩>은 광우병 왜곡보도를 했다."고 단정했다. 홍 원내대표는 "그 내용을 사실로 믿고 촛불시위 현장에 나온 사람들이 많다고 한다. 그런데 이게 허무맹랑한 보도라는 게 지금 밝혀지고 있다."고 했다. '허무맹랑한 보도로 밝혀지고 있다'고 단정하는 근거가 무엇인지 알 수 없지만 홍 대표는 확신에 차 있다.

여기다 임태희 정책위의장도 "이번 사태를 보면서 공중파 방송

의 잘못된 프로가 얼마나 많은 문제를 일으키고 있는지 생생하게 체험했다. <PD수첩>의 문제는 공중파 방송의 치명적인 과오다. 결자해지의 자세로 응분의 책임 있는 조치가 따라야 한다."고 말했다. 이 정도에서 그쳤다면 '있을 수 있는 발언' 정도로 넘어갈 수 있다.

문제는 홍 대표의 그다음 발언이다. 홍 대표는 다시 나서서 "방금 임태희 의장이 과오라고 표현했는데, 과오는 과실이고 실수라는 뜻이다. 그런데 이번 건은 과오가 아니고 고의로 그렇게 한 것 같다."고 했다. 홍 대표의 '고의' 주장은 형사처분을 강조한 것이다. 임 의장이 '과오'라는 표현을 공개석상에서 정정까지 하며 '고의'라고 말한 것은 형사처분 구성요건에 고의성이 반드시 들어가야 하기 때문이다.

집권당 지도부가 나서서 이처럼 수사 중인 사건에 대해 마치 수사 가이드라인을 제시하듯 발언한 것은 의도했든 의도하지 않았든 특별수사팀에 상당한 부담으로 작용하게 될 것이다. 검사 5명이나 나서서 '무혐의' 처리를 하게 되면 집권당 원내총무의 위신은 무엇이 되겠는가. 더구나 홍 대표는 검사선배가 아닌가. 단순 명예훼손 사건에 이례적으로 검사 5명을 배치시킨 자체가 '처벌'을 전제한 수사착수가 아니냐는 의혹을 받았다.

여기다 조선, 중앙, 동아일보는 대대적으로 지면을 할애해서 <PD수첩>에 대해 '의도적, 왜곡 오보'를 했다고 주장하며 검찰의 수사에 힘을 실어 주고 있다. 이 사건이 과분할 정도로 사회적 주목을 받고 있는 이면에는 조중동의 '<PD수첩> 죽이기'의 물량공세와 함께 무절제한 반저널리즘적 접근방식이다.

대표적인 사례가 조선일보 7월 4일자 26면, 주필이 작성한 강천석 칼럼 '광우병 소동 1년 후의 한국을 가다'라는 제목의 칼럼이다. 강주필은 이 칼럼은 '그저 상상만 해 보는 것'이라고 전제했지만 내용은 상상에 바탕을 두고서 <PD수첩>을 조롱, 비난했다. 심지어 "<PD수첩> 제작진은 결국 사표를 낸다."고까지 단언하고 있다. 상상력을 바탕으로 특정 조직이나 대상을 공격하는 것은 언론의 횡포다.

조선일보가 아닌 MBC가 같은 방식으로 상대를 비난해도 언론의 횡포로 지탄받게 된다. 저널리즘은 기본적으로 상상력에 기초한 보도방식을 부정하기 때문이다. 현실의 실제적 사실(actual fact)을 바탕으로 한 조각 한 조각 조심스럽게 맞춰 가며 진실에 접근하는 것이 저널리즘의 정도이기 때문이다. 때로는 그 진실에 잘못 접근할 수도 있고 진실 주변에 얼쩡거리며 정곡을 잡아내지 못하는 경우도 있다.

기자나 PD가 능력이 없어서가 아니라 이들은 조사권도 수사권도 없는 상황에서 취재의 단서와 조각들을 찾아 일차적으로 사회의제를 설정하는 역할을 한다. 그래서 헌법재판소나 대법원 판례도 기자나 PD에게 완전한 진실을 요구하지 않는다.

대법원은 "진실한 사실이란 표시된 내용의 세부에 있어서도 사실

이어야 하는 것은 아니며 세부에 있어서 진실과 다소 합치되지 않더라도 중요한 부분이 진실과 합치되면 족하다.”고 한다(한위수, 명예훼손에 관련된 민형사상의 판례와 쟁점, 언론중재 1996 겨울 p14).

이런 판례는 헌법이 보장하는 언론자유의 가치를 높이 평가하고 보호하기 위한 것이다. 명백한 실정법을 위반한 경우가 아니라면 검찰이 나서서 언론을 수사하는 것은 자칫 언론자유를 훼손하거나 ‘위축효과’를 가져올 우려가 있기 때문에 언론 선진국에서 검찰수사는 자제되고 신중한 편이다.

한국 언론학회, 한국 PD연합회, 문화연대 등이 공동으로 주최한 ‘<PD수첩>에 대한 검찰수사, 어떻게 볼 것인가’라는 토론회에서 세 명의 발제자와 10명의 토론자들은 제각각 다양한 의견을 제시했으나 한 부분에 대해서는 일치했다. 적어도 <PD수첩> 프로그램이 검찰의 형사처분감은 아니라는 것이다. 심지어 ‘이명박 정부의 또 다른 실수’라는 지적까지 나왔다.

<PD수첩>이 국가의 기밀을 누설했는가, 국가안보를 위기 빠트렸는가? <PD수첩>이 촛불시위를 촉발시켰다는 현 정권의 논리에 따르더라도 그 덕분에 그나마 추가협상도 받아 냈고 국민건강권 보호, 검역주권을 위한 경각심을 가져온 공적 이익은 왜 무시하는가? 이 대통령은 일개 조작된 프로그램 때문에 국민에게 사과했다는 말인가?

방송통신심의위원회 혹은 언론윤리위원회 차원에서 논의돼야 할

사안에 대해 검찰이 특별수사팀까지 꾸리고 나선 것은 헌법적 가치인 언론자유를 위태롭게 할 수 있다. 여기에 맞장구치며 <PD수첩>의 형사적 처벌을 부추기는 듯한 언론매체는 향후 그 칼날이 부메랑이 돼 자신의 심장을 겨누게 될 수 있음을 잊지 말아야 한다.

상황에 따라 보도와 논조를 그때그때 바꾸면 독자와 시민들로부터 배척과 불신의 대상이 될 것이다. 지면의 절제, 발언의 신중함, 공권력의 자제가 어느 때보다 절실하다. 정치검사는 정치권과 검찰 조직이 마치 한 몸처럼 서로 지나치게 사이가 좋아질 때 나타나는 후진국형 병리현상에서 목격할 수 있다.

■ 2008년 7월 9일

한국 신문시장을 지배하는 대표적 거대신문, 조선, 중앙, 동아일보가 쇠고기 파동 속에 때 아닌 수난을 당하고 있다. 이명박 정부의 땜질식 쇠고기 대응 속에 촛불을 든 시민들이 한편으로는 '조중동'에 대한 비판과 취재거부, 광고주 압박 등의 방식으로 적극적 행동으로 성난 민심을 표출하고 있기 때문이다.

여론을 정직하게 반영하여 여론정치를 선도해야 할 주요 신문사가 여론으로부터 배척당하고 있다는 것은 존재의 위기로 인식해야 한다. 취재현장에서 취재기자의 신분을 밝히며 취재할 수 없을 정도라면 민주주의 사회에서 언론의 역할을 과연 제대로 했는지 되돌아봐야 한다. 조중동은 세 개의 다른 신문이면서 마치 하나의 신문처럼 주요 정치적, 사회적, 국제적 사안에 대해서는 한목소리를 냈다. 미국보다 더 미국적인 신문, 숭미주의에서 벗어나지 못하는 편집행태는 그동안 산발적 시위와 거부를 종종 초래했다.

▲ 조중동 평생구독 거부 서명 용지들. ⓒ 미디어오늘

이번 쇠고기 파동만 하더라도 이런 거대 신문들이 정확하게 여론을 반영하고 이명박 정부에 대한 감시, 견제역할을 제대로 했더라면 이렇게까지 시민들이 촛불을 들며 거리로 뛰쳐나오지는 않았을 것이다. 이 정부의 무능과 문제점을 질타하기에 앞서 조중동의 반성이 전제돼야 할 이유이다.

쇠고기 파동 초기, 조중동은 광우병의 문제를 괴담수준으로 격하시켜 문제의 심각성을 외면했다. 촛불집회의 배후세력, 불순세력, 친북세력, 좌파, 반미를 운운하며 선량한 시민들을 마치 선동이 돼 나온 집단인 양 매도했다. 세 신문이 힘을 합치면 여론도 바꿀 수 있었고 진실도 훼손할 수 있었다.

힘에 겨우면 적절한 시점에 가서 논조를 바꾸면 문제없었다. 경향신문과 한겨레 등이 성난 민심과 쇠고기 협상의 문제점을 조목조목 지적했지만 이들의 영향력과 목소리는 너무나 미약했다. 조중동의 압도적인 지배력과 영향력은 경향과 한겨레의 권력비판, 감시를 압도했기 때문이다.

조중동이 일반 시민들로부터 손가락질을 당하고 거부의 대상이 된 적은 한두 번이 아니지만 이번에는 상황이 좀 다르다. 과거에 일부 언론단체로부터 비판을 받는 데 그쳤다면 지금은 불특정 다수로부터 대대적인 거부대상이 되고 있다는 점, 과거에는 안티운동 차원에 그쳤다면 지금은 광고 불매나 광고를 낸 업체 명단까지 만들어 제품불매 등의 행태로 압박하고 있다는 점, 이런 일을 가능하고 더욱 확산시키는 네트워크가 강화된 사회라는 점에다 미디어 비평, 보도비평 등의 일이 일부 전문가의 영역이 아닌 정보화된 시민 사회 영역으로 확산됐다는 점 등이 주요 변화로 보인다.

조중동이 비난받는 가장 큰 이유는 불공정한 보도행태다. 자사이기주의, 정파적 입장에 따라 똑같은 광우병을 '위험하다'고 했다가 '안전하다'고 말과 논조를 바꿔 버리는 보도행태가 문제다. 노무현 정권에서는 노 대통령 취임 첫날부터 '권력감시자'를 자처하며 칼럼과 사설로 비난에 가까운 비판기사를 쏟아 내더니 이명박 정부가 들어서자 갑자기 '권력동반자'가 된 듯한 우호적인 논조로 바뀌는 지면제작……

이명박 정부의 쇠고기 협상과 관련하여 감시와 비판은 사라지고

'미국산 쇠고기 안전하다' '내가 먹어 주마'라는 식으로 미국축산업자의 이익을 대변하는 듯한 보도, 이 정부를 두둔하는 듯한 보도행태, 나아가 촛불집회에 대해 '강경 대응' '엄정 처벌'을 주문하며 '배후설'을 유포시키는 자의적이고 독단적인 보도태도, 뒤늦게 '참을 수 없는 순정'이라는 식으로 말을 바꿔 거꾸로 이명박 정부 공격에 가담하는 모순된 보도행태…….

이런 무원칙하고 불공정한 보도가 과거에는 힘으로 밀어붙여 유야무야 넘어갈 수 있었다. 그러나 정보화 사회에서 똑똑해진 시민들은 이제 이런 과대망상에 사로잡힌 조중동에 대해 정면 대응하기 시작했다. 일반 시민들을 거리로 불러 모은 배후는 이명박 정부의 '성과지상주의'에 함몰된 성급한 미국과의 쇠고기 협상 때문이었다. 그런 문제를 제대로 지적하고 이슈화시키지 못한 기성 신문과 방송은 2차적 배후세력인 셈이다.

경찰이 그렇게 시민들을 연행하고 배후를 캐도 배후가 나오지 않는다고 당혹해한다. 바로 그 배후가 현 정부와 기성언론의 왜곡보도이기 때문이다. 앞으로 어떤 배후가 가담할지는 알 수 없다. 그러나 지금까지는 적어도 배후설을 의심하는 한나라당, 특히 이상득 국회의원의 판단과 언급은 여전히 문제의 심각성을 모르고 있다는 증거다. 정몽준 한나라당 최고위원의 "광우병 전염병 아니다." 주장 보도는 한나라당 최고위원의 수준을 스스로 드러낸 셈이다.

이들에게 촛불문화제 혹은 시위가 어떻게 비쳐질지는 조중동 보도를 보면 간단하다. 시위와 집회가 잦고 장기화된다는 것은 사회

혼란 요소가 된다. 국가경쟁력 차원에서도 도움이 되지 않는다. 이명박 정부가 제대로 국정쇄신을 할 수 있도록 시장 지배적 신문사인 조중동이 제대로 된 비판과 대안을 제시해야 한다.

이명박 대통령의 최측근들이 정치적 중립이 가장 중시되는 방송통신위원장을 비롯해서 KBS 이사장, YTN 사장 등으로 내정됐다는 소식이다. KBS 이사회와 이사장의 변화는 KBS 사장 몰아내기로 이어질 것이다. 조중동이 노무현 정부하에서 대통령 측근의 사장 낙하산 인사 때 어떤 보도를 대대적으로 내보냈던가를 되돌아보라. 그런데 지금은 조중동 어느 신문도 이에 대한 심각한 문제점을 부각시키지 않고 있다. 방송의 권력으로부터 독립은커녕, 예속이 눈앞에 왔는데도 조중동은 과거 보도행태를 잊어버리고 있는 듯하다.

말이나 논조에 일관성이 없으면 신뢰할 수 없게 된다. 이명박 정부가 취임 1백 일 만에 맞이한 위기의 본질은 '믿을 수 없다'는 신뢰의 위기다. 조중동이 이 정부와 함께 비판의 대상이 되는 것은 바로 자의적이고 불공정한 보도로 인한 신뢰를 잃어버렸기 때문이다. 부당한 비판, 비난이라고 외면하기보다는 값진 반성의 기회로 받아들이고 덩치에 걸맞은 신뢰회복의 계기가 되기를 바란다.

■ 2008년 6월 5일

[
‘어느 기사가 독자에게 도움이 될까요?’
[김창룡의 미디어창] 연합뉴스 기사와 조선일보 기사
]

기사의 영향력이란 새삼 강조할 필요가 없다. 국가정책을 바꾸기도 하고 장관을 자리에서 물러나게 할 힘도 있다. 투자자의 마음을 움직여 투자를 부추기기도 하고 그 반대의 영향력도 발휘한다.

요즘처럼 ‘주식이다, 펀드다’해서 묻지 마 투자가 늘어나는 상황에서 경제 관련 보도는 투자자들의 마음을 움직이는 절대적 힘으로 작용한다. 좋은 경제기사란 정확하고 정보적 가치가 높아야 한다는 데 이론은 없다. 경제 관련 지식이 풍부하지 않더라도 기사를 보고 판단하는 데 도움이 되는 기사는 ‘좋은 기사’라고 평가할 수 있다. 이런 관점에서 다음 두 기사를 비교해서 향후 기사작성에 어떤 점을 좀 더 고려해야 할 것인지 생각해 보고자 한다.

먼저 조선일보 1월 31일자 ‘증시 전망 빗나가면 그만?’이라는 제목의 칼럼형 기사를 살펴보자.

“코스피지수(옛 종합주가지수) 1,600선이 붕괴된 30일, 직장인 A

씨는 울화통이 치밀었다. 그가 알뜰히 모아 온 2,000만 원을 주식형 펀드에 투자한 것은 작년 11월 초, 당시 많은 증권 전문가들이 '증시는 대세상승 중', '내년에는 코스피지수 2,300도 가능'이라는 장밋빛 전망을 쏟아 놓을 때였다. 그러나 3개월 만에 분위기가 뒤집어졌다. 연초부터 주가 하락세가 눈에 띄자, 증권 전문가들이 조금씩 말을 바꾸었다. 증권 전문가들이 전망하는 올해 코스피지수 최저선(最低線)이 1,900→1,800→1,700으로 뚝뚝 떨어지더니, 1,600선까지 무너진 30일에는 1,500을 얘기하는 사람까지 나타났다."

한 투자가의 사례를 인용하며 증권 전문가들을 질타하고 있다. 옳은 지적이다. 이어지는 기사의 내용을 보면 취재원으로 인용하는 모든 전문가들을 익명으로 처리하고 있다.

"…… 비관론을 폈던 전문가들도 있었다. 하지만 비관론자들은 극소수였고 …… 비관론을 주장했던 한 전문가는 …… 하지만 불과 석 달 만에 낙관론자들의 전망은 보기 좋게 빗나갔다. 그러나 그들 중에 '내 전망이 틀렸다'며 시인하거나 사과하는 사람은 보이지 않는다. ……"

엉터리 전문가들의 엉터리 전망에 대해 따끔한 질책을 하는 이 기사를 얼핏 보면 별문제가 없어 보인다. 대부분 이런 식의 기사를 작성하기 때문이다. 그러나 좀 더 독자를 배려하고 좀 더 정확도를 높인다는 차원에서 어느 전문가가 어떤 전망을 내서 어떻게 맞았는지 혹은 틀렸는지를 언론은 밝혀 줘야 하지 않을까. 전문가란 사람들은 자신의 이름을 걸고 미래를 예측하고 시장을 전망한다. 자신의 실명을 밝힐 수 없다면 그는 전문가라는 타이틀을 반납해야 한다. 이 기사는 말미에 이렇게 결론을 내리고 있다.

"…… 하지만 우리나라처럼 전문가들 중 90% 이상이 엉터리 전망을 내놓는 경우는 드물다. 이런 전문가들을 믿고 투자자들이 귀중한 재산을 주식·펀드에 투자해야 한다는 것은 너무 끔찍한 일이다."

이런 '끔찍한 일'에 동조하여 보도하는 언론사의 책임은 잊었는가. 이런 끔찍한 사태를 막거나 줄이기 위해서 언론사는 정보적 가치를 따져 어느 사안을 어떤 식으로 보도할 것인지 판단하게 된다. 이 기사를 통해 독자에게 어떤 도움을 줄 수 있을까? 독자 입장에서는 앞으로도 어떤 집단의 어떤 전문가의 말을 믿어야 할지 말아야 할지 전혀 판단이 서지 않는다.

다음의 기사를 살펴보자. 연합뉴스가 1월 22일 "증권사들 '장밋빛' 지수 전망 줄줄이 낮춰"라는 제목으로 보도한 내용이다.

"올해도 증시 호황이 지속될 것이라고 호언장담하던 국내 증권사들이 슬그머니 꼬리를 내리고 있다. …… 22일 연합뉴스가 14개 주요 증권사의 코스피지수 전망치 변경 여부를 조사한 결과, 6곳은 실질적으로 전망치를 낮춰 잡았으며 6곳은 조만간에 하향 조정할 계획이다."

연합뉴스 자체 취재를 통해 코스피지수 전망치 변경 여부를 조

사해서 보도했는데, 전날에 비해 74.54포인트 급락한 1,609.02로 마감한 데 대해 증권사별 전망치와 비교하여 보도했다.

"가장 낙관적인 전망을 제시했던 현대증권은 당초 연간 코스피 지수 전망치인 1,870~2,460을 6개월 전망치인 1,600~1,980으로 대체했다. 한동욱 현대증권 애널리스트는 '연착륙 기조가 유지될 것으로 전망했던 미국 경제가 침체 국면으로 진입하고 있는데다 서브 프라임 관련 선진국 투자은행들의 손실규모가 늘어나면서 정상적인 투자금융 활동이 위축될 가능성이 높아 신흥시장에도 부정적인 영향을 미칠 전망'이라며 하향 조정 이유를 밝혔다.

대우증권도 세계경제 환경 변화로 상장사들이 이익 추정치가 낮아지고 있다면서 주가이익배율(PER) 기준 지수 전망을 종전 1,800~2,400에서 1,700~2,300으로 낮췄다. 굿모닝신한증권은 지수 전망을 1,760~2,370에서 1,640~2,370으로 낮췄고 한화증권도 1.4분기 지수 전망으로 1,650~1,980선을 제시하면서 당초 2,550선까지 지수가 상승할 것이라는 낙관적인 전망에 수정을 가했다. ……"

어느 증권사에서 어떻게 엉터리 전망을 했는지, 애널리스트 실명을 밝히며 그 변명 혹은 해명을 전달하고 있다. 여기에 지면관계상 모두 인용하지 않았지만 삼성증권, 교보증권 등을 인용하며 비교 분석했다. 눈 밝은 독자라면 어느 증권, 어느 전문가가 정확한 전망을 하고 있는지 그렇지 않은지 판단할 수 있다.

물론 두 기사의 유형이 달라 단순 비교하는 데 일부 무리한 부분이 있을 수는 있다. 또한 이 두 기사만을 비교해서 어느 언론사 기사의 질이 높다는 식의 판단은 경계해야 한다. 다만 기사의 중요한 가치가 독자 서비스라면 그 정확도와 정직성을 높이는 데 취재원 실명은 불가피하다. 특히 전문가들을 인용하는 경제 관련 기사는 익명보다 실명보도를 원칙으로 해야 한다. 그것이 보도의 정보적 가치를 높이고 전문가들이 비전문적 엉터리 전망을 상업적 목적으로 악용하는 사례를 막을 수 있는 길이기 때문이다.

투자의 궁극적 책임은 투자자 개개인의 몫이다. 그러나 그런 선택의 가이드 역할, 감시 역할을 하는 공신력 있는 언론사 기사의 중요성과 정확성, 정직성, 전문성 역시 강조돼야 한다.

■ 2008년 1월 31일

미디어의 범죄행위……
'절도범 잡은 롯데의 허 선수를 ……'
[김창룡의 미디어창] 익명과 실명 구분 못 하는 언론

한국 언론의 고질적인 문제 중의 하나는 익명과 실명의 구분을 제대로 안 하고 있다는 점이다. 저널리즘의 발전 차원에서 취재원의 '익명과 실명' 구분은 너무나 중요하다. 실명을 사용해야 할 때 익명을 남발하고 익명으로 처리해야 할 내용에서 실명으로 보도한다면 이것은 단순히 실수 차원이 아니라 때로는 중대한 범죄행위가 되기도 한다.

한 스포츠 신문은 1월 21일자 제목으로 "롯데가 투수 허○○(필자가 익명으로 처리) 선수 신변 보호에 노심초사하고 있다"라는 기사를 보도했다. 이미 국내 일간신문, 방송 등에서 허 선수가 경찰을 도와 범죄 용의자를 격투 끝에 붙잡은 사실이 파다하게 보도되고 난 뒤다.

마치 무용담을 보도하듯 허 선수의 이름은 물론 나이, 사진까지 친절하게 대부분의 언론은 보도했다. 한국 언론의 무지를 그대로 드러내는 듯했다. 롯데가 왜 허 선수의 신변보호에 노심초사하게 됐는가?

그것은 허 선수가 범죄 용의자를 붙잡아서가 아니라 그 행위를 보도했기 때문이다. 정확하게는 보도하면서 허 선수의 신변을 익명으로 처리해야 한다는 법규를 지키지 않았기 때문이다. 특정 강력범죄사건의 피해자와 신고자 및 고발자의 신원공표는 법률로 금지하고 있다. 금지하는 이유는 바로 제2, 제3의 범행대상이 되는 것을 막고 이들의 신변을 보호하기 위해서다. 허 선수도 당연히 익명으로 보도됐어야 했다.

특정 강력범죄 처벌에 관한 특례법 제8조(출판물 등으로부터의 피해자 보호)에 따르면, 특정 강력범죄로 수사 또는 심리 중에 있는 사건을 신고하거나 고발한 자에 대해서는 성명, 연령, 주소, 직업, 용모 등에 의하여 그가 피해자 또는 고발한 자이거나 신고한 자임을 알 수 있는 정도의 사실이나 사진을 신문이나 기타 출판물에 게재하거나 방송 또는 유선방송을 하지 못한다고 명시돼 있다.

허 선수가 범죄 용의자를 격투 끝에 붙잡은 사실은 이미 대부분 주요 매체에서 자세하게 보도했다. 부산 부산진경찰서를 인용하여 "허 선수는 지난 18일 오후 8시 30분께 부산 부산진구 전포동 중앙중학교 인근에서 경찰관 2명이 최 모 씨(27)를 쫓아가는 모습을 보고 차에서 내려 함께 추격에 나섰다. 100m 뒤쫓아 가 근처 골목에서 격투를 벌인 허○○은 곧 뒤쫓아 온 경찰관들에게 인계했다." 는 내용이었다.

허 선수의 행위는 너무나 용감하고 장한 시민상을 구현한 행위지만 이를 보도하는 언론은 보다 신중했어야 했다. 이제 허 선수는 언론의 무분별한 실명보도 때문에 미래의 보복행위 등에 대한 우려가 현실이 됐다.

이런 사례는 한국 언론에서 자주 목격된다는 점에서 시급히 개선이 요망된다. 1990년대 중반 무렵 북한에서 귀화해서 비밀리에 한국에서 살고 있던 고 김일성의 처 성혜림 씨의 조카 이한영 씨의 신원이 노출됐다. 한 시사월간지가 그를 추적하여 국내 공중파방송사의 PD생활을 하다 사업가로 변신하여 경기도 성남 어느 아파트에서 살고 있다는 자세한 보도를 했다.

이 보도가 나간 지 몇 개월 되지 않아 이한영 씨는 괴한에 의해 피살됐다. 이 사건은 경찰에서 수사에 나섰지만 실마리도 잡지 못한 채 결국 영구미제로 처리됐다. 오늘날까지도 범행자가 누군지 사건의 실체는 밝혀지지 않았다. 막연하게 북의 소행 정도로 소문만 나돌았을 뿐이다. 미디어에서 보도하지 않았다면, 그의 신원이 노출되지 않았을 것이고 그렇다면 그런 불행한 살인사건이 일어나지도 않았을 것이라는 원망과 한탄이 뒤늦게 쏟아졌다.

이런 끔찍한 사건이 아니더라도 이런 유의 사건보도는 종종 목격하게 된다. 한 일간스포츠 신문은 96년 4월 8일자 신문지면에 "30대 강도를 잡은 간 큰 처녀 김정숙 양(가명)이 자신의 집에서 현장검증 나온 경찰관에게 사건 당시 상황을 재현해 보이고 있다."며 상반신 정면 얼굴사진과 함께 설명을 달았다. 전면 상반신 사진을 공표하여 본인이 누구인지 알 수 있도록 한 것은 특정 강력범죄 처벌에 관한 특례법 제8조를 위반한 것이다.

언론이 의도하지는 않았지만 익명을 지켜 줘야 할 때 지켜 주지 않는다는 것은 취재원을 위험에 빠트리고 인권을 침해하는 보도를 하는 셈이다. 또한 실명을 통해 취재원의 명예를 함부로 훼손하지 않도록 익명을 차단하는 것은 언론의 신뢰도를 높이는 것이다. 언제 익명으로 보도해야 하는지 언제 실명으로 보도해야 하는지 언론윤리강령에 잘 나와 있다.

현장 취재기자가 이런 판단을 제대로 하지 못할 때 이런 것을 잡아 주고 시정해 주는 것이 바로 데스크의 역할이다. 데스크의 업무가 너무 많지만 이런 법적 문제는 반드시 걸러 줘야 한다. 데스크는 지금이라도 인터넷판 자사 매체에 나와 있는 허 선수의 이름과 사진 등을 없애고 익명으로 처리하는 성의를 보여야 할 것이다.

■ 2008년 1월 21일

권력에 기웃거리는 교수, 권력 품에 안긴 총장
[김창룡의 미디어창] – 외눈박이 언론의 불공정한 논평

중앙일보(2008년 1월 8일자)의 '권력 기웃거리는 교수 너무 많다'는 제목의 사설은 모처럼 권력과 거리를 유지해야 할 대학사회의 문제점에 대해 옳은 지적을 했다는 점에서 주목된다. 특히 노무현 참여정권 이후 이명박 대통령 당선자 캠프 진영에는 수백 명의 소위 폴리페서들이 줄을 섰고 이제 그 논공행상의 과정에서 적지 않은 파열음을 내고 있다는 점에서 시의적절한 지적으로 보인다. 최근 사례도 인용했다.

"명지대가 김창호 국정홍보처장의 교수직 복귀 문제를 놓고 소란스러운 모양이다. 교수 임용 한 달 만에 휴직했던 김 처장은 다음 달 공직에서 물러나면 명지대에 복직할 생각이다. 하지만 교수들의 반대가 만만찮아 복직 자체가 불투명한 상황이다. ……"

이 사설은 교수들의 처신과 관련하여 휴직에 대해서도 날카로운 비판을 했다.

"공직과 교수직 중 하나를 골랐다면 진로에 따른 적절한 처신을 하는 게 맞다. 하지만 대부분 공직 진출 교수들은 교수직이라는 '보험'을 포기하질 못한다. 노무현 정부의 교수 출신 국무위원 12명은 모두 휴직을 했다. 사직한 사람이 한 명도 없다. 국회의원들도 여야 가릴 것 없이 대부분 휴직 상태다. 이래선 대학이 정상 운영되기 어렵다. 교수가 공직 진출을 이유로 장기 휴직하면 대학과 학생 손해가 불가피하기 때문이다. 대학이 정치권력에 오염될 소지도 높다. 한 우물을 파도 시원치 않을 마당에 여기저기 기웃거리며 무슨 연구를 하겠는가. 대학교수를 권력의 통로로 이용하는 나라는 아마 한국뿐일 것이다."

모두 옳은 지적이다. 권력에 기웃거리는 교수들은 귀담아듣고 경각심을 가져야 할 내용들이다. 이 사설은 또한 미국 사례까지 인용하며 교수들을 꾸짖었다.

"미국 민주당 대선 경선 후보인 버락 오바마는 시카고대학에서 헌법을 가르친 교수였다. 그러나 상원에 진출하기 전 교수직을 그만뒀다. 교수가 정부에 참여할 때 대학에 사표를 내야 하며 그것이 정도다. 우리나라가 공직 진출 교수들에게 복직 보장이란 특권을 주는 것이 문제다. 그래서 어설픈 지식을 갖고 권력 주변을 기웃거리는 기회주의 교수들이 줄어들지 않고 있다. 정권교체기마다 수백 명의 교수가 정당과 권력 주변으로 몰려다니는 나라, 부끄럽지도 않은가. ……"

권력에 기웃거리는 교수들은 정말 부끄럽게 생각해야 한다. 중앙일보의 이런 내용의 사설은 더 많을수록 좋고 더 날카로워도 대학 사회에서 겸허하게 받아들여야 할 것이다. 교수사회에 대한 중앙일보의 비판적 논평은 정치적 입장을 떠나 존중돼야 할 것으로 본다.

폴리페서 준동, 선거 끝난 뒤에 뒷북

그러나 중앙일보에 대해서도 '부끄러움'을 질타하는 그 손가락을 되돌려 주고자 한다. 이러한 폴리페서들의 준동을 선거 전에 언론학회 세미나 등을 통해 논문을 발제하기까지 했지만 그때는 지면할애에 왜 그렇게 인색했는지 되돌아볼 필요가 있다. 이런 사설이 선거 전에 나왔더라면 더 좋았을 텐데 굳이 선거가 끝난 뒤에 뒷북성 사설을 내보내는 이유는 뭔가.

또 하나 중요한 관점을 놓치고 있는 것이 있다. 바로 대학의 총장이 권력에 기웃거리는 것은 일언반구의 말이 없다. 이명박 당선자 주변에 전·현직 총장이 몇 명이나 되는지 한 번 헤아려 봤는가.

지난해 대통령 선거 전에 이명박 당시 후보는 중앙대 총장을 선대위원장급으로 공식 임명장을 주는 바람에 대학 내분과 갈등으로 이어졌다. 교수들은 성명을 발표하고 학생들은 시위에 나서는 모습이 언론에 보도됐다. 그때 중앙일보는 어떤 입장을 취하고 어떤 지면제작을 했던가? 현재 인수위원장을 맡고 있는 이경숙 숙명여대 총장의 겸직은 또 어떤가? 총장들이 이렇게 권력의 품으로 선거판으로 뛰어다니는 것은 묵과해도 되는가?

권력판을 뛰어다니는 교수도 비판받아야 하겠지만 더 큰 책임을 가진 대학총장의 권력과 명예라는 두 마리 토끼를 쫓는 행태도 비판받아야 한다. 총장이 나서서 권력판을 뛰어다니는 데 대해서는 입을 다물고 교수들만 비난하는 것은 형평성과 공정성 차원에서 거꾸로 비판받게 된다.

'총장들부터 학교로 돌아가라'고 외쳐야

총장과 교수를 분리하여 논리를 전개하지 않기를 바란다. 중앙일보가 진정으로 대학사회의 권력종속화, 교수들의 권력하수인화를 우려한다면 당장 '총장들부터 학교로 돌아가라'고 외쳐야 한다. 적어도 그것이 아니라면 총장직을 그만두고 인수위원장을 하든 대통령 취임식 준비위원장을 하든 '선택하라'고 목소리를 높여야 한다.

방학 중이니 괜찮다고? 대학 행정의 최고책임자가 방학 중이니 할 일이 없다면 그 대학의 경쟁력과 미래는 없다고 봐도 된다. 겨울방학 동안 학생과 교수 선발, 학교 일 년 예산 확정, 교수 인사 문제 등 회의하고 결정해야 할 일이 너무 많다. 총장은 없어도 된다면 그런 총장을 대학에 두는 이유는 뭔가? 총장에게는 지나치게 관대한 언론, 교수들에게는 마구잡이 회초리를 휘두르는 식이라면 옳은 소리 하고도 공정성 문제로 신뢰를 잃게 될 것이다. 그런 주장이 노무현 정권에서는 강하게 이명박 정권에서는 하는 둥 마는 둥 식이라면 역시 공정성과 진정성에 의문을 갖게 될 것이다.

정치적 편향성으로 지탄을 받아 온 조선, 중앙, 동아일보 등 소위 보수신문들의 형평성과 공정성 문제는 이명박 정권 출범과 함

께 새롭게 조명받게 될 것이다. 노무현 정권 취임 초부터 이런 신문들이 당시 어떻게 보도했는지 그 기록들은 생생하게 남아 있다. 건전한 권력 견제가 아닌 비난일색의 보도가 이명박 정부에서 어떻게 바뀌는지 지켜보게 될 것이다. 본격적인 미디어 비평 시대를 언론 스스로 열고 있다.

■ 2008년 1월 8일

87년 민주화 항쟁의 주역 함세웅 신부가 언론과 검찰을 향해 독한 말을 쏟아 냈다. 부당한 권력과 불법행태에 대해 말을 해야 할 언론이 침묵하고, 수사에 적극 나서야 할 검찰이 뒤꽁무니를 빼는 모습을 개탄했다. 검찰을 향해 '정의에 기초하지 않으면 범죄 집단'이라고까지 주장했다. 언론을 향해서는 '삼성과 언론, 검찰, 국세청, 금감원, 청와대…… 모든 관계자들이 심각하게 먹이사슬이 얽혀 있다는 것'이고 '이 가운데 언론의 역할이 제일 크다'고 말했다.

11월 21일자 오마이뉴스와의 인터뷰에서 함 신부는 삼성의 불법행태에 대해, "삼성이 사기업으로 공공기관을 능멸하고 마비시키는 것은 대죄"라면서 "사익집단이 공동선을 목적으로 하는 국가공동체보다 앞서고자 한다면 그것은 큰 오산"이고 "국가기관을 돈으로 좌우하려는 것은 기업의 타락"이라고 말했다. 한마디 한마디가 폐부를 찌르는 아픈 소리고 언론, 검찰 모두 새겨들어야 할 지적들이다.

함 신부의 이런 지적의 이면에는 검찰과 언론에 대한 실망감과

동시에 기대감을 내포하고 있다. 지난 10월 29일 천주교 정의구현 전국사제단의 제1차 기자회견 직후 신문사마다 삼성의 비자금 의혹 사건을 다루는 방식과 편집행태는 확연하게 달랐다. 삼성 권력의 핵심인사로 직접 불법행위에 앞장섰던 김용철 변호사의 양심고백을 통해 사제단이 드러낸 '삼성공화국 실체'는 국민의 상상을 넘어서는 것이었다.

의혹은 무엇이고 진실은 무엇인지 그것을 취재해서 보도해 줘야할 언론이 삼성을 위해 앞장서기도 하고 김 변호사를 '정신이상자' 취급을 하는 등 독자의 기대와는 어긋나는 보도행태를 보였다. 심지어 삼성 불법 의혹 제기에 대해 '떡값(뇌물) 검사 명단'을 공개하라고 압력을 가했다. 일부 명단을 공개하자 이제는 물증을 제시하라고 호통을 쳤다. 국민의 알권리는 어디 가고 삼성 보호를 위해 뛰는 모습이 가관일 정도였다.

이런 가운데 경향신문, 한겨레같이 가난한 신문은 삼성 비자금 의혹에 대해 조목조목 따지고 문제시하는 모습을 보였다. 소위 부자신문, 경제지들이 삼성을 옹호하고 삼성을 비판하는 흉내를 내거나 면피성 보도를 하는 가운데 경향과 한겨레의 보도는 단연 돋보였다.

문제는 삼성 앞에 서면 '참을 참이다, 거짓을 거짓이다.'라고 말하기 어려워진다는 것이다. 오죽하면 검찰 같은 국가 공조직도 삼성 수사를 하지 못할 정도로 부끄러운 수사기관으로 전락했겠는가.

특히 삼성과 특수 관계에 있는 중앙일보의 왜곡보도, 여론호도식 보도는 보기에 민망할 정도였다. 평소에는 공정하고 중립적인 보도를 하는 노력을 하는 듯하다도 삼성이라는 단어만 나오면 중앙일보는 뒤집어지는 모습을 보였다. 중앙 스스로 일류신문이 되기를 포기하는 편집행태였다. 문제는 내부적으로도 이런 편집행태에 대한 자기비판조차 사라졌다는 점이다.

나는 대표적인 사례로 중앙일보 11월 7일자 <세 군데 직장 옮긴 김용철 변호사 왜 떠날 때마다……> 제목의 기사를 인용하여 비판한 적이 있다. 중앙일보는 이 기사에서 "김 변호사는 조직을 나올 때마다 '원칙을 지키려다 탄압받아 쫓겨났다.'고 주장했다. 그러나 검찰·삼성·서정의 얘기는 좀 다르다."면서 그의 주장이 신뢰할 만한가에 의문을 제기한다. 양쪽의 주장을 중립적으로 보도하는 듯하면서도 비중은 '김 변호사의 주장에 문제가 있다'는 곳에 두고 있는 기사다.

이런 유형의 기사는 중앙일보가 김용철 변호사의 '양심선언'을 통한 문제제기에는 입을 막고 '김 변호사 때리기'에 나선 전형적인 작품이다. 이것은 국민의 알권리를 위한 기사가 아니고 삼성을 보호하기 위해 물타기에 나선 '삼성 홍보성' 작품이다. 나는 "내부고발자의 동기가 적어도 사사로운 자기불만을 표출하고 이익을 챙기기 위한 것이 아니라면 그 용기와 도전을 존중해 줘야 한다. 한국에서 내부고발자들이 어떻게 대접받았으며 그들의 말로가 어떻게 끝났는지 언론이 더 잘 알고 있지 않은가."라고 지적한 바 있다.

중앙일보나 경제신문이 삼성을 옹호하거나 물타기식 보도를 하는 것은 삼성의 비리나 불법을 정당시해서가 아니다. 가장 큰 이유는 삼성이 갖고 있는 막강한 광고의 힘이다. 광고 앞에 기사 없다.

특히 한국처럼 대부분의 신문이 구독료보다 광고수입에 의존할 때, 재벌에 대한 보도는 종종 곡필로 춤을 추게 된다. 광고수입이 신문사 전체 수익의 80~90%를 차지할 때 웬만한 신문은 정의보다 광고를, 국민의 알권리보다 광고수입을 우선시한다. 대다수 한국의 신문들이 친재벌식 보도를 하는 이면에는 이런 광고의 힘, 자본력이 있기 때문이다.

11월 14일자 기자협회보가 전하는 톱기사의 제목은 참담하다. <경향, 한겨레 삼성광고 사라졌다>라는 제목하에 <사제단 발표 후 단 한 건도 없어 …… 조중동, 매경, 한경 큰 변화 없어>라는 부제가 달려 있다. 기자협회보는 11월 5일 사제단 2차 기자회견 이후 경향신문과 한겨레에서 사라진 삼성광고를 도표까지 그려 가며 자세하게 소개했다.

가난한 신문으로 알려진 경향과 한겨레의 용기 있는 보도 이면에는 이처럼 자기희생과 번민이 함께한다. 여론을 왜곡하고 광고를 정의에 우선시하는 신문에 대해 분노하거나 침묵하는 것은 독자의 책임이다. 일류신문은 그 사회의 지적 수준, 법치주의를 상징한다. 세계 톱 10에 드는 일류신문은 모두 선진국에 위치한다. 후진국에 일류신문을 기대할 수 없는 것은 독자의 수준 때문이다.

기업의 불법행위로 가장 큰 이득을 보는 집단은 바로 기업이다. 가장 큰 피해를 보는 것은 대다수 국민이다. 부패한 나라치고 국민이 잘사는 선진국은 없다. 부패한 기업, 특혜집단이 득세하는 곳은 불행한 나라다. 진실로 국민의 알권리를 위해 뛰는 가난한 신문은 삼성의 광고력 앞에 오늘도 시험받고 흔들리고 있다. 독자의 격려와 지지가 어느 때보다 절실하다. 일류신문을 만드는 것은 제작진이지만 그 제작진을 올바로 견인하는 것은 독자의 힘이다.

■ 2007년 11월 21일

문화일보 누드 사진, 사법처리 대상이다
[김창룡의 미디어창]

문화일보의 신정아 씨 누드사진 게재는 황색저널리즘의 차원을 넘어 명백한 불법보도로 사법처리 대상이다. '보도의 공익성' '언론 자유' 운운을 논하는 것은 문화일보의 또 다른 무책임한 행태가 될 것이다.

나는 왜 문화일보가 사법처리 대상이라고 주장하는가?

첫째, 명백한 불법보도를 했다고 판단하기 때문이다. 사건의 본질과 직접적 인과관계를 확인하기 어려운 한 개인의 명예와 인격을 말살하는 지면제작 행태를 보였기 때문이다. 신정아 씨 누드 사진을 게재해서 법적으로 '면책'이 되기 위해서는 공공성과 공익성에 대한 타당한 근거가 있어야 한다.

문화일보 기자에게 물어보라. 이런 누드 사진 게재가 진정으로 사회의 공익적 차원에서 불가피했는지, 아니면 문화일보의 상업적 목적으로 1면에 올렸는지. 개인의 가장 내밀한 누드 사진을 올려놓고 '내의를 벗은 지 한참 후의 사진' '각계 원로급 또는 고위급 인사들에게 성 로비 가능성' 등을 거론하며 거의 '창녀 수준'으로 묘사하고 있다. 이런 정도가 한 개인의 명예와 인격권을 훼손하는 보도가 아니라면 문화일보는 한국의 치외법권 지대에서 언론활동을 하고 있는 셈이다.

둘째, 언론을 상대로 형사처분하기 위해서는 '고의성'을 입증해야 한다. 문화일보는 '보도의 선정성'과 '성의 상품화' 때문에 언론단체와 시민단체로부터 지속적으로 문제제기를 받아 왔다. 심지어 국정감사장에서 성토의 대상으로 전락하기도 했다. 지난해 정청래 열린우리당(당시) 의원이 국회 문화관광위원회 국정감사에서 문화일보 연재소설 '강안남자'의 선정성을 지적하면서 수십 차례에 걸친 신문윤리강령 위반 사례들을 제시했다. 정 의원은 심지어 문화일보에 대해 '포르노물'을 연재한다며 강력하게 비판한 바 있다. 이번 신 씨 누드 사진 게재는 바로 이런 문화일보의 성을 상품화하여 사적 목적을 취하는 행태의 연장선상이다. 일관된 성의 상품화 제작 행태는 고의성을 뒷받침한다. 국민의 알권리, 공익성 등은 문화일보만이 그렇게 명분으로 내세우는 것일 뿐 실제로는 그렇지 않다는 점이다.

셋째, 법적 처벌은 사법부가 판단할 문제이며 앞으로 어떤 식으로 사건이 전개될지 두고 볼 일이지만 당장 이런 행태의 신문 제작은 무차별적으로 일반 대중에 대한 흉기가 될 위험성이 있다는 점이다. 흉악한 범죄자라 하더라도 최소한의 사생활과 인권을 지켜줘야 하는 것이 언론이다. 그런데 아직 기소도 되지 않은 신 씨의 누드 사진과 수준 이하의 기사를 게재한 것은 법의 판결도 받기 전에 신 씨를 사회적으로 매장하는 무모한 보도행태다. 신 씨가 무죄하다는 주장이 아니라 최소한의 법적 권리를 존중해 줘야 한다는 것이다. 문화일보의 보도대상이 또 누가 될지, 공공성, 공익성을 강변하며 누구의 인권을 난도질하며 무책임한 보도를 하게 될지 알 수 없다는 점이다.

넷째, 무엇보다 중요한 것은 권력형 비리의 핵심인물로 지목된 신 씨 사건이 비본질적인 보도로 인해 희화화될 가능성이 높고 사건의 실체가 두루뭉술하게 넘어갈 여지를 언론 스스로 만들고 있다는 점이다. 당장 신 씨 사건의 관심을 문화일보로 전환시켰다. 관심을 한 몸에 받게 된 문화일보는 마케팅에 성공한 셈이다. 그러나 '정론지'를 내세우는 문화일보가 이처럼 본질과 비본질을 혼용하여 빗나간 신문제작을 하는 것은 독자에 대한 배신이고 한국 언론 발전에 대한 거부 행위다.

다섯째, 문화일보는 이번 사건을 통해 한국 언론을 더욱 초라하게 만들었다. 참여정부 이후 기자와 언론사는 대통령으로부터 공개적으로 반복하여 '불량상품' '죽치고 앉아 담합' '소설'을 운운하는 질책과 비판을 받아 왔다. 급기야 '취재지원 선진화 방안'이라는 명목하에 기자실에서 쫓겨나야 하는 운명에 처해졌다. 자존심과 논리로 살아가는 기자들의 입지는 추락했고 명예는 실추됐다. 가뜩이나 어려운 기자들의 입지를 문화일보는 더욱 어렵게 만들었다. 보라. 여성단체, 언론단체는 '언론 모두의 잘못'이라고 주장하고 있지 않은가.

나는 법적 처벌 이전에 현 단계에서 문화일보와 한국기자협회, 언론노조, 신문윤리위원회 등 언론단체가 당장 해야 할 일이 있다고 본다.

문화일보가 신속하게 이번 보도에 대해 대대적인 사과문을 내보내야 한다. 사과문만으로는 부족하다. 편집국장 등을 포함한 관련 인사들에 대한 자체적인 징계가 나와야 한다. 법적 판단을 기다리겠다는 것은 또 다른 무책임한 언론의 자세다.

그다음 한국기자협회 등은 문화일보의 자체 징계와는 별개로 비록 회원사라 하더라도 사회적, 윤리적 책임을 물어 징계조치를 취해야 한다. 명백한 잘못을 저질렀지만 엄중한 추궁과 징계가 없는 곳에 잘못은 반복되고 인권은 유린된다. 언론이 '사회적 공기'를 자처하고 '언론 자유'를 주장하기 위해서는 스스로 책임 있는 보도 자세, 인격권을 존중하는 제작태도를 보여야 한다. 이를 견제하지 못하거나 안 하는 언론단체는 부분적으로 연대책임을 져야 할 것이다.

■ 2007년 9월 14일

신문은 독자의 신뢰를 먹고산다. 독자의 신뢰는 신문의 뉴스가 정직, 정확, 공정하게 만들어진다는 대전제 위에 형성되는 법이다. 국가의 중대사를 각 신문이 어떻게 보도하느냐를 살펴보면 정직한 신문과 그렇지 않은 신문을 판별할 수 있다. 정직한 신문은 독자를 위해 진실한 노력을 하고 독자의 시선을 두려워하며 정파적 주장보다 드러난 사실에 충실하는 법이다.

2007년 3월 31일 한미 FTA 협상 마감시한을 앞둔 각 언론사는 타결 여부와 협상연장 등 막판 협상결과 보도에 총력을 집중했다. 각 언론사 취재력이 집중됐고 제작에 혼신의 힘을 기울였다. 그러나 그 결과와 평가는 매우 다양하게 나타났다.

오마이뉴스의 보도 <협상타결 연장된 아침, 각 신문 머리기사는 …… 한국일보가 가장 정확>(31일 오전 8시 30분, 구영식 기자)에 의하면, 각 신문사의 정직성을 가늠할 수 있을 것 같다. 정직하지 못하다고 나쁜 신문이라고 단정해서는 안 된다. 문제는 정직하지 못할 만한 충분한 사유, 독자의 알권리(허위가 아닌 진실)를 위한 노력 여부 등이 함께 고려돼야 한다. 또한 오보의 성격이 현실적으로 불가피했는지 등에 대한 변수도 참작해야 한다.

이런 점을 염두에 두고 한미 FTA 막판 협상 결과를 보도한 가장 정직하고 정확한 신문은 오마이뉴스의 보도처럼 한국일보로 평가될 수 있다. 그 이유는 두 가지다.

우선 관련 보도 내용과 제목이 정확했다. <쇠고기·차 밤새 벼랑 끝 대치>, <협상 48시간 연장> 등의 제목에서 볼 수 있듯이 협상이 진통을 겪고 있으며 이틀 더 연장됐다는 정보를 전하고 있다. 다른 신문이 협상연장 내용을 담지 못한 것을 감안하면 특종에 해당한다.

이와 함께 한국일보는 독자에 대한 세심한 배려로 정직한 신문이 되고자 노력했다. 이 신문은 "신문 제작·배달을 위한 마감시간 관계로 한미 FTA 협상 결과를 전해드리지 못하는 점 양해 바랍니다."라는 안내문을 함께 실었다. 최종결과는 아직 나오지 않았고 마감시간 관계로 이런 미흡함을 감안해 달라는 한 줄의 글이지만 독자를 우선시하는 정직한 제작 모습을 볼 수 있다. 다른 신문도 비교하여 살펴본다.

오마이뉴스는 한미 FTA 찬성 여론을 주도해 온 중앙일보와 동아일보는 신중한 보도 태도를 보였다고 한다.

"먼저 중앙은 1면 머리기사 제목을 '청와대·백악관 총론은 합의'로 뽑은 뒤 '한미 양국이 30일 한미 FTA 타결 쪽으로 가닥을 잡았다.'고 보도했다. <중앙>은 조심스럽게 한미 FTA 타결을 예측하면서도 '자동차·쇠고기 분야에서 막판 진통이 거듭되면서 양측은 협상 시한을 이틀 연장할 가능성이 있다.'며 협상 연장 가능성을 배제하지 않았다."

중앙의 경우 보도내용은 신중했지만 제목은 다소 앞서 나갔다. 인용부호를 사용했지만 "총론은 합의"라는 식으로 전했기 때문이다. 이 시점에서 합의된 것은 협상이 이틀 더 연장됐다는 사실뿐이다.

협상연장 내용을 담지는 못했지만 한겨레신문은 정직한 신문제작 행태를 보였다. <한겨레>는 "결국 두 나라 대표들은 미 무역촉진권한에 따른 협상시한인 31일 새벽 7시까지도 구체적으로 어떤 합의가 있었는지 밝히지 못했다."고 보도했다.

특히 한겨레는 "신문제작 여건상 30일 밤 협상 진행상황까지만 지면에 담았음을 헤아려 주시기 바랍니다, 이후의 협상 속보는 인터넷 한겨레를 참조하시기 바랍니다."라는 안내문을 실어 독자를 배려하는 신중한 보도태도를 보였다. 한미 FTA 반대여론을 주도해 온 한겨레는 단정적 제목을 피한 채 '우리 삶 바꿀 그들의 협상은 끝났다'는 우회적인 제목을 달았다고 전했다. 제목은 다소 부정확했다고 볼 수 있다. 협상은 아직 끝나지 않았기 때문이다. 정직하지만 다소 부정확한 제목 정도로 정리할 수 있겠다.

경향신문의 경우 단정적 표현을 사용하지는 않았지만 제목에서 다소 부정확한 내용을 전하고 있다. 한미 FTA 협상에 비판적 목소리를 내 온 경향신문 역시 '밀어붙인 FTA …… 결국 타결로 가닥'이란 제목을 뽑아 한미 FTA가 타결될 것으로 예측했기 때문이다.

보도내용에서도 경향은 "지난해 2월에 시작해 1년여의 기간을 끌어온 한미 FTA 협상이 31일 새벽 마침내 타결로 방향을 잡았다."며 "사회 일각의 거센 저항에도 노무현 대통령과 정부는 미국식 개방모델을 받아들이기로 결정했다."고 보도했다. 협상연장 이후 그 결과가 경향의 예측처럼 나타날지 여부는 두고 봐야겠지만 이 시점에서 적어도 '받아들이기로 결정'한 것은 아니다. 정확보다는 예측이 앞서 나가며 부분적으로 부정확한 보도와 제목이 혼재된 것으로 보인다.

문제는 가장 많은 독자를 확보했다고 자랑하는 조선일보에서 그 심각성을 발견하게 된다. 제목도 내용도 단정적인 어법으로 내용을 모르는 독자들을 오도하고 있으며 혼란에 빠트리는 부정직하고 부정확한 보도를 했다.

서울신문이 <한미 FTA 사실상 타결>이라고 제목을 붙인 것도 문제지만 조선일보의 경우 <한미 FTA협상타결>로 한 걸음 더 나갔다. '사실상 타결'과 '타결'과는 신문보도에 있어서 천양지차라고 할 정도다. 마치 '모 재벌총수 구속'과 '…… 구속방침'이라고 보도하는 것과 같다. 제목에서 '협상타결'이라고 단정한 것은 부정확한 예단이며 명백한 오보가 된다.

오마이뉴스는 "<조선일보>는 31일자 신문에서 '한국과 미국 간 자유무역협상이 타결됐다.'고 한미 FTA 타결을 확정해 보도했다. 주요 일간지 중에 이렇게 한미 FTA 타결을 확정해서 보도한 언론은 <조선>이 유일하다."고 전했다.

조선일보의 이런 단정적 제목과 보도는 우발적 실수가 아닌 의도된 부정직한 보도행태라는 것을 기획기사와 사설의 내용을 보면 보다 분명해진다. 오마이뉴스는 이렇게 전한다.

"<조선>은 3∼5면에서 '막 오른 한 FTA 시대'라는 기획기사를 싣는 등 한미 FTA 타결을 기정사실화하는 '과감함'과 '자신감'을 선보였다. 또 '한미 FTA 시대로 가는 큰 걸음'이라는 제목의 사설에서 '이런 상황에서 한미 FTA가 타결될 수 있었던 것은 무엇보다 노무현 대통령이 '마지막 결정은 전문가가 아니라 최종책임자인 내가 내리는 것'이라며 결단한 덕분이라고 할 수 있다.'고 '노비어천가'를 부르는 '오버'까지 연출했다."

조선일보는 '협상타결이 되지 않았는데 협상타결'이라고 보도하고 '노 대통령이 결단하지 않았는데도 결단한 덕분'이라고 단정하고, 왜 이런 식의 무리하고 부정직하고 부정확한 보도를 한 것일까? 그 정확한 해답은 조선일보만이 알 것이다. 그러나 그동안 '김일성 오보' 등 굵직굵직한 국제적 오보를 과감하게 해 온 이력을 볼 때 추론은 가능하다.

그 추론은 조선일보가 찬성 쪽으로 밀어붙여 온 한미 FTA를 협상타결로 이끌어 내는 강력한 욕망을 지면에 반영한 것이라는 점이다. 노 대통령의 결단을 조선일보가 부추기며 견인하는 역할을 지면 제작을 통해 반영한 것이다.

사실을 있는 그대로 반영하기보다는 자사의 주장과 욕망을 여과 없이 반영하는 지면 제작, 독자의 시선보다는 자사의 숭미주의 가치를 우선시하는 부정직한 보도행태를 고집하는 신문, 정직하지도 공정하지도 정확하지도 못한 신문이 한국에서 가장 많이 팔린다는 것은 비극이다.

독자는 정확하고 공정한 보도를 통해 알권리를 확보할 수 있다. 알권리는 자사이기주의에 함몰된 신문사의 왜곡된 정보까지 포함하는 것은 아니다. 깨어 있는 독자, 적극적인 자기표현을 하는 독자들이 일류신문, 정직한 신문을 견인할 수 있다.

■ 2007년 3월 31일

커뮤니케이션 비평 | 제3장

재구성해 본 '권총협박 발언'
[미디어창] 대통령 '소통'과 '화법'의 문제 다시 드러나

이명박 대통령의 '권총협박' 발언이 언론계와 정계에 불필요한 파문을 확산시키고 있다. 야당과 청와대 대변인 사이 격한 설전에 이어 오보논란 등 이 대통령의 발언이 어디까지가 진실이며 무엇이 과장됐는지 사실규명은 없고 격한 주장만 난무하고 있다. 이 해프닝은 또다시 적당히 없었던 일처럼 넘어가겠지만 적어도 청와대에서는 이 문제가 주는 교훈을 다시 정리하여 대통령에게 반드시 보고해야 한다.

이 대통령이 열심히 국정을 챙기고 고뇌하며 '선진한국'을 만들기 위해 노력한다는 진정성을 국민에게 제대로 전달해야 하기 때문이다. 이를 위해 대통령의 목소리가 폄하되거나 희화화된다는 것을 막아야 하는 것이 참모들의 역할이다. '진실과 진정성'을 의심받게 되면 아무리 '라디오 정례회담'이나 '대통령과의 대화'를 반복해도 이 대통령의 국민을 향한 메시지는 공허한 메아리가 돼 허공에 사라지게 될 것이다.

사건 개요와 쟁점을 정리하면 문제점과 대안이 나온다.

권총협박 발언을 최초 보도한 조선일보 2009년 12월 2일자 4면 <MB "나도 대선 때 권총협박 받은 적 있다"> 제목의 기사는 다음과 같은 내용을 전하고 있다.

"나도 지난 대선 때 어느 괴한이 권총을 들고 집에까지 협박을 하러 와서 놀란 적이 있는데, 경호원들이 붙잡고 봤더니 큰 문제가 되지 않을 것 같아서 경찰에 신고도 하지 않고 그냥 돌려보냈다."

이 기사에서 적시된 사실(facts)은,
1) 괴한이 권총을 들고 집에까지 협박하러 왔다.
2) 경호원들이 붙잡았다.
3) 경찰에 신고하지 않았다.

대선 때 이런 일이 있었다면 매우 중대한 사건이고 후보자 입장에서는 이슈화시키기 좋은 사안인데 왜 이런 호재를 조용히 넘겼을까 하는 의문이 든다. 더구나 한국은 총기소지가 금지됐는데, '괴한이 권총을 들고 집에까지 왔는데' 그냥 돌려보냈다니 논리적, 법적으로 무리한 표현이다. 저널리스트가 합리적 의심을 추구하지 않고 보도하는 경우는 주로 취재원을 위한 선전 기사에 이용되는 방식이다. '선의를 가지고 보도한 글이 오히려 역효과를 가져온 케이스'에 해당될 수 있다. 야당에서 가만히 있을 리 없다.

박선영 자유선진당 대변인은 "대통령은 이번 권총 협박사건의

진실을 밝혀야 한다. 4대강 사업처럼 '앞으로 답변하지 않겠다.'고 거부해서는 안 된다. 세종시 약속 불이행으로 이미 대통령의 신뢰는 크게 훼손되어 있는 상태. 이런 상황에서 외국 국가원수를 초청한 만찬회 석상에서 대통령이 직접 밝힌 비화가 '날조된 거짓말'이라는 항간의 의구심은 국익 차원에서라도 속히 밝혀야 한다."고 주장했다.

박 대변인은 '이 대통령의 신뢰'를 거론하며 사실상 '날조된 거짓말' 쪽으로 판단하며 '진실'을 밝히라고 주장했다. 궁지에 몰린 청와대는 발언 당사자 대통령은 보이지 않고 한때 방송사 앵커를 지낸 김은혜 청와대 대변인이 나섰다.

김 대변인은 12월 4일 브리핑을 통해 "당시 이 대통령은 박근혜 전 한나라당 대표에게 '지난 대선 당시 권총 위해 협박을 받은 바 있다.'며 박 전 대표의 안부를 물었고, 이 대통령 측이 신고를 해서 용의자를 붙잡았다고 말한 것으로 확인됐다."며 "이 용의자는 대통령 사저에까지 간 것으로 확인됐다."고 언론은 전했다. 김 대변인이 주장하는 사실(facts)의 일부는 이렇다.

1) 이 대통령 측이 신고를 했다.
2) 신고로 용의자를 붙잡았다.
3) 용의자는 대통령 사저에까지 갔다.

문제는 이명박 선거캠프에 참여했던 강승규 한나라당 의원이 12월 3일 평화방송 라디오 <열린 세상 오늘 이석우입니다>에 출연해 '권총 협박'을 둘러싼 논란을 설명한 부분이 또 다른 의혹을 증폭시킨다는 점이다.

"제가 알고 있는 내용입니다. 그 당시 한 사람이 전화를 해서 어떤 뭐 신분을 이야기하지는 않고 자기가 총기탈취범인데 이명박, 그 당시 대통령 후보에 대해서 협박을 하고 총으로 어떤 뭐 그 위협을 했습니다. 총소리로 전화기에 탕탕탕 뭐 이렇게 하면서 살해 위협을 하고 그랬습니다. 그 당시에 댁에 계시던 아주머니가 전화를 받는데 그런 협박이 왔었습니다. 예 그런 일이 있었습니다." (미디어오늘 12월 3일자)

여기서 적시하는 사실(facts)은 위의 주장과는 많은 차이가 있다.

1) 전화를 통해 살해 위협을 했다.
2) 살해위협이 전화기에다 입으로 '탕탕탕' 하는 식이었다.
3) MB가 직접 받은 전화도 아닌 '아주머니'가 받은 전화를 통해서였다.

'사저에 직접 권총을 들고 왔다. 경호원이 잡았다. 경찰에 신고했다' 등에 관한 내용은 없거나 무시되고 있다. 당시 선거캠프에 있었던 측근의 증언인 만큼 신뢰도가 높은 편이다.

이렇게 드러난 사실, 상반된 사실의 조각들을 합성하여 어떤 해석과 주장을 하든 그것은 각자의 판단이다. 나는 이 대통령의 잦은 구설수, 정확하지 않은 이야기 때문에 '대통령의 화법'을 망치고

국민과의 소통 구조를 파괴하고 있다는 점을 지적하는 것이다.

자신의 노력과 진의조차 스스로 웃음거리로 만들어 버리는 현실에 참모들은 입을 다물고, 진실을 추구해야 할 언론은 '합리적 의심'조차 하지 않고 선전선동 기사에 몰두한다. 가히 저널리즘의 실종을 우려한다. 이 대통령이 얻는 것은 불신이고 잃어 가는 것은 신뢰다. 벌써 인의 장벽에 둘러싸인 이 대통령, 국민은 또다시 불행한 대통령을 보는 불운의 동반자가 될 것인가.

■ 2009년 12월 5일

전직 대통령 서거, 고개만 숙이지 마라
[김창룡 미디어창] 두 전 대통령 죽음이 산 현 대통령
에게 전하는 메시지

수개월 만에 두 명의 전 대통령이 죽음을 맞이했다. 한 사람은 스스로 목숨을 끊어 비운의 정치 지도자가 됐지만 또 한 사람은 그의 죽음을 몹시 애도하며 '현직 대통령'을 향해 마지막까지 비판의 목소리를 높이다 떠났다. 심지어 '내 몸의 반쪽이 무너져 내린 느낌'이라는 표현으로 당시의 절절한 절망감과 낭패감을 전했다.

심신이 쇠약해지는 노년기에는 정신적 충격이 사망으로 이어지는 사례를 종종 목격하게 된다. 칭기즈칸도 장남 주치의 죽음에 망연자실하며 정신적 상처가 깊었다고 한다. 더구나 그릇된 정보로 주치에 대한 오해를 잔뜩 품고 있던 상황에서 아들의 비보는 자신의 용렬함을 한없이 꾸짖게 했다. 말에서 떨어진 것이 사망의 직접적 원인이라 하더라도 수개월 전 사랑한 아들의 죽음은 그를 한없이 약하게 만들었음 직하다.

죽은 자는 그 죽음 자체로 살아남은 자들에게 교훈을 남긴다. 민주화를 위해 한평생을 바치는 과정에서 지역적으로 정치적으로 서

로 다른 입장의 사람들로부터 호·불호의 관계를 형성하는 것은 불가피하다. 전 대통령의 죽음을 어떻게 해석하고 받아들이느냐는 것은 각자의 몫으로 남긴다.

▲ 김대중 전 대통령. ⓒ 미디어오늘

다만 현 대통령에게 전하고자 했던 메시지는 한 번쯤 되새겨 볼 필요가 있다. 노무현 전 대통령은 유서에 현 대통령에 대한 원망 같은 것을 남기지 않았지만 인간적 배신감 같은 것은 그전에 토로한 적이 있다. 김대중 전 대통령은 사망 일보 직전까지 격한 용어로 '민주주의 후퇴'를 분노하며 '행동하는 양심'을 촉구했다.

나이가 들면 귀도 순해지고 입도 고와진다는데 80대 전 대통령은 왜 삶의 마지막 순간까지 피를 토하듯 이 대통령에게 훈계와 당부, 경고를 토해 냈을까? 그 메시지와 의미를 한 번쯤 정리하고 되새기는 것이 죽은 자에 대한 예의이고 산 자의 의무일 것이다. 궁극적으로 대한민국 선진화, 국민 통합에도 도움이 된다고 믿는다.

첫 번째 메시지는 민주주의의 회복을 강조했다.

법치를 내세운 마구잡이식 토끼몰이, 경쟁과 발전을 내세운 일방적 국책사업 추진, 국민과의 소통을 무시하는 불통의 인사정책 등 일일이 열거하지 않았지만 민주주의 후퇴를 우려했다. 김 전 대통령은 마지막 연설문에서 "이 대통령에게 강력히 충고한다."면서 "지금 국민이 걱정하는 건 과거 50년 동안 피 흘려 쟁취한 민주주의가 위태위태한 점을 매우 걱정합니다. 민주주의는 나라의 기본입니다."라고 말했다.

두 번째 메시지는 인권보호에 대한 중요성이다.

언론이든 수사기관이든 법원이든 인권보호는 민주주의 실현의 가장 기본적 필수사항이다. 그러나 노 전 대통령의 죽음은 전직 대통령에 대한 예우는커녕 매일같이 쏟아 내던 검찰의 과잉친절의 수사브리핑, 이를 확대, 왜곡하며 여론재판으로 낭떠러지로 몰고 간 언론의 합작품이다.

심지어 "논두렁에 박연차가 선물한 고급시계를 버렸다."는 언론보

도에 대해 노 전 대통령은 한없는 절망감과 인간적 좌절감을 느꼈다고 한다. 공영방송이라고 하던 KBS마저 관영방송으로 전락하여 검찰의 부당하고 불법적인 피의사실 공표에 대해 문제제기는커녕 확대 왜곡 재생산해 내는 데 보조를 맞췄다. 노 전 대통령 재임 때도 대통령을 인정하지 않던 조중동은 일일이 열거할 수 없을 정도로 물어뜯었다. 지나간 신문의 지면을 한 번 찬찬히 되돌아보기 바란다. 신문 지면 곳곳에 증오와 질시, 모욕주기식의 보도가 넘쳐났다.

김 전 대통령은 살아생전 공개하지 못했던 마지막 연설문에서 "노무현 대통령이 만일 그렇게 고초를 겪을 때 500만 문상객의 십분의 일이라도 그럴 수 없다, 전직 대통령에 대해 이런 예우를 할 수 없다, 증거도 없이 매일 신문에 발표해서 정신적 타격 주고 수치 주고 이렇게 할 순 없다고 50만만 그렇게 소리를 냈다면 노무현 대통령은 죽지 않았을 것입니다. 얼마나 부끄럽고, 얼마나 억울하고, 얼마나 이웃 사람들이 희생된 데 대해 가슴 아파하고……."

한국사회는 언론도 검찰도 전 대통령에 대해서는 가혹한 비난과 가차 없는 수사를 펼친다. 권력의 힘이 사라진 데 대한 분풀이라도 하듯이 최소한의 예우는커녕, 인권조차 무시하며 몰아붙인다. 현 대통령, 법무부 장관, 검찰총장 이들의 책임이 가볍지 않다.
세 번째 메시지는 민주주의는 피 없이 성취되지 않는다는 점의 역설이다.

노 전 대통령은 말이 아닌 몸으로 부엉이 바위에 자신을 던짐으로써 민주주의 제단에 자신의 붉은 피를 뿌렸다. 인권의 가치와 민주주의 절차의 중요성, 부당한 권력의 압제에 이 이상 강렬하게 응변할 수는 없다. 김 전 대통령은 '행동하는 양심'으로 표현했다.

"이것은 제가 마음으로부터 피맺힌 심정으로 말하는 것입니다. 행동하는 양심이 됩시다. 행동하지 않는 양심은 악의 편입니다. 독재자가 칼날을 휘두르면서 백수십 명 죽이고, 그렇게 얼마나 많은 사람 죽였습니까. 그런 것에 대해서 우리는 결코 그분들의 죽음에 보답하기 위해 우리 국민이 피땀으로 이룬 민주주의를 위해 우리 할 일을 다 해야 합니다. 행동하는 양심, 행동할 때 누구든지 사람들은 마음속에 양심이 있습니다."

양심적으로 행동한다는 것은 손해를 보고 피를 볼 수도 있다. 그러나 이런 희생 없이 소중한 민주주의는 성취되지 않는다는 역설이다. 고개를 숙여 전 대통령의 서거에 애도를 표하는 것만으로는 부족하다. 그들이 전하고자 했던 강렬한 메시지, 민주주의의 회복과 대한민국의 선진화를 위한 각자의 반성과 다짐, 각오가 있을 때 이 나라는 진일보할 것이다. 이 가운데 현직 대통령이 중심이 돼야 한다.

■ 2009년 8월 19일

신뢰 없는 소통, 변명 말고 정책으로 입증해야
[김창룡의 미디어창]

2009년 여름, 한국사회는 우울하다. 최상재 전국언론노동조합 위원장이 중범죄자라도 되는 듯 가족이 보는 앞에서 경찰에 의해 체포된 후 단식투쟁에 돌입했다. 미디어 법 통과 과정에 정치적 타협과 양보에 실패한 야당 국회의원들은 거리로 뛰쳐나갔다. 여당은 이들을 비웃지만 국민은 허탈하다. 대체 미디어 법이 무엇이기에 국회를 그 지경으로 만들어 우리를 국제사회 웃음거리로 만든다는 말인가. 국회의원의 실패는 대한민국의 실패요 국민의 좌절이다.

공영방송에서 쏟아지는 무한홍보

한국의 대표적 공영방송 KBS는 대통령의 라디오 연설을 통해 무한홍보, 무한광고의 기회를 선사했다. 이것도 부족해서 KBS는 한낮의 시사 프로그램이라는 곳에서 비슷한 메시지를 반복해서 들려줬다. '반복의 힘'을 권력은 믿더라도 공영방송이 그렇게 마당을 펴 주고 진행한다는 것은 시청자, 국민을 우롱하는 것이다.

"서민을 위하는 정책을 펴겠다.", "사교육 없는 세상 만들겠다." "입학사정관제로 시험 없이 대학 가도록 하겠다." 등등 모두 듣기 좋은 소리고 꼭 그렇게 되기를 간절하게 바란다. 여기에 어떤 이견 도 있을 수 없다. 그러나 이런 주장이 공허하게 들린다. 말 따로 정책 따로 '따로국밥'을 반복해서 보는 사이에 이제 기대도 희망도 접어야 하는 것이 아닌지 우울하다. 이명박 대통령은 취임 초에 '산업화' '민주화'를 넘어 이제 '선진화' 시대를 만들어야 한다는 국정지표를 내세웠다. 정말 옳은 방향이고 멋진 슬로건이었다. 이 것 역시 말 따로 행동 따로 나타났다. 뭘 모르는 것인지, 알면서도 이중행태를 보이는지 파악조차 어렵다.

▲ 이명박 대통령은 20회 라디오연설을 민경욱(사진 오른쪽) KBS 앵커와 대담형식으로 진행했다. ⓒ 청와대

선진화에 필수적인 절차적 민주주의가 곳곳에서 철저히 무시되

고 있기 때문이다. 그동안 여러 가지 사례를 열거할 필요 없이 현재 이 순간 벌어지고 있는 사례들을 보면 확연하다. 향후 MBC의 운명을 결정하게 될 방송문화진흥회 이사 및 이사장 선임이 벌써 내정됐다는 주장이 이민웅 한양대 명예교수 쪽에서 나왔다. 이 교수도 방송통신위원회 측의 사전권고로 지원했다는 점에서 현 정권의 우군 중의 한 명으로 이사장 후보 물망에 오른 바 있다.

한겨레 7월 28일자에 따르면, 이민웅 '공영방송 발전을 위한 시민연대' 공동대표는 27일 보도 자료를 내어 "방문진 이사 신청을 자진 철회한다."고 밝혔다. 이 대표는 "오늘 한나라당 국회의원으로부터 '최시중 방송통신위원장을 대신해 전달한다. 이번에는 아무래도 모 대학의 아무개 명예교수를 방문진 이사장으로 모실 수밖에 없다.'는 통보를 받았다."며 "(방문진 이사) 선임을 위한 공식 회의가 열리기도 전에 미리 선임이 결정된 것 같은 통보를 받는 이건 아니라고 생각했다."고 철회 이유를 밝혔다.

그의 주장이 사실이라면, 공모는 형식적 절차에 불과했고 최시중 방통위 위원장 손에서 이미 이사장, 이사 등이 모두 결정 난 셈이다. 민주주의의 절차적 정당성과 투명한 심사과정은 생략되고 밀실에서 몇몇이 모여 선택을 했다는 것이다. 그 기준이나 자격조건은 무엇이었을까? 이런 것이 이명박 정권이 기대하는 선진화된 대한민국인가? 이러고도 권력은 언론을 장악할 의도가 없다고 주장할 것인가? 이런 식으로 선정된 방문진 이사들의 첫 사명은 MBC의 소유구조를 바꿔 민영화시키는 것이다.

초법적 방통위의 MBC 손보기

한나라당이 그렇게 벌러 왔던 'MBC 손보기'가 최시중 방통위원장의 손에 의해 진행되는 것이다. '미디어 법 통과의 불법성 여부'에 대한 헌법재판소의 결정을 기다리지도 않고 일을 진행하겠다며 밀어붙이는 모습은 방통위가 이미 초법적 권력기구라는 사실을 선언한 셈이다. 민주주의의 선진화는커녕 시계 바늘을 거꾸로 돌리는 모습은 행정부 곳곳에서 확인된다.

국민을 위해 노심초사, 열심히 일하는 대통령이 국민으로부터 신뢰받지 못한다면 반복되는 라디오 정례회담 등 소통노력이 무슨 소용이 있는가. 패배자는 말로 자신의 행동을 변명한다. 성공한 대통령은 정책으로 자신의 말을 입증해야 한다.

■ 2009년 7월 29일

대운하 안 하는 것 맞나
[김창룡의 미디어창] 대통령의 화법과 리더십

이명박 대통령의 말을 두고 정치권은 물론 언론과 시민단체 등에서 상반된 해석과 평가를 내리고 있다. 어느 쪽이 더 정확한 진단을 내리는지는 오직 세월이 알려 줄 뿐이지만 사회적 중심의제에 논란만 키운다는 점에서 생산적이지 못하다.

이 대통령은 6월 29일 제18차 라디오 연설에서 "대운하의 핵심은 한강과 낙동강을 연결하는 것"이라면서 "정부는 그걸 연결할 계획도 갖고 있지 않고 제 임기 내에는 추진하지 않겠다."고 말했다.

이를 두고 유력 언론사들은 '대운하 포기선언'이라는 단정적인 제목을 달았다. 그러나 한겨레신문, 경향 등은 "MB '임기 중 포기' …… '구간운하' 의혹은 여전" 혹은 "'80% 운하 …… 국민 기만' 야당들 비판" 등을 부각시켰다.

시민단체인 운하백지화운동본부 명호 상황실장은 "대통령의 연설 내용은 명칭만 바뀌었을 뿐 사실상 운하인 4대강 사업은 여전히 계속하겠다는 것"이라면서 "실제로 운하사업을 중단하려한다면 4대강 사업에 투입되는 예산의 집행을 우선 중단해야 한다."고 주장했다.

경제정의실천시민연합도 논평을 내고 "사실상 대운하 사업을 포기한다는 진정성 있는 발언으로 선뜻 받아들이기 어렵다."고 밝혔다.

이 대통령은 라디오 연설을 통해 '임기 내 대운하 포기' 발언이 또다시 이런 논란을 가져올 것으로 예상했을까? 예상하지 못했다면 이 대통령의 화법 스타일이 믿음과 진정성을 회복하는 데 걸림돌이 되고 있음을 인식하지 못하고 있다는 반증이다. 예상하고도 이런 식의 발언을 강행했다면 이 역시 소통을 가로막고 나아가 대통령의 리더십에 상처를 주는 결과를 자초한 셈이다.

왜 대통령의 말이 신뢰의 상징이 되지 못하는가? 왜 대통령 화법의 진정성에 토를 달고 의문을 제기하는가? 무슨 말을 해도 '반대를 위한 반대' 세력은 어쩔 수 없다고 판단하고 있는 것인가?

대통령은 국민 전체를 아우르고 배려하는 화법을 구사해야 한다. 특히 부자들만 챙기고 서민을 홀대한다는 비판을 받는 대통령의 경우, 왜 '나의 진의가 제대로 전달되지 않는가'에 대한 근본 고민과 대응이 필요하다. 세 가지 관점에서 대통령의 화법은 국민에게 진의전달에 실패하고 있는 모습이다.

첫째, 절차와 과정의 정당성이 결과지상주의에 압도된 모습이다.

대운하를 하든 4대강 살리기를 하든 그것은 대통령이 선택하고 결정할 문제이긴 하지만 국민을 상대로 하는 국책사업인만큼 국민

을 향해 신뢰성 있는 정보를 공개하고 설득하는 과정을 갖는 것은 기본이다. '처음에 반대해도 만들어 놓으면 모두 좋아하게 될 것' '청계천의 사례를 보라. 초기 반대를 무릅쓰고 만들어 놓으니까 이렇게들 좋아하지 않느냐' 등의 과신이 자칫 상황을 악화시킬 수 있다. 이 대통령이 말한 것처럼 '국민이 원하지 않는다면 추진하지 않겠다'는 여론수렴 과정의 의사를 존중하는 모습이 필요하다.

둘째, 그럼에도 불구하고 여전히 의혹이 남는 것은 이 대통령의 말에 진정성이 결여된 것으로 보이기 때문이다.

취임 이후 이 대통령은 대운하와 관련하여 반복해서 논란과 불신을 스스로 키워 왔다. 이 대통령은 지난해 촛불사건이 났을 때 "국민이 원하지 않으면 운하를 추진하지 않겠다."고 말한 적이 있다. '대운하 포기'에 항상 조건이 붙었다. '국민이 원하지 않는다면' '내 임기 중에는……' 등. 가뜩이나 잔뜩 의심하고 있는 사람들에게 이런 식의 화법은 스스로 불신을 부르는 결과를 빚는다.

여기다 결정타를 한 방 더 먹인다. 이 대통령은 이번 라디오 연설에서 "…… 대한민국 미래를 위해 대운하가 필요하다는 믿음엔 지금도 변함이 없다. ……"라는 솔직한 심경을 밝혔다. 다만 임기 중에 추진하지 않겠다는 것이다. 생각해 보라. 현직 대통령이 이토록 대운하에 집착하고 있다는 것을 공개적으로 토로할 정도인데 주변의 각료들이 가만히 있을 수 있겠는가. 그래서 '4대강 살리기'가 사실상 '대운하'로 가는 이름만 바뀐 기초 작업이라는 심증을 더욱 굳게 만든다.

셋째, 이런 심증을 뒷받침하는 법과 제도가 연달아 나왔기 때문이다. 이 대통령의 '포기선언'이라는 말을 진정으로 받아들일 수 없는 현실적 법제가 강력한 위력을 발휘하고 있다.

시민단체들은 4대강 사업을 졸속적으로 추진하기 위해 예비타당성 조사를 면제할 수 있는 법 규정들을 서둘러 바꿨기 때문에 진정으로 사업을 포기하려 한다면 개정된 법 규정들을 원상회복시키라고 요구하고 있다. 이것은 타당한 요구로 이 대통령이 진정으로 자신의 말에 신뢰감을 부여하고 싶다면 '임기 내 ……' 등의 조건을 달 것이 아니라 관련 법 규정들에 대한 명쾌한 선언이 뒷받침돼야 한다.

4대강 사업에서 강바닥 깊이는 당초 4m에서 6m로 바뀌었고 6m는 2,500톤급 바지선이 다닐 수 있는 깊이이기 때문에 운하가 아니라는 정부의 설명이 납득이 가지 않는다는 주장은 여전히 유효하다. 수중보의 높이나 개수도 의문으로 남아 있다.

라디오 연설을 통해 이 대통령은 얼마든지 자신의 진정성을 설명할 수 있다. 그러나 발언을 할수록 의혹만 키우고 대운하 논란을 확산시킨다는 것은 대통령의 리더십을 약화시키는 결과가 된다. 대통령의 화법에 신뢰성과 진정성을 담보하기 위해서는 좀 더 치밀해져야 한다. 그리고 좀 더 단순, 간결해져야 한다. 감동과 설득은 대통령이 정직한 화법을 구사한다는 믿음이 가져오는 결과물일 뿐이다.

■ 2009년 6월 30일

"이런 뉴스 볼 때 기분은?"
[김창룡의 미디어창] 국민을 모독하는 최근 두 사건

　권력 주변을 서성거리거나 권력 한가운데 있는 사람들의 어법이나 행동은 종종 일반 시민들의 상식을 벗어나는 경우가 있다. 착각하거나 자기편의적인 해석과 언행으로 자신을 망치고 국민을 모독한다. "정치인은 언어를 강간한다."라는 말도 이런 배경에서 나온다.

　노무현 전 대통령의 친인척, 측근들의 부패, 비리 드라마가 검찰의 중계방송으로 연일 국민의 시선을 집중시키고 있다. 다른 국가주요 정책이나 사건은 대부분 무시되거나 잊힌 가운데 봉하마을이 2주 넘게 국가 주요 아젠다 첫머리에 올라 있다. 또다시 전직 대통령의 부패 비리를 접한 국민의 심란하고 낭패스런 심사에 불을 지른 사람이 있다. 참여정부 시절 대통령홍보수석비서관을 지낸 조기숙 이화여대 교수가 그 장본인이다. 그는 2009년 4월 23일 노무현 전 대통령 일가의 '박연차 게이트' 연루 사건을 '생계형 범죄'라며 노 전 대통령을 옹호했다. 조 교수가 한 라디오 방송사에 출연해서 한 말을 인용하면 이렇다.

"(노 전 대통령의 부인 권양숙 여사와 조카사위 연철호 씨가 박연차 태광실업 회장에게서 각각 100만 달러와 500만 달러를 받은 것으로 드러난 데 대해) 언론은 전두환, 노태우 전 대통령과 같은 선상에 놓고 보도를 하는데, '생계형 범죄'에 연루된 사람을, 권력을 동원한 '조직적 범죄'를 진두지휘한 사람과 같다고 말하는 것은 상식에 어긋나는 일이다. 엄연히 가족이라 하더라도 독립된 인격체이며 도덕적 책임을 느끼는 것에는 동의하지만 가족의 일에 대해 노 전 대통령이 법적으로 책임질 일은 없다고 생각한다(노 전 대통령의 친구인 정상문 전 대통령총무비서관이 공금 횡령 혐의로 구속된 데 대해서는). 노 전 대통령이 얼마나 재산이 없고 청렴했으면 참모가 안타까운 마음에 그런 일을 했겠느냐. 나도 정말 안타까운 마음"(동아일보 4월 24일자 인용, 편집).

조 전 수석이 이런 보도가 나간 뒤 '특별히 정정요청을 하거나 오해였다'는 주장이 나오지 않은 것으로 봐서 정확한 인용으로 간주해도 무방할 듯하다. 참여정부 시절 청와대 홍보수석을 지낸 마당에 이 정도 옹호도 할 수 없느냐는 항변은 '자기네끼리' 모여 있을 때는 가능할 수도 있다. 그런 의식과 말이 '바보 대통령'의 눈과 귀를 가렸다는 비판이 나오는 것과는 별개의 문제다. 그런데 이런 말을 방송사에 출연하여 공공연하게 주장한다는 것은 국민에 대한 예의가 아니다. 조 전 수석은 자주 '상식에 어긋나는 일' '몰상식한 일'이라는 식으로 상식을 거론하는데 '상식'마저 강간하는 것이 아닌가.

우선 대통령이 무슨 앵벌이도 아니고 대통령이 연루된 것으로 의심받는 사건에 대해 '생계형 범죄'라고 주장하는 근거가 무엇인가?

도대체 '생계형 범죄'의 정의를 무엇으로 규정하고 있는지 길거리 시민들의 상식을 물어보라. 재임기간 공직자 중 최고액의 봉급과 대우를 받고 퇴임 후에는 '전직대통령에 대한 예우'를 규정한 법에 따라 국민세금으로 봉급과 별도로 비서와 경호 등이 딸린 호사스런 예우를 받고 있는 것을 몰라서 그런 소리를 하고 있는 것인가?

"얼마나 재산이 없고 청렴했으면 참모가 안타까운 마음에 그런 일을 했겠느냐?"는 부분도 시민의 울화통을 뒤집어 놓는다. 이런 말은 자신의 일기장에 적어 놓을 수는 있지만 공개적으로 방송에서 떠들어 댄다는 것은 국민에 대한 예의가 아니다. 또한 노 전 대통령에 대해 '법적 책임은 없다'고 주장하는데 근거는 무엇인가? 주변 정황상 법적 책임이 있을 가능성이 높지만 이 역시 아직은 모른다. 검찰이 수사 중인 상황에서 '법적 책임 없다'는 식으로 말하는 것은 억지다. 법적 판단은 좀 더 지켜봐야 하지 않을까.

국민은 이런 소리까지 들어야 하는데 억장이 무너진다. 더 기분 나쁜 사건도 있었다.

교장, 교감의 인사권을 가진 현역교육감이 자신의 아들 결혼식을 맞아 관내 460여 개 초중고와 유관기관에 수천 장의 청첩장을 뿌린 사건이다. 청첩장을 뿌린 이유가 기가 막힌다. "청첩장을 누구에겐 돌리고 누구는 뺄 수 없어 전체 교장·교감에게 일괄적으로 우송했고(직원 동원에 대해선), 희망자에 한해 결혼식에 나와 돕도록 했다."고 해명했다(한겨레신문 4월 25일자).

한겨레에 따르면, 나근형 교육감은 4월 26일 오후 인천 답동성당에서 큰아들 결혼식을 맞아 최근 시교육청 산하에 있는 460여 개 초·중·고교 교장과 교감 전원, 교육과학연구원 등 산하 15개 기관장 등 간부 전원에게 청첩장을 배포했다. 본청과 5개 지역 교육청 5급 이상 교육공무원 170여 명과 지역 내 각계 인사, 학원연합회 등 유관 단체 등에도 무더기로 배포했다고 한다. 여기다 하객이 많이 몰릴 것으로 예상해 본청 총무과 직원 42명 전원을 결혼식장에 보내 안내와 축의금 접수 등을 하도록 지시한 것으로 알려졌다. 나 교육감은 2007년 9월 둘째 아들 결혼식 때도 청첩장을 무더기로 뿌려 논란을 산 바 있다. 나 교육감은 2001년 이래 인천시교육감에 재임해 왔고 오는 7월 15일 임기를 마치고 퇴임하며, 내년 5월 치를 인천시 첫 직선 교육감 선거에 출마하겠다는 의사를 밝혀 왔다고 한다.

나 교육감같이 공사 구분 제대로 못 하는 교육수장 밑에서 일선 교장, 교감들이 학교 행정을 어떻게 할 것인지 미루어 짐작이 간다. "청첩장을 누구에게는 돌리고 누구에게는 돌리지 않을 수 없어 관내 전 학교에 뿌렸다."는 해명을 들어 보라. 만약 이런 논리라면 나 교육감 같은 사람이 대통령이 되면 전 국민을 상대로 청첩장을 돌리지 않겠는가.

경제가 어렵고 학교마다 잔무도 많다는데 교육감이란 사람은 여기저기 청첩장 돌리는 데 앞장서고 자기 직원을 사적인 일에 동원하는 구시대적 작태가 버젓이 일어나는 데 앞장서고 있다. 반복되는 이런 구태의 중심에 선 나 교육감이 어딘가 믿는 구석이 있으니 이런 비교육적인 일을 버젓이 하고 있다.

도시의 이미지와 품격은 하루아침에 만들어지지 않는다. 함량미달의 교육감이 설쳐도 견제가 없는 곳, 시의원들의 저질, 폭력행사가 예사로 일어나는 곳, 국회의원의 부패비리가 끊이지 않아 사법처리를 당하지만 또다시 그런 인사가 뽑히는 곳, 지겹고 부끄럽지 않는가? 시민, 국민 노릇 하기도 쉽지 않다.

교육이라는 공통의 분모를 갖고 있지만 정치권에 몸담은 정치인들, 일상의 대화법을 잃어버리고 자의적이고 편의적인 언행으로 국민에게 부담을 주는 사람들, 이들에게 버나드 쇼의 말을 다시 한번 선사한다.

"어중간한 능력을 가진 사람은 자신의 직책을 자랑하고 능력이 뛰어난 사람은 직책이 거추장스럽고 능력이 없는 사람은 그 직책을 망친다."

■ 2009년 4월 26일

'설마' 했다. 그럴 리는 없을 것이라고 했다. 아무리 이명박 정부의 신뢰가 바닥에 떨어졌다고 해도 무고한 국민의 죽음을 정권홍보에까지 악용할 정도로 부도덕한 권력이라고 믿고 싶지는 않았다.

그러나 이런 최소한의 믿음조차 배신하는 청와대의 거듭된 거짓행각은 '경악'이라는 말 외는 표현할 길이 없다. 아무리 타락한 권력이라 하더라도 연쇄살인마에 의한 참담한 죽음을 정권홍보에 이용할 줄은 상상할 수 없었다. 더욱 놀라운 것은 이런 엄청난 잘못을 한 개인의 잘못으로 돌리고 권력은 커튼 뒤에 숨어서 여론만 살피고 있는 모양새다. 국민을 상대로 한 번만 거짓말을 해도 대통령이 나서서 사과해야 할 사안인데 그것도 무려 7번이나 하다니. 이명박 대통령은 무엇으로 또다시 변명할지 참담하다.

경향신문(2월 14일자) 보도에 따르면, 이 정부는 국민을 상대로 총 7번 거짓말한 것으로 보인다. 첫 번째 거짓말은 지난 2월 3일 청와대 국민소통비서관실 이성호 행정관이 경찰청 홍보담당관에게

"용산사태에 대응하기 위해 군포연쇄살인사건을 적극적으로 홍보하라."는 이메일을 보낸 후 경찰청에서 나왔다. 경찰청은 9일 "금년 소통비서관실에서 공문이 접수된 사례 없음."이라고 답변했다는 것이다.

두 번째 거짓말은 11일 국회 긴급 현안질문에서 한승수 총리가 "청와대에서 무슨 메일이 갔는지 모르지만 알아보겠다."고 답변한 것이다. 민주당 김유정 의원이 한 총리에게 '문건 실체'에 대해 질문했는데, 답변한 내용을 보면 '메일'을 운운하고 있다. 커뮤니케이션의 원리로 보면 한 총리는 이미 이때 상황을 파악하고 있었던 것으로 해석된다. 그렇지 않으면 이렇게 묻지도 않은 '메일'을 운운하며 답변할 수가 없다. '모른다'고 한 것도 거짓말이다.

세 번째 거짓말은 11일 총리가 답변한 날 저녁 다시 경찰청 홍보담당관실에서 나왔다. '사실무근'이라고 답변했다. 불과 이틀 뒤에 드러나는 거짓말을 '사실무근'이라고 답변했다. 이틀 뒤에 "개인메일을 아이디어 차원에서 받았다."고 실토하게 된다.

네 번째 거짓말은 12일 오후 다시 청와대 대변인실에서 나왔다. 청와대는 "공문을 경찰청에 내린 바 없다."고 답변한 것이다.

다섯 번째는 같은 날 다시 경찰청 홍보담당관실에서 "이메일이나 전화도 받은 적 없다."고 청와대와 마치 짠 듯이 입을 맞췄다.

여섯 번째는 다시 청와대 관계자가 "국민소통비서관실 행정관이 경찰청 관계자에게 개인 아이디어 전달과정에서 빚어진 일"이라고 설명했다. 이날 비로소 '이메일 형태'로 지시한 것을 실토했지만 내용은 '아이디어 차원' '개인 차원'을 강조했다.

이런 해명은 손바닥으로 하늘을 가리는 행위다. 청와대의 국민소통비서실에서 경찰청 홍보담당관실이라는 공조직과 공조직 간의 메시지 전달행위를 개인 차원, 아이디어 차원이라고 변명하는 것은 궁색할 뿐만 아니라 국민 누구도 믿지 않는다. 이 정부는 과거에도 청와대 김은혜 부대변인이 공식 답변을 냈다가 불리하다 싶으면 즉각 '개인 차원'이라는 식으로 말 바꾸기를 시도했다.

일곱 번째 거짓말은 13일 경찰청에서 피날레를 장식했다. 청와대의 지시라도 받은 듯 "개인 메일로 아이디어 차원에서 받은 적 있다."고 시인한 것이다. 경찰청의 말이 사실이라면 왜 처음부터 아이디어 차원에서 받은 적 있다고 솔직하게 알리지 못했을까? 원래 아이디어 차원이라는 말이 성립되려면 청와대 국민소통비서관실 내부에서 논의된 사항에 한정돼야 한다. 그러나 일단 경찰청이라는 하부기관으로 전달됐다면 더 이상 '아이디어' '개인' 차원을 운운할 수가 없다.

청와대와 경찰청은 반복해서 거짓말과 궁색한 변명으로 일관했다. 이명박 대통령이 강조한 '국민을 섬기는 자세'라고는 도저히 받아들일 수 없다. 말로는 국민을 섬기고 틈만 나면 '거짓말과 변명'으로 일관하는 이런 부도덕한 정부를 누가 믿을 것이며 누가 지지할 것인가.

취임 전에도 온갖 위장전문가라는 비판을 받은 이명박 대통령은 취임 이후에도 달라진 것 없이 국민을 상대로 위장과 거짓말, 은폐를 반복하고 있다는 비판을 어떻게 해명할 것인가? 믿을 수 없는 대통령을 바라보고 있는 국민은 불행하다. 아무리 경제가 어려워도 신뢰할 만한 지도자라면 희망이 있다. 국민을 상대로 사기 치는 짓은 중단하라. 사기당하는 국민 심정을 헤아려 달라는 것도 과도한 요구인가?

■ 2009년 2월 14일

이명박 정부가 언론계 빅뱅(Big Bang)을 본격화하기 시작했다. 신문·방송 겸업 허용, 민영 미디어렙 도입, 대기업 케이블방송 소유제한 철폐, 언론소비자 주권운동 사법처리 등등 하나하나가 굵직한 현안이지만 이 과정에서 대화는 사라지고 일방적 밀어붙이기식 언론정책이 현업 언론인들을 벼랑 끝으로 몰아가고 있다.

물론 공청회 등을 시도했지만 제대로 열리지도 못했다고 한다. 그 진정성을 의심받고 있기 때문에 '형식적인 공청회는 필요 없다'고 판단한 것으로 보인다. 그렇다 하더라도 좀 더 치열한 토론을 통해 정책집행 과정의 중요성을 존중하며 인내심을 보여야 할 행정부가 현업 언론인들로부터 배척받는 현실은 안타깝다.

미디어오늘에 따르면, 새 언론포럼 전국언론노동조합 한국기자협회 등 11개 언론현업단체와 언론인 단체로 구성된 '국민주권과 언론자유 수호를 위한 대한민국 언론인 시국선언 추진위원회'는 9월 22일 서울 태평로 한국 언론회관 앞에서 기자회견을 열어 이명박 정부의 언론자유 탄압을 규탄하며 언론인 시국선언을 위한 서명운동에 돌입한다고 밝혔다.

이들은 "이명박 정권은 국민 주권을 유린하는 신공안정국 조성과 언론자유 탄압 행위를 즉각 중단하라."고 요구한 것으로 보도됐다. 이명박 정부의 언론정책에 대해 '언론자유 탄압' 행위로 규정하고 서명운동에 돌입하도록 한 것은 소통부재의 시대를 실감케 한다.

국민과의 소통문제로 두 차례나 '뼈를 깎는 반성'을 한 이명박 정부의 소통문제는 이후에도 별로 달라지지도 나아지지도 않은 것 같다. 신문·방송 겸영 허용문제는 언론계의 찬반이 분명히 나누어져 있기는 하지만 허용 조건의 구체성과 단계별 허용 등의 청사진 등에 따라 논의가 더 진전될 가능성도 열려 있다. 물론 무조건 반대만 하는 것도 능사는 아니다. 그렇다고 해서 '반대를 위한 반대'로 치부하고 일방적으로 몰아붙일 때 과연 의도한 성과를 거둘 수 있을 것인가.

민주주의 사회에서 주요한 정책결정에는 시간이 걸리는 법이다. 향후 신방 겸영 허용 문제만 하더라도 신문법, 방송법 등 법 개정을 해야 하는데 초기 단계부터 이처럼 언론협업인들의 조직적인 반발에 부딪힐 경우 엄청난 사회적 비용을 지불해야 할 것이다. 민영미디어 렙 문제 역시 충분한 논의와 공감대 형성 과정 없이 일방적으로 추진되고 있다.

시국선언문에서 언론인들은 "△ 청와대와 문화체육관광부, 한나라당, 방송통신위원회가 공론화하고 있는 신문·방송 겸업 허용을 비롯한 신문법 개정과 MBC·KBS2 민영화, △ 대기업의 지상파방송·종합편성·뉴스전문채널 허용 확대추진 등에 대해 '현 정권의 장기집권 가도를 열어 줄 재벌방송과 조중동 방송 만들기를 위한 미디어지형의 전면 개편 시나리오'"라고 규정하며 규탄에 나섰다.

이들의 이런 주장이 사실이 아니라면 이명박 정부는 큰 오해를 받고 있는 셈이다. 그 오해는 이 대통령의 지지도를 추락시키고 정책을 신뢰하지 못하도록 하는 괴력을 발휘하게 될 것이다. 사실이라면 국가의 언론정책이 특정 언론집단이나 정치집단을 위해 추진되고 변경되는 결과로 묵과할 수 없는 일이다. 어느 경우든 정책추진, 입안 부처에서 여론을 수렴하고 최대한 반영하려는 노력과 함께, 오해 부분에 대해 자세한 설명과 홍보 등 절차를 준수해야할 책임이 있다.

참여정부 후반기에 '취재지원선진화 방안'이라며 느닷없이 기자실에 대못질을 하며 언론인들을 밖으로 내쫓으려 했던 적이 있다. 이름만 '취재지원 선진화 방안'이었을 뿐 국정홍보처와 청와대가 일방적으로 기자실을 폐쇄하려던 졸속 행정으로 끝나고 말았다. 기자실 개선도 못 하고 '선진화'는 흔적도 없이 사라졌다. 대못질을 하던 국정홍보처가 거꾸로 사라지는 비운을 맞았다.

국가 정책을 일방적으로 집행하던 시대는 지났다. 시위는 최후의 저항수단이다. 전·현직 언론인들 그것도 11개 언론단체로 구성된

이들의 절박한 목소리를 외면하는 것은 최후의 저항수단마저 무시하는 권위주의 행정으로 더 큰 반발을 초래하게 될 것이다. 행정이란 목적이 옳고 필요하다고 해서 과정을 적당히 해도 되는 것이 아니다. 서비스 정신이 없는 행정은 무모하고 무분별한 졸속행정으로 끝났다는 것이 역사의 교훈이다. 서비스의 첫출발은 대화의 채널을 가동하는 것이고 이것이야말로 진정한 소통의 시대를 열게 될 것이다. 또다시 소통 탓을 하는 우를 범하지 않기를 간절히 바란다.

■ 2008년 9월 22일

이명박 대통령의 경박한 설화(舌禍)는 심각한 수준으로 치닫고 있다. 그 사례가 잦고 정도가 심하여 단순 실수로 넘어갈 수 있을지 의문이다. 오죽하면 정계를 스스로 물러난 김용갑 전 한나라당 의원조차 "노무현 전 대통령은 그래도 생각은 하고 말하는데, MB는 생각 없이 말을 하고 있다."고 개탄했을까.

이번에 문제가 된 이 대통령의 말실수는 국민을 희롱하고 자신의 사과는 진정성이 없었다는 점을 스스로 고백하고 있다. 뒤늦게 언론을 통해 알려진 이 대통령의 말실수는 2008년 8월 12일 '건국 60년' 기념 국외 이북도민 초청간담회의 인사말 도중에 나왔다.

그 내용은 "여러분께서 귀국하기 전에 한국에서 미국산 쇠고기 사태로 난리가 벌어졌다는 얘기를 듣고 걱정을 많이 하셨겠지만 너무 걱정할 필요 없다. 시위한 사람들은 미국에서 공부하고, 미국산 쇠고기를 먹던 사람들"이라며 "자녀들도 미국에서 공부시키고 있다."고 주장했다는 것이다. 특히 이 대통령은 "시위를 한 사람들이 미국산 쇠고기가 수입되면 먹을지 안 먹을지 모르겠는데, 아마 내 생각에는 먹지 않을까 싶다."고 말했다고 한다.

'시위한 사람들이 수입 미 쇠고기를 먹을 것'이라는 이런 주장이 문제가 될 것으로 보이자 청와대는 '풀 기자단(대표로 취재하는 기자)'에 문제의 발언 부분을 뒤늦게 빼 달라고 요청했다고 한다. 이를 거부하자 풀 기자가 취재해서 전달한 자료에서 임의로 이 대통령의 발언을 삭제하는 저돌성을 보였다고 한다.

이 대통령의 이런 발언은 지난 6월 19일 졸속 미 쇠고기 협상에 대한 국민의 성난 민심을 달래기 위해 특별기자회견을 통해 고개를 숙이며 '뼈저린 반성'을 하던 모습과는 대조적이다. 당시 이 대통령이 국민과의 소통에 실패를 자인하며 국민에게 사과한 것이 '진정성 있는 사실'이었다면 지금의 이런 말장난은 거짓이 된다. 거꾸로 '시위한 사람들이 수입 미 쇠고기 먹을 것'이라는 식으로 비아냥한 말이 이 대통령의 믿음에서 나온 말이라면 과거의 사과는 마음에도 없었던 거짓 쇼에 불과했다는 것이 된다.

사안의 성격과 말의 내용으로 봐서 과거의 사과도 사실이었고 지금의 비아냥도 사실이라는 식은 성립될 수가 없다. 이 자리에서 일일이 열거하기 힘들 정도로 그동안 이 대통령은 말실수 때문에 곤혹스런 상황에 빠진 적이 한두 번이 아니다.

김현 민주당 부대변인은 13일 "이 대통령은 막말로 국민을 폄훼하지 마라"는 제목의 논평을 내고 "이명박 대통령은 국정 최고 책임자다. 생각나는 대로 불쑥 내뱉는 말 한마디에 국론은 분열되고 갈등은 커져만 가고, 대한민국은 세계적인 망신을 자초할 뿐"이라며 "이 대통령은 개구즉화(입만 열면 설화를 일으킨다.) 하시지 마라."고 꼬집었다.

이 대통령이 뛰어난 업적과 신망으로 국민의 선택을 받은 대통령임을 그 누구도 부인하지 않는다. 그러나 그의 집권성공의 이면에 노무현 전 대통령의 말실수도 크게 한몫했음을 잊어서는 안 된다. 그것이 국민의 '묻지 마 투표행태'로 이어졌고 한국선거사상 유례가 없는 2007년 대선이 되고 말았다. 집권 이후 짧은 기간에 반복되고 있는 이 대통령의 말실수는 단순 실수가 아닌 사고방식 자체에 문제가 있는 것이 아니냐는 근본적인 의문을 갖게 한다. 이번 말실수는 과거와 달리 세 가지 점에서 더욱 문제를 심화시킬 것으로 보인다.

첫째, 자기 말을 자기 스스로 부정하는 식이어서 이 대통령에 대한 신뢰성과 권위에 치명상을 입혔다. 대통령에게 절실한 신뢰회복을 더 어렵게 만들었다. 필요하면 '뼈를 깎는다'며 반성하고 얼마 못 가서 똑같은 사안에 대해 표정 바꿔 '시위한 사람들도 미 쇠고기를 먹을 것'이라고 조롱하는 말투는 이 대통령 지지자들조차 어리둥절하게 만든다.

둘째, 이 대통령의 말실수가 반복되는 바람에 이제 실수가 실수로 받아들여지지 않고 그의 능력, 사고방식, 진정성에 의한 의구심으로 바뀌고 있다는 점이다. 베이징올림픽 경기장에서 태극기를 거

꾸로 들고 응원한 단순한 실수조차 너그럽게 넘어가지 않고 대통령을 펌훼하는 지경이 됐다. 대통령의 사소한 말실수에 일일이 감정적으로 대응하는 것도 온당한 일이 못 된다. 그러나 그 내용이 국민을 비아냥하는 것이라면 이것은 거꾸로 대통령이 조롱당할 거리를 제공하는 셈이 된다. 대통령 한 사람과 한 줌의 측근들이 다수의 국민을 상대로 이길 수는 없는 법이다. 겸손하지 못한 권력의 오만이 사소한 실수를 치명적 자충수로 키우고 있는 셈이다.

셋째, 생각 없이 말을 내뱉었다가 문제가 되면 언론을 통제할 수 있다는 사고방식이다. 이 대통령과 그 측근들은 대통령이 구설에 오를 만한 언행만 하면 편집국장에게 전화하고 풀 기자의 기사를 임의로 삭제하고 오프더레코드(보도 불가)를 남발하는 식으로 대응해 왔다. 앞으로 KBS와 MBC에 최측근의 사장을 앉히더라도 이런 식의 언론통제로 대통령의 부적절한 언행의 노출을 막지 못할 것이다. 무리수를 둘수록 국민과는 멀어지고 불신과 허위의 늪에 빠지게 될 것이다.

경박하고 정제되지 않은 말로 집권 내내 구설에 휘말렸던 노무현 전 대통령, 국민의 기대와 요구를 외면하며 '회전문 인사' '보은 인사'를 고집했던 노 전 대통령의 '묻지 마' 인사정책을 탓할 자격이 있는지 모르겠다. '베스트 오브 베스트'라고 입에 웃음을 흘리며 가늘게 뜬 눈으로 첫 조각품을 내세웠다가 국민적 망신을 자초했던 이 대통령 역시 '회전문 인사'를 보란 듯이 되풀이하고 있다. 말실수를 마치 경쟁하듯이 거듭 반복하고 있다. 경찰력과 검찰력을 동원해서 방송사와 그 제작진을 압박하는 후진행태는 역사의 시계를 거꾸로 돌려놓고 있다. 집권당으로 변신한 한나라당은 과거에 했던 말들을 바꿔 합리화에 여념이 없다. 야당으로 전락한 민주당의 무력한 대응은 국민적 관심조차 받지 못할 수준이다.

이 대통령의 독주, 독단에 브레이크가 없다. 폴리널리스트, 폴리페서 참모들의 견제, 비판 없는 집권체제 시스템에 국민적 배신감과 실망감만 늘어나고 있다. 결자해지, 대통령이 거듭나지 않으면 개선될 것은 없다. 이를 진언할 수 있는 참모는 어디에 있을까?

■ 2008년 8월 14일

[
순진한 건지 뭘 모르는 건지……
[김창룡의 미디어창] 유인촌 장관 '조선일보 위문' 논란
]

유인촌 문화체육관광부 장관이 지난 6월 27일 조선일보를 방문해 촛불집회로 인한 피해에 대해 유감의 뜻을 전달한 것으로 '미디어오늘'은 확인, 보도했다. 미디어오늘(6월 30일자)에 따르면, 유 장관은 이날 조선일보를 비공식적으로 방문해 "정부가 쇠고기 수입 문제를 제대로 처리하지 못해 언론사 규탄으로 이어지게 만든 점은 매우 유감"이라며 위로한 것으로 전했다.

유 장관은 촛불집회 참가자들에게 봉변을 당한 조선일보를 비공식 방문해 "정부가 미국산 쇠고기 수입 문제를 제대로 처리하지 못하고 언론사 규탄으로 이어지게 만들어 유감"이라는 뜻을 전했다는 것이다. 유 장관은 이어 동아일보도 방문할 예정이었지만 신문사 사정상 방문하지 않았다고 한다.

유 장관의 유감 표명은 지난달 26일 밤 촛불집회 참가자들이 조선일보 등의 보도에 강하게 항의하며 조선일보와 동아일보 사옥 앞에 먹다 남은 컵라면 쓰레기 등을 쌓아 두고, 신문사 현판을 떼

어 낸 일에 대한 것이라고 한다. 경향신문(7월 1일자)은 유 장관을 만난 후 방문한 이유에 대해 이렇게 보도했다.

"언론정책 주무장관으로 신문사가 그렇게 피해를 입었다는 얘기를 듣고 마음이 아파서 그냥 있을 수 없었다. …… 개인적인 판단이었다(동아일보를 방문하지 않은 것은). 그날 시간이 너무 늦었고, 마침 회장도 해외에 나가 있어서 다음에 가 보겠다고 했다. 경향신문이 그런 일을 당해도 찾아갈 것이다. 물론 경향신문이 그런 일을 당할 일은 없겠지만 ……."

피해를 당한 사람을 찾아가 위로하고 사과하는 일 자체를 탓할 필요는 없다. 사과하는 데 인색한 한국사회에서 장관이 그 대상이 누구든 찾아가 머리를 조아리고 위무하는 것을 타박할 일은 아니다. 그러나 그런 장관의 언행은 진중해야 하며 공공성과 정당성, 적절함 등을 반드시 갖춰야 한다.

유 장관이 조선일보를 찾아간 데 대해 논란은 있을 수 있다. 각자의 입장에 따라 평가가 달라질 수 있다는 점을 인정한다. 그러나 유 장관의 언론사 방문과 사과는 적어도 몇 가지 관점에서 문제가 있고 오해의 소지가 있어 부적절한 행동으로 비친다. 먼저 공공성의 관점에서 따져 본다.

조선일보는 공공적 성격이 강한 언론사이긴 하지만 사기업일 뿐이다. 물론 사기업이라고 하더라도 피해를 당했다면 위로받고 사과받는 것은 당연하다. 그러나 사과란 가해자 측이나 재산보호에 일

차적 책임이 있는 주무부처로부터 나오는 것이 순리다. 또한 언론 자유 수호와는 아무 관계없는 우발적이고 단순한 물적 손실일 뿐이다. 유 장관이 나서야 할 이유가 없다.

▲ 유인촌 문화체육관광부 장관. ⓒ 미디어오늘

공영방송 KBS가 신나통을 든 시위대들로부터 겁박을 받았다고 해서 유 장관이 KBS를 찾아가 사과했다는 뉴스는 듣지 못했다. '개인적 판단'이었다고 하지만 장관의 개인적 판단은 자신의 집안 행사 테두리 안에서나 인정받을 수 있다. 장관이 공공성이 강한 공적 행위를 하면서 사사로운 개인적 판단을 내세우는 것은 정당성을 인정받기 힘들다.

유 장관이 조선일보를 찾아서 유감을 표명한 것은 과연 정당한가? 현재 촛불집회로 인해 조선, 중앙, 동아 소위 조중동과 한겨레,

경향의 대립은 첨예한 양상으로 나타나고 있다. '미디어와 미디어의 전쟁'이라는 표현까지 나올 정도로 민감한 시기에 주무부처 장관이 특정 신문사를 찾아가 위로하는 것은 '편들기' 오해를 받을 수 있다.

동아일보는 회장님이 계시지 않아 방문하지 못했다고 하니 향후 동아일보도 방문할 것으로 보여 '확실한 내 편 챙기기'로 비칠 가능성이 다분하다. 공정하고 투명한 언론정책을 집행해야 할 유 장관이 편향된 자세로 비치게 되면 장관직 수행에 큰 어려움을 겪게 될 것이다.

더구나 유 장관은 이명박 정부의 공식 대변인 신분이라는 점에서 이명박 대통령의 메신저, 대리인 역할로 비쳐 향후 언론정책 추진에 편향성과 불공정성을 초래할 소지도 보인다. 이 정도의 일로 조선일보를 찾아가 머리를 조아리는 행태에 대해 조선일보 식구 외에 얼마나 많은 시민들이 정당성을 부여할지 의문이다. 폭력집회에 나선 일부 사람은 제외하더라도 촛불집회로 인해 피를 흘린 무고한 부상자들을 먼저 위로하는 것이 소위 '시민을 섬기는 일'이 아닌가.

마지막으로 유 장관의 이번 행동은 적절하지 못하다는 평가를 받게 될 것이다. 유 장관에 대한 언론보도를 보면 상황의 본질을 정확하게 파악하지 못하고 있는 것 같다. 그는 '정부가 미국산 쇠고기 수입 문제를 제대로 처리하지 못하고 언론사 규탄으로 이어지게 만들어 유감'이라는 의견을 표명했다고 한다. 정부가 미국산 쇠고기 수입 문제를 제대로 처리하지 못한 것은 옳은 지적이다. 그러나 그것이 바로 언론사 규탄, 즉 조중동 규탄으로 이어진 것은 아니다.

조중동은 미국산 쇠고기 수입 문제, 광우병의 위험성 등에 대해 '위험하다' '안전하다' 등 말을 바꿔 언론단체로부터 이미 여러 차례 지적을 받았다. 이 대통령이 국민과의 소통에 '실패'한 데 대해 사과까지 한 이면에는 국민과의 소통을 방해한 조중동의 역할도 간과할 수 없다.

촛불을 든 일반 시민을 '친북세력' '반미주의자' '좌파' 등으로 매도했기 때문에 시민들로부터 규탄을 받은 것이다. 가만히 있는데 왜 시민이 항의하고 광고 불매에 나섰겠는가. 조중동은 대다수 무고한 시민들을 향해 부당한 왜곡보도를 한 가해자였기 때문에 저항에 직면하게 된 것이다. '언론사 규탄'이라고 일반화시켜서도 안 된다. 조중동만이 규탄받고 있고 그런 이면에 상당한 이유가 있기 때문이다. 유 장관이 나서서 대신 사과한다는 것은 부적절할 뿐만 아니라 호응도 받을 수 없는 사안이다.

이미 유 장관은 장관 후보자 시절, 지난 2월 27일 이른바 '배용준 발언'에 대해 "앞으로는 언행에 주의하겠다. 국민에게 죄송한 마음을 갖고 있다."고 공식 사과한 적이 있다. 국회 문화관광위 인사청문회에서 한나라당 이재웅, 심재철 의원이 "유 후보자의 발언으로 국민이 굉장히 마음 아파하고 있다. 서민의 마음을 배려할 공직자로서 적절한 발언이었는가?"라고 지적하자 이같이 답변한 것으로 알려졌다.

'배용준 발언'은 유 후보자가 한 언론과의 인터뷰에서 "재산이 너무 많은 것 아니냐?"는 질문에 "배용준을 봐라. 내가 배우 생활 35년을 했는데 그 정도 벌 수 있는 것 아니냐?"고 말한 내용이다.

유 장관은 자신의 발언 때문에 이미 사과하며 "앞으로 언행에 좀 더 유념하겠다."는 다짐까지 했다. 장관의 사과가 잦으면 임명 권자에게 누가 되는 법이다. 또한 스스로 권위와 신뢰를 잃게 되는 자충수가 된다. "자리에 연연하지 않겠다."는 말도 흘러나왔다. 유 장관은 자신의 언행을 다시 한 번 되돌아보기 바란다.

■ 2008년 7월 1일

'떡값' 용어 이대로 문제없나
[김창룡의 미디어창] 외국에서 한국을 비웃고 있는데……

때 아닌 '떡값'이 논란이 되고 있다. 떡값검찰, 떡값검사, 떡값판사, 삼성떡값, 떡찰……. 떡값이 진화했는지 변칙적으로 조합하는지 사전에도 없는 용어가 언론에 무시로 사용되고 있다. 급기야 미국의 뉴욕타임스(NYT. 2007년 11월 13일자) 같은 신문에서도 한국의 떡값을 'rice cake expenses'로 번역해서 기사화했다.

뉴욕타임스는 '떡값'이란 용어를 직역해 봐야 미국 독자들이 이해하기 힘들 것 같아서 의역한 것이 바로 '뇌물 스캔들'로 표기한 것이다. 현재 한국 언론에서 사용하는 '떡값'이라는 의미는 미국에서 정확하게 '뇌물의혹자금' 식으로 번역된 것이다.

떡값이란 의미를 정확하게 이해하기 위해 국어사전, 백과사전을 뒤진 결과 다음과 같은 설명에 접할 수 있었다. 떡값이란,

① 떡을 사거나 만드는 값.
② 설이나 추석 때 명절 이바지로 직원들에게 특별히 주는 돈. ¶~

을 주다. ~을 받다.

③ 공사 입찰 따위에서, 담합하여 낙찰된 업자가 관련 업자에게 나누어 주는 돈.

이런 설명을 바탕으로 현재 논란이 되고 있는 '삼성떡값, 떡값검찰' 등을 해석하려 했지만 쉽게 이해가 되지 않는다. 삼성이 언제부터 검찰을 (삼성)직원으로 생각하고 추석 명절 때 돈을 줬다는 것인지 혹은 검사들이 무슨 입찰에 참가했을 리도 없기 때문에 사전적 설명이 되지 않는다. 사전에 다시 '떡값검찰' 등을 찾아보지만 그런 용어는 찾을 길이 없다.

그런데 한국 언론은 왜 '떡값검찰' '삼성떡값'이라는 용어를 무분별하게 사용하고 있는가? 삼성이나 검찰이나 이런 용어에 대해 부적절하고 불쾌하게 생각하고 있을 텐데……. 설혹 정치인이나 일부 검사, 당사자가 그런 표현을 동원해도 언론에서 바로잡아 줘야 하는 것 아닌가.

더구나 한 번에 최소 5백만 원 단위에서 기천만 원을 오르내리는 그런 떡값이 한국에도 존재하는가? 언론은 이런 용어 사용에 별 문제가 없다고 매번 '떡값' 표현을 반복하고 있는지 의문이다.

저널리스트의 중요한 역할 중의 하나가 가장 정확하고 적절한 용어의 선택이다. 실제로 그런 액수의 돈이 당사자 간에 오고 갔는지 알 수 없고 서로 주장이 맞서 있어 결론을 내릴 단계가 아니다. 법적으로 결론을 내리는 것은 언론의 일이 아니고 법원의 권한이

다. 그러나 이런 과정과 주장을 정리하여 전달하는 과정에서 용어를 선택하고 국민에게 이해시키는 역할은 언론의 고유권한이다.

현직 국세청장이 구속되면서까지 6천만 원 수수에 대해 처음에 '받지 않았다'고 했다가 '상납관행'이라고 주장했다. 뇌물이 아니라 부하직원의 선의에서 나오는 촌지선물로 여겼다는 것이다. '떡값' '상납관행' 등의 용어는 당사자가 주장할 수 있지만 중립적인 위치의 언론은 이 용어를 그대로 사용해서는 안 된다. 마치 경찰이 보도 자료를 만들어 '쓰레기 만두'라는 표현을 사용한 것을 그대로 따라 사용해서는 안 되듯이. 언론이 뒤늦게 '불량만두'라고 표현했지만 이미 선의의 피해자들의 피해는 되돌릴 수 없을 정도였다.

뉴시스는 뉴욕타임스의 떡값 관련 기사를 이렇게 소개했다.

"뉴욕타임스는 13일(현지시각) A섹션 3면 톱으로 '한국 관리들 광범위한 뇌물스캔들 연루' 기사를 싣고, 일파만파로 커지고 있는 삼성스캔들과 수뢰 혐의를 받고 있는 전군표 전 국세청장과 정윤재 전 청와대 의전비서관, 변양균-신정아 스캔들, BBK 문제로 의혹을 받는 이명박 후보까지 총체적으로 다뤘다. 타임스는 김용철 전 삼성그룹 법무팀장의 비자금 의혹 폭로는 한국 정부와 기업의 '뇌물고리'가 얼마나 광범위하게 얽혀 있는지 말해 주고 있다고 보도했다."

주목할 점은 떡값이란 용어가 '뇌물 스캔들' '수뢰' '뇌물고리' 등 뇌물로 표현되고 있다는 점이다. 미국 권위지가 수천만 원의 돈이 오갔다는 주장에 대한 진실 여부를 떠나 'rice cake expenses' 아닌 '뇌물'로 정리하고 있다는 사실이다. 뇌물은 법률용어이기도 하지만 일반 생활용어이기도 하다.

뇌물을 뇌물로 표현하지 않고 떡값이라고 표현하는 이유는 뭘까? 뇌물을 준 사람, 받은 사람이 본질을 흐리기 위해 '떡값' 본래의 의미를 왜곡시켜 의미상 신조어를 만들어 낸 것이다. 주로 검찰이나 정치인들이 만들어 내고 이를 언론이 무분별하게 그대로 사용하고 있는 모습이다. 국민은 이런 떡값의 의미도 정체도 모르지만 똑똑한 기자들은 '떡값'이라고 표현하고 있다. 이런 잘못된 용어의 사용은 의도했든 그렇지 않든 본질을 흐리게 하는 효과가 있다. 중대한 범죄행위를 사소한 문제로 희석시키는 작용도 한다. 심지어 검찰은 '떡값은 대가성이 없다'며 처벌할 수 없다는 주장을 내놓기도 한 적이 있다.

대한상공회의소는 '뇌물과 선물 구별법'으로 세 가지 해석을 내놓았다. 첫째 수면판별법이다. 잠이 잘 오면 선물, 잠이 오지 않으면 뇌물. 두 번째 미디어 판별법은 언론에 보도됐을 때 문제가 될 것으로 판단되면 뇌물이라고 한다. 세 번째는 지위판별법이다. 직책을 옮길 경우 줄어들 것으로 판단되면 뇌물이라고 한다.

이 기준을 적용해 보면, 지금 언론에서 사용하는 떡값은 뇌물이다. 수면판별법은 개인의 양심과 양식의 정도, 수면행태에 따라 다양하기 때문에 일반화하기 힘들다. 그러나 미디어 판별법에 의하면 이렇게 문제시되기 때문에 뇌물이다. 또한 검사나 국세청장 등 특

정한 직위에 있기 때문에 받는 것인 만큼 뇌물로 해석하는 것이 타당해 보인다.

언론이 이런 내용을 모를 리 없는데 굳이 '떡값'이란 표현을 고집하는 것은 '봐주기식 보도'라는 오해를 받게 된다. 무엇보다 미디어 소비자들에게 정확한 정보서비스를 하지 않는다는 점에서도 언론의 자성이 필요한 부분이다. 떡값 본래의 의미를 훼손하는 식의 국어사용은 곤란하다.

■ 2007년 11월 14일

공직자와 거짓말, 미국과 한국
[김창룡의 미디어창] 이태식 주미대사, 사죄발언 오역
이라더니

공직자의 거짓말은 국가정책을 신뢰할 수 없도록 만들고 나아가 나라를 망친다. 공직사회에 횡행하는 거짓말과 오리발 관행을 전통처럼 이어 가는 정부는 국민의 기대를 저버렸다는 점에서 결국 불행한 종말을 맞는다는 것이 역사의 교훈이다.

한국의 공직사회 거짓말 예사로 하는 풍토 정착

불행하게도 한국의 정치계나 공직사회는 거짓말을 예사로 하는 풍토가 정착됐다. 그 거짓말을 단죄하는 전통도 법적질서도 확립되지 못했다. 설혹 사기 등 불법행위로 법적 처벌을 받더라도 대통령은 무소불위의 특별사면권으로 대법원 판결에 잉크도 마르기 전에 고위공직자, 정치인, 재벌가 총수들을 모두 사면하는 관행을 반복하고 있다. 권위주의를 허물었다고 자평하는 노무현 대통령조차 특별사면권을 대통령의 고유권한이라며 무분별하게 남용하고 있다. 그런 결과의 폐해를 국민은 고스란히 업보처럼 떠안고 불만 속에 살아가고 있는 것이다.

버지니아 공대 총기난사 사건과 관련하여 이태식 주미대사와 손석희 교수(성신여대)의 논쟁은 네티즌들의 불만을 낳았다. 일부 네티즌들은 손 교수의 '공격적인 질문'에 대해 과도할 만큼 댓글 공격을 퍼부었다. 누구든 잘못이 있다면 그런 비판을 피할 길이 없을 것이다.

그러나 미디어오늘이 입수하여 소개한 문제의 이태식 대사의 영문 발언전문은 누가 거짓말을 했고 누가 그 거짓말을 숨기기 위해 목소리를 높이며 과민반응을 한 것인지 보여 준다. 어느 한쪽을 의도적으로 두둔하거나 폄하할 이유가 없다. 그런 식의 글쓰기는 글을 망치고 사람까지 조롱감이 되게 하기 때문이다.

손석희 이태식 논쟁, 누구의 과민반응인가

이 대사는 사죄발언과 관련하여 'We feel very sorry'라고 했으며 이것이 번역과정에서 오역됐다는 식으로 해명했다. 이 과정에서 손 교수는 좀 더 분명한 답변을 주미대사의 입으로 밝혀 주기를 기대하며 되물었지만 뜻을 이루지 못했다. 이 과정에서 거꾸로 진행자가 지나쳤다는 식으로 일부 시청자들은 불편하게 생각한 것 같다.

미디어오늘이 전하는 영문발언에 의하면, 문제의 발언 부분은 다음과 같다.

"And as ambassador, representing my country and all of you, I join you in this moment of sorrow to extend my country's as well as my people's regret, apology."

그는 "한국과 한국민을 대표하는 대사로서 한국민과 한국의 유감과 사죄를 표한다."는 뜻을 분명히 표현했다. 오역도 없었고 오해도 없었다. 다만 자신의 그날 발언에 대해 'apology(사죄)'만 빼고 언론과 방송에 사실을 왜곡하여 전달하려 노력했다. 정확하게 표현하자면 거짓말로 오버한 자신의 발언을 덮으려고 한 것으로 보인다.

한국 관료사회의 체질화된 거짓말이 과거에는 대충 넘어갈 수 있었다. 고위공직자들의 착각과 비극은 여기에 있다. 오늘날 세계가 네트워킹으로 이어져 있고 시공을 초월하는 인터넷의 발달로 웬만한 발언 전문은 바로 올라온다. 여기저기서 녹음되고 녹화된 자료들은 본인도 느끼지 못하는 사이에 이미 역사적 자료로 기록된다.

미국 언론, 미국 사회는 이민 온 조승희를 제대로 보살피지 못해 오히려 "미국 사회, 미국 정부가 더 큰 책임감을 느낀다."고 주장하며 한국은 제발 사과 그만하라고 요구했다. 한국은 대통령이 세 번의 유감표명을 하고 주미대사는 나아가 개인의 범죄행위를 민족과 국가적 집단책임으로 연결시켜 사죄하고 금식까지 요구했다.

한국민 전체를 범죄가족으로 만드는 표현 '사죄'와 '금식'

일반 개인이 그런 불행한 사건을 맞아 애도하고 유감을 표현하는 것은 문제 될 것이 없다. 나아가 사죄까지 한다고 해서 그것을 주요 의제로 삼을 수는 없다. 그러나 국가를 대표하는 한 나라의 대사가 공개적으로 '유감과 애도'가 아닌 '사죄, 금식'까지 요구하는 것은 한국민 전체를 범죄가족으로 만드는 행위이며 이는 대단

히 부적절한 처신이다.

1992년 10월 28일 새벽, 기지촌 여성이었던 26세 윤금이 씨가 동두천 뒷골목 단칸방에서 미군에게 처참하게 살해됐다. 발견 당시 사체는 나체 상태에 자궁에는 맥주병 두 개가 꽂혀 있었고 국부 밖으로는 콜라병이 박혀 있었다. 항문에는 우산대가 꽂혀 있었다고 한다. 이런 끔찍한 엽기적 사건에 대해 미국 정부가 사과는커녕 수사에조차 협조하지 않았다. 범인 케네스 마이클 이등병이 천안교도소에 수감된 것은 사건 후 1년 6개월 만에 이뤄졌다. 그것도 시민단체들이 줄기차게 악을 바락바락 질러 댔기 때문이다.

2002년 6월 13일 경기도 양주군 지방도로에서 처참하게 사망한 미선이 효순이 사건은 또 어떠한가. 장갑차를 운전한 미군의 과실도 인정하고 피해자도 있었지만 직접적 가해자들인 두 명의 미군 운전병은 무죄를 선고받고 쫓기듯이 미국으로 돌아갔다. 누구도 책임지지 않았고 누구도 사과하지 않았다. 물론 시간이 흐른 뒤 미군 측의 사과가 있었고 다양한 화해 제스처가 있었다. 미국 정부나 외교관이 나서서 공개적으로 사죄하고 금식을 주장하는 그런 행위는 찾을 수 없었다.

미군, 범죄 저질러 놓고 사죄, 금식한 적 없는 미국

일본은 어떤가? 제2차 세계대전 당시 한국과 아시아에서 위안부들을 강제로 끌고 갔고 그 범죄행위가 만천하에 알려졌지만 국가의 책임은 끝까지 부인하고 있다. 전쟁 시 민간업자들이 돈을 벌기 위해 저질렀다는 식으로 부정하고 있다. 일본 정부나 주한 일본 대사가 나서서 전시에 저질러졌지만 한국 위안부에게 "인간으로 차마 짐승만도 못한 짓을 저질렀다."고 주장하며 사죄하는 자가 단 한 번도 없었다. 일본 시민단체들이 나서서 사죄하는 일은 별개의 사안이다.

개인의 범죄를 인종이나 국가의 문제로 연결시키거나 그런 오해를 받을 수 있도록 행동하는 것은 위험하기 짝이 없다. 그것이 선의에서 나왔든 종교적 신앙에서 나왔든 국가를 대표하는 외교공직자들에게는 그런 자유가 허용되지 않는다. 그런 주장, 그런 행위를 하려면 국가를 대표하는 직을 벗고 자유인으로 얼마든지 그런 애도와 사죄의 행렬에 동참하는 자유를 누구도 간섭하지 않는다. 더구나 그런 일탈된 행위를 한 뒤 국민적 물음에 대해 라디오 시사프로그램에서 거짓말로 자신의 과오를 회칠하려 한 행위는 더욱 중대한 국민적 기만행위에 속한다.

'몰아붙이는 듯한' 어법상 작은 문제에는 인터넷으로 갖은 공격을 하면서 본질적인 잘못에 대해 제대로 된 추궁을 하지 못한다면 고위공직자들의 거짓말은 앞으로도 계속될 것이다. 그 피해는 못난 국민의 몫이다. 깨어 있는 국민만이 공직자의 기강을 바로잡을 수 있고 엄정한 책임추궁이 있는 곳에 진실이 있다. 직무와 관련하여 고위공직자들은 '거짓말'을 최악의 범죄로 삼가 경계해야 하지 않을까. 그렇게 하지 않을 경우, 언론에서 문제 삼고 공격적인 질문을 하는 것을 우리 스스로 허락해야 하지 않을지.

■ 2007년 04월 24일

시사프로그램 진행자가 갖춰야 할 조건
[김창룡의 미디어창] 손석희 – 이태식 주미대사와의 라디오 논쟁에 대해

    각종 포털과 미디어에서 손석희 성신여대 교수와 이태식 주미대사의 최근 라디오 프로그램에서 가진 설전을 주요뉴스로 다뤘다. 관점에 따라 손 교수가 '심했다'는 평가가 있는가 하면 이 대사가 '부적절하게 대응했다'는 의견도 있는 것 같다.

    어느 쪽 평가에 더 점수를 줄 것인지 그 결론을 잠시 유보하고 시사프로그램의 존재이유와 진행자의 역할, 이와 함께 고위공직자의 직무와 국민의 알권리에 대해 하나씩 살펴볼 필요가 있다.

    먼저 라디오든 TV든 시사프로그램이 존재하는 이유는 국가의 주요 정책이나 정치, 사회적인 현안에 대해 국민에게 정보를 제공하기 위해서다. 이런 정보제공과 함께 권력에 대한 감시, 견제역할도 겸하는 것이 시사프로의 주요 기능 중의 하나라는 것은 상식이다. 그런 관점에서 손 교수가 진행하는 MBC 라디오의 <시선집중>은 국내외 각종 현안을 다루는 대표적인 시사프로그램으로 청취율이 독보적이라고 할 만큼 높다.

국가의 중대사를 다루며 정보를 전달하고 권력의 남용이나 오용 등에 대한 견제역할까지 하기 때문에 관련된 사람들에게 시사프로그램은 큰 영향을 미친다. 정치인들이 시사프로그램에 인터뷰 대상자로 선정된다는 것 자체가 개인적으로는 홍보의 기회를 맞는 것이고, 공직자들은 이런 프로그램을 통해 국민의 알권리에 충실하게 되는 법이다.

문제는 이런 시사프로그램의 사회자가 누구냐는 곧 그 프로그램의 성격과 가치까지 정해 버린다. 장관이나 고위정치인들을 불러다가 하나 마나 한 소리를 하도록 장을 마련해 주고 왜 그런 질문을 해야 하는가에 대한 기본적인 인식조차 없이 질문하는 프로그램이 얼마나 많은가. 그런 관점에서 <손석희의 시선집중>은 청취자의 입장을 더 생각하는 프로그램이다. 하고 싶은 말을 하도록 장을 마련해 주는 것이 아니라 국민이 알고 싶은 말을 하도록 때로는 압력을 넣고 때로는 설전을 벌이는 것이다. 그래서 청취율이 높고 그래서 논란이 되는 것이다.

시사프로그램 진행자가 갖춰야 할 중요한 조건은 인터뷰 대상자에 대해 개인적 예의를 갖추는 것보다 청취자를 위해 '해야 할 질문'을 할 수 있는 용기다. 손 교수는 인터뷰를 시작하면서 "조승희 부모의 소재나 안전 여부를 정부에서 파악하고 있냐?"고 질문했다. 이 대사는 "부모들이 원치 않는다고 해 아직까지 접근이 이루어지고 있지 않지만 부모들이 지금 미 수사 당국에 의해서 안전하게 보호 중에 있다는 사실은 확인되고 있다."고 말했다.

이어 손 교수가 "어디 있는지는 모른다는 말씀이죠. 부모가 미국 영주권자면 국적이 한국인인데 우리 정부가 파악할 권리가 있지 않냐? 그래도 정부의 입장에서 해야 될 일은 해야 되지 않느냐?"고 더 깊이 인터뷰를 진행시키자 이 대사는 "지금 정부 입장에서 해야 될 일을 하지 않고 있다고 질문하는 거냐?"고 언성을 높였다. 이 대사의 입장에서는 대통령도 아니고 일개 라디오 진행자가 따지듯이 묻는 데 대해 기분이 상했을 수도 있다. 만약 손 교수가 개인적인 이유나 정치적 목적으로 이런 질문을 했다면 진행자의 균형성에 대해 논란이 있을 수 있다.

그것이 아니라면, 그동안 해외에서 외교부가 교민안전과 지원에 얼마나 만족할 만한 노력을 해 왔던가에 대해 되돌아볼 필요가 있다. 중국을 포함한 해외에서 외교부나 공관 직원들의 불친절과 냉대, 무관심 때문에 언론에 그 문제의 심각성을 지적받은 적이 한두 번이 아니다. 실제로 외교부 장관이 사과까지 한 적이 있다.

따라서 이런 공격적인 질문은 이 대사를 의도적으로 몰아붙이기 위해서라기보다는 국민적 의구심을 확인하기 위한 시사프로그램 진행자의 불가피한 질문으로 받아들여야 한다. 이는 손석희 개인의 질문이라기보다는 국민적 관심사를 한 라디오 진행자의 입을 통해 국민을 대신해 묻는 것으로 받아들여 성실하게 답변해야 할 책무가 있다.

또한 시사프로그램 진행자가 갖춰야 할 조건에는 관련 사안에 대한 정확한 이해와 관련 내용에 대한 풍부한 지식과 공부, 준비성이다. 작가의 질문지에 의존하거나 관련 내용에 대한 지식이 없을 경우 논쟁이 되고 싶어도 될 수가 없다. 이 대사의 '사죄표현' 여부에 대해 손 교수는 정확한 어휘사용을 알아내고자 했다.

손 교수가 "아마도 이 대사가 오늘 인터뷰에 응하시면서 민감하게 인터뷰를 시작하신 이유는 지난번에 말씀하신 내용, 즉 한국과 한국인을 대신해서 유감과 사죄를 표한다는 것에 대해서 논란이 있다는 사실을 알고 계셔서 그런 것 같은데 그렇다면 이 발언은 공식적 발언이었냐 아니면 개인적 발언이었냐?"고 물었다. 이에 대해 이 대사는 "그 '사죄'라는 표현을 제가 쓰지 않았다. 영어로 표현했는데 그것을 아마 우리말로 쓰다 보니까 그렇게 된 모양인데 사죄라고 하는 영어단어가 어떤 단어인지 제가 잘 모르겠지만 다만 저는 사용한 기억이 없다."고 말했다. 이 정도에서 인터뷰는 대부분 넘어간다. 손 교수는 보다 분명한 답변을 요구했다.

손 교수는 "영어로는 뭐라고 표현했는지, 아까 사죄라는 말은 안했다고 했는데 영어로는 어떻게 말했느냐?"고 재차 물었다. 이에 이 대사는 "'We feel very sorry'라고 했다. 더 나아간 표현도 있다."라고 답했다. 'sorry'에 유감이란 뜻도 있지만 사죄라는 뜻도 내포하고 있다. 그래서 해외에서 하찮은 교통사고가 났을 때도 함부로 'sorry'라는 표현을 하지 말도록 교육받는다. 이 단어에는 스스로 잘못을 인정하고 사과를 한다는 뜻이 내포돼 있기 때문이라고 한다. 외교관이 말을 가려서 신중하게 해야 한다는 것에 이견이 없다. 더구나 '더 나아간 표현도 있다'고 했는데, 그 말은 끝내 하지 않았다.

따라서 논란이 된 발언에 대해 시사프로그램에서 무슨 말을 했는지 묻는 것은 국민의 알권리 충족 차원에서 합당하다. 그는 개인 이태식이 아니라 대한민국에서 장관급으로 파견한 주미대사인 만큼 현지 미국에서는 한국을 대표하기 때문에 한국 국민은 그가 무슨 말을 어떻게 했는지 정확하게 알권리가 있다.

고위 관료나 정치인들이 미디어에 등장해서 자신의 업적을 늘어놓고 싶어 하고 또 이에 부응하여 시사프로그램이지만 그런 멍석을 깔아 주고 정치권으로 줄다리기해 간 프로그램 진행자가 한둘인가. 지금도 그런 프로그램, 그런 진행자가 없다고 할 수 있는가.

손 교수의 <시선집중>은 뻔한 각본에 짜인 들으나 마나 한 내용을 거부한다는 점, 긴장감과 함께 흥미적 요소까지 내포하고 있는 것이 인기비결이다. 시사프로그램 진행자가 적당히 눈치 보면서 국민의 알권리보다, 고위공직자, 정치인들의 '자기 홍보'의 장을 마련해 주거나 준다고 오해받기 때문에 청취율 경쟁이 되지 않는다. 또한 시사진행자가 사전 공부가 부족하여 적절한 곳에서 제동을 걸거나 반박하지 못하는 일방통행식은 전파낭비로 청취자의 외면을 받는다.

<손석희의 시선집중>이 완벽하다는 것은 아니다. 국가를 위해 노력하는 고위공직자를 몰아붙이는 듯한 인상을 주는 것은 거부감을 줄 수도 있다. 그러나 관료들의 비밀주의가 유독 강한 한국 관료사회, 국민을 상전으로 모시고 서비스해야 할 대상으로 생각하기보다는 통치해야 할 피지배대상으로 삼아 온 반민주적 역사에 비

쳐 볼 때 이 정도의 공격적인 질문과 논쟁에 일반 청취자가 불편해 할 이유는 없다. 적어도 그 질문 하나하나가 국민적 관심의 대상이라면.

생방송 시사프로그램 진행자는 스스로 기자이면서 동시에 데스크 역할까지 겸비해야 하는 완결성이 요구된다. 순간적으로 어디까지 반박해야 할지, 질문의 깊이를 어느 선에서 멈춰야 할지, 어휘의 선택은 어느 것이 적절할지 이 모든 것이 순발력 있게 결정돼야 한다. 인터뷰의 명수, 최후의 게이트 키퍼여야 하기 때문에 그 역할을 제대로 하기란 쉽지 않다. 말재주나 인기만으로는 한계가 있다. 손 교수처럼 제대로 된 시사프로그램 진행자의 가치는 청취자들이 평가하고 또한 아껴야 하지 않을까.

■ 2007년 04월 21일

저널리즘 비평 | 제4장

이재오 위원장의 진정한 적은?
[미디어창] 부패는 국가경쟁력 망치는 망국병

부패예방과 척결을 위해 존재하는 국민권익위원회(이하 권익위)가 기능을 강화하기 위해 계좌추적권 등을 보완하려 하자 일부에서 반발 움직임을 보이고 있다. 한국사회에 고질적인 부정, 부패를 줄이고 예방할 수 있다면 권익위의 권한은 당연히 강화돼야 하는데, 그 누가 반대하고 딴지를 걸 것인가.

부패추방에 여야가 어디 있으며 좌·우파가 무슨 의미가 있는가. 세계일보(11월 25일자)는 "'실세' 등에 업고 공수처 탈바꿈"이라는 제목에서 '국민권익위, 계좌추적권 추진 파장' 해설 기사를 내보냈다. 여기서 '야 반발 불 보듯 …… 검찰과 역할 중복도 논란' 등의 내용을 전했다.

기사 내용에는 "개정안이 국회를 통과해 권익위의 변신이 성공한다고 해서 엄밀히 공수처가 되는 것은 아니다. 고위공직자의 금융계좌를 열어 볼 수 있는 '계좌추적권'은 행사하지만 인신을 구속하고 기소하는 수사권마저 갖는 것은 아니기 때문이다."라고 정확하게 설명하고 있다. 그러나 제목은 '실세 등에 업고 공수처(공직자비리수사처) 탈바꿈'으로 비약, 과장하고 있다. 언론마저 권익위의 권한 강화를 영 마뜩잖게 보는 듯하다.

한국 비리의 특징은 구조적이고 고위공직자, 정치인, 국회의원 등이 단골손님처럼 등장하고 있다. 검사, 법관 등은 거의 치외법권 지대에 존재하다시피 하고 있는 것이 한국 현실임을 언론은 몰라서 하는 소리인가. 이들에 대한 투명성을 강화하기 위해 계좌추적권 정도를 보완하자는 것은 언론과 시민단체가 나서서 주장해야 할 사안이다.

이재오 위원장이 권익위의 한계를 절감하고 이를 보완하기 위해 몇 가지 개정사항을 내는데 이처럼 야당과 언론 등에서 반발하는 것은 이해할 수 없다. 참여정부에서 '고위공직자 부패척결과 검찰개혁'을 내세우며 '공수처'를 만들겠다는 것은 당시 공약사항이었지만 헛공약으로 폐기됐다.

국민이 원했던 공수처지만 이것이 신설되면 가장 불편해질 집단은 바로 '수사권, 기소권' 등을 독점하고 있는 검찰, 법원, 국회의원, 고위공직자들이다. 국세청 비리, 군납비리, 인사비리 등 각종 부패, 비리에 고위공직자들은 틈만 나면 얼굴을 내밀지만 이들이 제대로 처벌을 받던가. 재판부는 '국가에 공로한 기여가 크므로' '원로에 해당하므로 ……' 등 납득할 수 없는 이유로 집행유예, 기소유예, 선고유예 등 솜방망이 처벌을 내리는 일이 다반사다. 그것도 모자라 대통령과 법무부는 성탄절, 광복절, 3·1절 무슨 절마다

'특별 사면'을 추진하여 법을 무력화시켰다.

이제 '실세' 위원장이 공수처도 아니고 '계좌추적권'을 추진하겠다고 하니 벌써부터 야당도 반발하고 검찰도 반대한다며 언론이 비판적으로 전하고 있다.

아시아 최고의 청렴국가 싱가포르의 반부패법도 어느 날 갑자기 만들어진 것이 아니다. 수십 년에 걸쳐 수십 번의 개정과정을 거쳐 부패사건에 관한 한 지위고하를 막론하고 영장 없이 48시간 구금할 수 있는 막강한 반부패수사국을 탄생시킬 수 있었다. 부패인식지수(CPI) 10점 만점에서 9.3−9.4의 최상위권 수준을 유지하며 세계 탑 6−7위권 청렴국가로 칭송받고 있는 것은 우연이 아니다.

한국은 국가 경제력이나 국민소득 수준에 한참 뒤처지는 CPI 5.1 수준으로 세계 속에 '잘살지만 부패한 나라'라는 이미지에서 벗어나지 못하고 있다. 부패한 나라에서 무슨 국격을 논할 수 있을까.

이 위원장은 공수처를 만들겠다는 것도 아니고 비리 척결을 위해 '계좌추적권'을 보완하겠다는 정도의 개정을 요구하고 있을 뿐이다. 그것은 국민을 위한 것이고 고위공직자들의 부패예방 효과도 있다는 차원에서 환영할 일이다. 물론 야당의 입장에서 이를 악용할 소지가 있다는 정도의 반발은 예상할 수 있다. 그것은 몇 가지 조건 제시로 보완이 가능하다. 검찰의 경우, 기득권 일부를 빼앗기는 상실감은 있을 수 있다. 그러나 '정치검찰' 논란에서 자유롭지 못한 검찰만이 '계좌추적권'을 독점하라는 법은 없다.

야당이 진정으로 이 나라의 '부패, 비리'를 걱정한다면, 공수처를 만들고자 했을 때 진정성이 있었다면, 이 위원장의 노력에 재를 뿌리는 일은 없어야 한다. 그가 누구든 국가와 국민을 위한 제도보완이라면 지지를 보내야 한다. 언론은 딴지를 걸기보다 도대체 누가 왜 반대하는지 그 이유부터 정확하게 밝혀야 한다. 권익위의 권한은 더욱 강화돼야 한다.

■ 2009년 11월 25일

"교수님이라면 어떻게 하셨겠어요?"
[미디어창] KBS, YTN 판결: 정의를 가르칠 수 있어야

　미래의 엘리트를 교육하는 대학은 '정의'와 '민주주의'를 당당하게 가르칠 수 있어야 한다. 너무도 당연한 이 주장이 새삼 공허하게 들리는 것은 오늘날 한국사회에 정의는 사라지고 절차적 민주주의는 곳곳에서 무시되고 있기 때문이다.

　내일의 언론인들에게 "언론은 권력을 감시, 견제하기 때문에 민주주의사회에서 제4부로 불리며 민주주의 수호의 주요한 한 축을 담당하고 있다."고 가르쳤다. YTN 기자들이 방송의 정치적 중립성을 지키기 위해 자신의 모든 것을 걸고 '낙하산 사장'을 반대할 때도 여기에는 정당성이 있음을 설명했다. 보도전문채널 방송사는 어느 곳보다 '정치적 중립성과 독립성, 공정성' 등의 가치가 존중돼야 하기 때문이라고 말했다. 기자들이 분연히 들고 일어나는 사태는 매우 안타까우나 불가피한 측면이 있다고 말했다.

　그러나 이들이 경찰에 체포되고 직장에서 쫓겨나는 모습을 보면서 강의실에서 '정의도, 제4부도' 말하기 부끄러웠다. "교수님이라면 저 상황에서 어떻게 했겠느냐?"라는 질문에 나는 고개를 숙이며 "당장에 고난이 온다 할지라도 방송을 장악하려는 의도가 분명한 낙하산 인사에 대해서는 똑같이 반대했을 것"이라고 답변했지만 그 목소리가 공허했다.

처자식을 먹여 살려야 하는 직업인이면서 동시에 방송의 정치적 독립성을 유지하기 위해 어느 날 투사가 돼야 하는 언론직, 그 직업 선택에는 이런 상황적, 시대적 시험도 포함됐음을 알아야 하지만 집요한 권력의 무분별한 전횡과 난립은 언론인들을 막다른 골목으로 내몰았다.

2008년 봄 청와대의 '낙하산 인사'로 촉발된 'YTN 사태'가 해가 바뀌고 겨울의 문턱에 와서야 법원은 '해고 무효 판결'로 언론인들의 투쟁은 '정당했음'을 인정했다. 법원의 이번 판결은 YTN 해직 기자들의 복직 당위성을 인정한 것이다. 이명박 선거캠프에서 언론 특보를 지낸 구본홍 YTN 사장 임명은 이 모든 사태의 알파요 오메가였다. 그는 임기도 채우지 못한 채 스스로 사장직에서 물러났다. 그는 갔지만 그가 남긴 상처는 노사 간 갈등의 골을 더욱 깊게 팠다. 어느 날 거리의 낭인으로 전락한 '정의의 언론인'들은 지금도 마이크를 뺏긴 채 '해직기자'로 몸도 마음도 황폐화되고 있다. 이러고도 선진국을 운운하는 것은 위선이 된다. 이뿐이 아니다.

정연주 전 KBS 사장에 대한 해임처분은 법적으로 잘못된 것이라는 판결도 나왔다. 정 전 KBS 사장은 "잃어버린 지난 15개월을 되찾아 줘야 한다. 그렇지 않으면 KBS가 계속 법을 어기는 체제가

될 것"이라고 주장했다.

정 전 사장은 최근 MBC 라디오 <손석희의 시선집중>에 출연해 해임 취소 판결에 대해 "피고는 이명박 대통령이 지난해 8월에 검찰, 감사원, 국세청, 방송통신위원회 등 온갖 권력기관을 동원해서 저를 해임한 절차와 내용이 모두 부당하고 법을 어겼으니 그 해임처분을 취소하라는 것"이라며 "피고인 이 대통령이 법원에서 패소한 것"이라고 평가했다.

KBS 사장 자리에서 어느 날 파렴치한 취급을 받으며 이사회에서 불법적이고 부당하게 쫓겨나 경찰에 체포되는 수난을 겪은 정 전 사장의 절규와 항의는 법원에서도 '이유 있는 정당한 항변'이라는 결론을 내린 것이다. 그를 쫓아내기 위해서 국세청, 검찰청, 방송통신위원회 등이 총동원됐다는 것은 이미 주지의 사실이다.

수단과 방법을 가리지 않고 그를 뽑아내야 '권력의 하수인'을 공영방송 사장 자리에 대신 앉힐 수 있기 때문이다. 민주주의의 절차적 정당성 같은 것은 가볍게 무시됐다. 공영방송에서 관영방송으로 전락하는 데 대해 KBS 안팎의 언론인들이 안타까운 몸부림을 보냈으나 '권력의 방송장악은 없다'는 거짓과 위선의 말만 되풀이됐다.

이명박 정부가 말끝마다 내세우는 '선진국' '선진화'의 실체가 무엇인지 물어야 한다. 청와대가 내세우는 선진국이 '절차의 정당성' '법적 정의' '수단의 정당성'을 무시하고 목표만 달성하면 된다는 식이라면 그 선진국은 이 지구 위에 없다. 이 대통령의 '선진국

신화'는 자신의 상상 속에 잘못 만들어진 '허상의 선진국'일 뿐이다. 이를 지적하고 수정하지 못하는 언론인 출신 수석, 장관, 대변인, 참모들은 훗날 역사에 부끄러운 이름을 남기게 될 것이다.

이 정부는 법원의 잇단 판결에 대해 '유감의 뜻'을 표시하며 여전히 대법관으로 자리를 지키고 있는 신영철 씨를 통해 '특별 메시지'를 전달할 가능성은 매우 높다. 이런 것이 '사법부 간섭'에 해당되지만 '협조'라는 미명하에 한국 역사 속에 반복돼 왔다. 그래서 항소심이 두렵다. 정의가 흔들리고 절차적 민주주의가 지켜지지 않는 곳에 선진화는 없다. 대학에서 '제대로 가르치라'고 훈수하는 교육관료, 정치인들에게 어떻게 가르치는 것이 '선진화 교육' '선진 교육'인지 되묻고자 한다.

한국은 선진국이며 그에 걸맞은 사회정의와 절차적 민주주의의 존중, 권력과 언론의 독립 등이 조화를 이뤄야 한다. 나라의 '국격'은 선진화 구호로 이루어지지 않는다. 일상생활, 직장생활, 학교에서 작은 정의와 절차가 존중될 때 비로소 선진국에 대한 자부심과 긍지를 갖게 될 것이다. 거리로 몰려난 YTN 기자들에게 작은 위로를 보낸다.

■ 2009년 11월 15일

[
'선물'과 '뇌물'은 종이 한 장 차이
[미디어창] 한나라당 사무총장이 기자들에게 준 추석
선물
]

한국에서는 선물과 뇌물을 구분하기가 쉽지 않다. 법에서는 '대가성 여부'를 따져 선물과 뇌물을 판단하지만 이것도 사실 형식논리에 불과하다. 검사나 판사가 대기업으로부터 물품이나 금품을 받는 경우 이를 '떡값'으로 부르고 언론도 그렇게 표현한다. 그리고 항상 뒤따르는 말이 '대가성이 없어 처벌할 수 없다'는 식이다.

정치인들도 기자들에게 금품이나 물품을 전달한다. 보기에 따라 선물이라고 할 수도 있고 뇌물이라고 부를 수도 있다. 이런 논란을 피하기 위해 일부 정치인들은 비중 있는 기자 혹은 관리가 필요한 기자의 경조사를 찾아가 합법적으로 '거액의 뇌물'을 전달하는 경우도 있었다. 물론 익명이라고 하지만 받는 기자는 누구로부터 받았는지를 알고 어떻게 은혜에 보답해야 하는지도 안다.

오마이뉴스 보도에 따르면, 중앙선거관리위원회(위원장 양승태)가 지난 9월 21일부터 10월 10일까지 20일간을 '추석과 재보선을 전후로 특별예방 및 단속기간'으로 정하고 선거법위반행위에 대한 집중 감시활동을 벌여 한나라당 장광근 사무총장이 지난달 23일 2천만 원대 선물을 살포한 혐의로 중앙선관위 조사를 받았다고 한다.

이 신문은 "집권여당인 한나라당 장광근 사무총장(10월 재보선 공천심사위원장)은 지난 9월 23일 10월 재보선을 한 달여 앞두고 국회 출입 중앙지 기자들을 비롯해 390여 명에게 56,000원(대량 주문으로 가격 인하를 받은 금액. 총 2,184만 원) 상당의 불법 선물을 뿌린 것으로 밝혀져 파문이 일고 있지만, 장 총장은 이에 대한 한마디 해명도 하지 않고 있다."고 주장했다.

선관위에서 조사를 했다고 하니 그 결과가 어떻게 나올지 두고 볼 일이다. 선관위가 내리는 결론은 잘해 봐야 '경고나 주의' 정도에 그칠 것이다. 법적 강제성도 실효성도 없는 '주의나 경고' 조치는 향후 이런 유사행위를 억제하는 수단이 되지 못하며 시중의 웃음거리가 될 뿐이다. 선관위의 위상과 역할이 부끄러운 수준이다. 선관위의 판단과는 별개로 집권당 사무총장이 기자에게 전하는 이런 행위를 선물로 볼 것인가, 뇌물로 볼 것인가를 판단해 보자.

이를 판단하는 편리한 세간의 세 가지 기준이 있다. 미디어 법, 수면법, 직위법이다. 이 기준을 적용하여 사무총장이 기자에게 전한 물품이 선물인지 뇌물인지 따져 본다.

먼저 미디어 법이다. 이는 선물이라고 주장하는 금품이나 물품이 공개됐을 때 언론의 가십거리가 된다면 뇌물로 판단해야 한다는 논리다. 이 기준에 따르면, 사무총장의 기자 선물은 가십거리가 아니

라 정식 기사감이 됐을 정도니 뇌물로 봐야 한다고 정의할 수 있다.

그다음 수면법이다. 그 선물을 받은 후 잠이 잘 오면 선물이고 잠이 잘 오지 않으면 뇌물이라는 이론이다. 선물/뇌물에 익숙한 기자라면 이 정도에 잠이 오지 않을 것 같지는 않다. 기자 개인에 따라 편차가 큰 만큼 섣불리 뭐라고 단정하기가 쉽지 않다.

마지막으로 직위법이다. 이는 그 직위, 그 직장에 있기 때문에 받는 것이라면 뇌물이라는 논리다. 그 직책이나 직장과는 무관하게 받을 수 있는 것이라면 선물이라는 논리다. 출입기자는 그 언론사 그 출입처 기자라는 이유 때문에 받는 것이기 때문에 뇌물로 봐야 한다.

이 세 가지 논리 중 어느 한 곳에 해당되면 뇌물로 정의한다는 것이다. 장 총장이 기자에게 전한 '안동간고등어' 물품은 따라서 선물이 아닌 뇌물로 봐야 한다. 물론 선관위 판단, 검찰의 판단은 전혀 다를 것이다. 정치를 하는 사람은 그가 집권당이든 야당이든 대표든 사무총장이든 기자에게 금품이나 물품을 전하는 것은 뇌물에 해당하는 행위를 범하는 것이다. 당연히 법의 처벌대상이 돼야 한다.

'대가성이 없다'는 주장도 허망하다. 검사, 판사는 대가성 없이 수십만 원, 수백만 원, 수천만 원의 돈이 오고 갈 수 있다고 믿는 모양이지만 일반인들은 절대로 그렇게 믿지 않는다. 한국이 부패공화국이라는 오명에서 벗어나지 못하는 이면에 국민의 실생활과 동

떨어진 법적용과 운용이 한몫하고 있다는 비판을 사법부만 애써 외면하고 있다.

뇌물을 선물이라고 부르고 뇌물을 떡값이라고 주장하고 이를 언론에서는 별로 문제 삼지 않거나 대상에 따라 정파에 따라 선택적으로 문제 삼을 때 '부패공화국'의 이미지를 벗어날 길이 없다. 멀쩡한 법을 바보로 만드는 법전문가들의 판단과 적용이 허망하다. 국가가 품격을 갖추고 국민이 자부심을 갖기 위해서는 사무총장이나 기자는 물론 법전문가들, 가진 자들, 배운 자들의 솔선수범이 절실하다.

■ 2009년 10월 10일

┏   ┓

권력의 시작과 끝
[김창룡의 미디어창] 한국 부패인식지수, 국제 연구대상

┗   ┛

권력은 화려한 수사(修辭)로 시작되지만 종종 비참한 종말로 끝을 내린다. 최고 권력은 재임 시에는 모든 것을 정당화하는 것 같지만 권력을 놓는 순간, 합법은 불법으로 정당은 부당으로 뒤바뀌게 된다. 실패한 지도자들은 말로써 뒤늦게 자신의 부정을 합리화하려 들지만 새로운 권력은 이를 용납하지 않는 법이다.

천수이벤(陳水扁) 전 대만 총통이 부인과 함께 2009년 9월 11일 타이베이 지방법원에서 재임 중의 각종 비리로 무기징역형을 선고받았다. 법원은 이들 부부에게 합계 5억 대만달러(약 180억 원)의 추징금도 물렸다. 천 전 총통은 직권남용, 뇌물수수, 예산횡령, 공유재산 불법전용, 불법 돈세탁 등의 혐의로 작년 11월 구속됐고, 부인은 뇌물수수, 돈세탁 등의 혐의로 이미 2006년에 불구속 기소됐었다. 법원은 천 전 총통의 아들과 며느리에게도 부모의 돈세탁을 도와준 혐의를 유죄로 인정해 각각 징역 2년 6개월과 1년 8개월을 선고했다.

현지 언론은 그가 2000년부터 2008년까지 8년의 재임 기간에 미화 315만 달러가량의 정부 기밀기금을 유용하고 900만 달러 상당의 뇌물을 챙긴 혐의를 받아 왔다고 했다. 또 지난해 12월에는 스위스 은행계좌를 통해 자금을 세탁하고 문서를 위조한 혐의로 기소돼 구치소에 수감됐다.

천 전 총통은 지난 7월 말 열린 마지막 변론에서 "이대로 그냥 죽을 수 없다."며 재판 내내 혐의를 부인하고 자신의 기소에 집권 국민당의 정치적 보복이 숨어 있다고 주장했지만 법원은 이를 받아들이지 않았다.

이 판결은 아직 1심에 불과하며 최종심이 아니다. 그러나 한때 대만 최고 권력자는 이제 그 화려했던 시절은 추억으로 묻고 아내와 함께 좁은 감방에서 쓸쓸히 여생을 보내야 할 위기에 처했다. 부정부패에 대해서는 대부분 국가에서 엄중한 처벌을 내리고 있으며 대만의 경우, 부패 때문에 사실상 망국의 정부를 세운 과거전력 때문에 더욱 엄격한 중형을 가하는 것으로 유명하다.

세계가 모두 부정부패에 엄격하게 처벌하는 것 같아도 그렇지 않다. 선진국으로 갈수록 부패에 대해 철저한 사회적, 법적 책임을 묻는다. 이는 국가경쟁력을 함몰시키고 나아가 국가를 패망시키는 주요 원인이 된다고 믿기 때문이다.

그러나 후진국으로 갈수록 부패는 뿌리가 깊고 광범위하게 일반화돼 있다. 부정과 비리는 특권층의 단골메뉴이며 소수는 과도한

부를 향유하지만 대다수는 굶주림과 가난에 시달리는 모습이 보편적이다.

국가의 투명성, 청렴성 정도를 나타내는 부패인식지수(CPI)와 국민일인당 실질소득(GNI)의 상관관계를 살펴보면 이는 보다 분명해진다. 소위 부패인식지수가 높은 국가(10점 만점에 8점 이상)는 대부분 GNI 4만 불 이상이다. 반대로 부패인식지수가 낮은 국가(10점 만점에 4점 이하)는 대부분 GNI 2천 불 이하에 허덕이고 있다. 한국의 경우, 매우 특이한 현상을 보이고 있어 국제적으로 연구대상이다. '잘살지만 부패한 나라' '부패했지만 잘사는 나라'로 인식되고 있다. 한국처럼 GNI가 2만 불 내외면 적어도 CPI가 6 - 7점 사이를 오가야 하지만 4.8 - 5.2의 박스권에서 움직이지 않기 때문이다.

부패국가의 이미지를 벗어나기 위해 한국의 역대 권력자들은 취임사마다 결기를 세웠다. 제1대 이승만 대통령은 "부패한 백성으로 신성한 국가를 이루지 못하나니 ……." 하며 부패척결을 강조했다. 제5대 박정희 대통령도 취임사에서 "불의와 타협을 배격하며, 부정부패의 소인을 국민 스스로가 절대 청산해야 하겠습니다."라고 강조했다.

제12대 전두환 전 대통령은 "권력남용이 이 땅에 다시는 반복되지 않도록 본인은 법으로 국정을 집행하고 법으로 정부를 이끌어나갈 것을 분명히 밝혀 두는 바입니다."고 말했다. 퇴임하자마자 각종 불법과 권력남용 등으로 '5공비리'라는 말이 나올 정도였으니 무슨 말이 더 필요한가.

제13대 노태우 전 대통령도 취임사에서 "사회정의의 실현을 가로막고 갈등을 심화시키는 어떠한 형태의 특권이나 부정부패도 단호히 배격하겠습니다."라고 말했다. 그러나 천문학적인 불법비자금을 조성했다 들켜 법원으로부터 추징금을 명령받았으나 이를 갚지 못하는 신세가 됐다.

제14대 김영삼 전 대통령은 취임사에서 "우리사회의 부정부패는 안으로 나라를 좀먹는 가장 무서운 적입니다. 부정부패의 척결에는 성역이 있을 수 없습니다."라고 목소리를 높였다. 가장 가까운 자식의 국정농단, 부정비리 때문에 권력 말기에 '자식의 잘못은 애비의 허물'이라며 거듭 국민 앞에 사과하게 될 줄을 자신은 짐작도 못 했으리라. 김대중, 노무현 전 대통령도 예외 없이 자신의 구차한 말로 못난 측근들, 자식들의 불법, 비리를 사과해야만 했다.

권력자들이 국민을 향해 눈을 부라리기 전에 자신의 측근과 가족, 친인척들을 제대로 단속하는 것이 급선무다. 국회의원, 정치인들의 끊이지 않는 감방행렬, 법이 권력의 시녀로 전락한 모습, 밀실에서 이뤄지는 음험한 정책, 인사결정 관행 ……, 권력이 있는 곳에 부패가 있기 때문이다. 부정부패의 최대 피해자는 바로 국민이다. 공정한 경쟁시스템이 무너지고서야 투명하고 합리적인 정책결정을 기대할 수가 없다. 소수의 권력자들은 부당한 특혜를 누리고 대다수 국민은 희생자가 된다. 절제되고 투명한 권력은 불가능한가.

■ 2009년 09월 14일

최시중 방송통신위원장의 거침없는 월권적 행태가 언론계에 끊임없이 논란거리가 되고 있다.

최 방통위원장이 최근 '방송의 정상화'를 운운하며 초법적 발언을 늘어놓고 있는데 정작 국내 주요 언론은 침묵하거나 반론조차 제대로 내지 못하고 있다. 겨우 '경향신문'에서 "최시중 '색깔 없는 KBS' 등 비판 무력화 시도" 등의 제하 기사에서 이를 문제시하고 있는 정도다. 이를 보다 정확하게 지적한 기사는 '프레시안'의 '최진봉의 뷰파인더' "<20>방통위는 언론 보도 감시 기관이 아니다"에서 나왔다.

'텍사스주립대 저널리즘스쿨'의 최 교수는 "최 위원장의 이번 발언은 국가기관의 장이 주요 방송국에 직접적인 압력을 가하는 것으로, 감시의 대상인 국가기관이 권력을 감시하는 역할을 수행하는 언론 기관의 자율적인 운영에 대한 통제를 통해 언론의 권력 감시 활동을 억압하려는 시도로밖에 볼 수 없다."고 해석했다.

▲ 최시중 방송통신위원장. ⓒ 미디어오늘

　　최 교수가 문제 삼은 '이번 발언'이란 8월 27일 기자간담회에서 최 위원장이 "KBS, MBC, 그리고 EBS의 과제는 한마디로 정상화"라고 강조하고, 이를 이루기 위해 "각 방송사 이사회가 구조, 예산의 문제를 논의할 수 있을 것"이라며 나아가 "각 방송사들이 제자리로 돌아올 수 있도록 전면적인 정상화가 이루어져야 한다."는 내용이다. 여기다 최 위원장은 이런 말도 덧붙였다고 한다. 엄기영 MBC 사장의 거취에 대해 "최근 엄기영 사장의 진퇴문제가 나오는 것으로 알고 있다."고 말한 뒤 "이를 포함해서 MBC가 국민의 전파로서 합당한 대우를 받을 수 있도록 방문진 이사회가 책임을 지고 소신 있게 해 나가기를 바란다."고 말했다고 한다.

　　이런 발언에 대해 경향신문은 "미디어 법의 강행 처리로 조·중·동 및 재벌의 방송 진출 물꼬를 터 준 여권이 방송사들을 길들이기 위한 2단계 시나리오에 돌입한 게 아니냐?"는 해석과 진단을 했다.

내용을 자세히 보지 않으면 방통위원장이 '할 말을 했을 뿐'이라고 그냥 지나칠 수도 있다. 그의 발언 자체가 모호한 추상적인 표현 '정명, 정상화, 제자리, 합당한 대우, 소신 있게' 등으로 교묘하게 조합돼 있기 때문이다. 방통위원장이 이런 모호한 표현을 동원하더라도 대중에게 정확한 메시지를 전하는 미디어는 되물어서라도 보다 구체적이고 정확한 내용을 해석해서 오해의 소지를 없애야 한다.

우선 그가 말하는 'MBC의 정명'은 무엇인가? 그가 말하는 'KBS, MBC, EBS의 정상화'는 무엇을 의미하는가? 그동안 이 세 방송사의 어떤 점을 비정상적인 모습으로 봤기에 이런 주장을 하고 있는가? 특정 방송사 사장의 거취 문제에 대해 그가 왜 '이사회가 책임지고 소신 있게 해 나가기를' 요구하고 있는가? 그가 말하는 'MBC의 합당한 대우'는 무엇을 의미하는가?

▲ 방문진 첫 이사회가 열린 지난 10일 서울 여의도 방문진 사무실 앞에서 MBC조합원들이 부적절한 이사진을 규탄하는 피켓시위를 하고 있다. ⓒ 미디어오늘

기자간담회에서 보다 구체적으로 이런 내용을 알아내지 못했다면 기자들의 실패다. 그가 기자간담회를 자처한 자리에서 자세하고 분명하게 확인했어야 했다. 물론 기자들은 내용을 이미 알고 있기 때문에 추가로 물을 필요조차 없었다 하더라도 직접 그의 입을 통해 분명히 확인하는 과정을 거쳤어야 했다. 어느 보도를 통해서도 그가 저런 추상적인 표현을 통해 무엇을 얻고자 했는지 의도를 확인할 수 없고 다만 언론의 해석을 통해 또 다른 해석을 하게 된다는 것은 오도의 소지가 농후하게 된다. 이것은 위험한 저널리즘의 영역이 된다.

분명한 것은 방통위원회라는 국가조직이 이를 감시, 견제하는 방송사 사장의 인사문제, 이사회의 영역까지 간섭, 지시하는 메시지가 담긴 말을 공공연히 하고 있다는 점이다. 방송사 사장의 거취문제는 이사회에서 결정할 문제이며 보도의 편파성이나 정확성 등은 방통위원장이 지적할 사안이 아니다. 그가 '색깔 없는 KBS'를 만들겠다는 것도 문제의 소지를 다분히 지닌 월권적 발언에 해당된다.

지금까지 KBS는 무슨 색깔이라고 본인은 생각했기에 앞으로 색깔 없는 방송사를 만들겠다는 것인가? 그가 KBS 사장도 보도 본부장도 아닌데 어떻게 '색깔 없는 방송사'를 만들겠다는 것인지 의문이다. 그게 과연 가능할 것인가. 모든 기사에는 그 나름의 색깔이 있을 수밖에 없다. 심지어 보도기사(straight news)에서조차 색깔은 있다. 무엇을 선택하고 어떻게 보도하느냐에 따라 색깔이 나타나기 때문이다. 그의 어법으로 봤을 때 '색깔 없는 방송사'란 정부의 비판이나 견제기능을 거세시킨 관영방송으로의 전락을 의미한다.

최 교수는 "이처럼 FCC(미국연방통신위원회)가 언론사의 운영과 방송내용에 간섭을 하지 않는 이유는 언론사의 운영과 인사, 그리고 방송 내용에 대한 간섭이 언론의 자유를 심각히 침해할 소지가 많기 때문이다. FCC는 방송, 통신과 관련된 법률과 규제의 제정 그리고 방송국과 통신업체의 인·허가와 관련된 업무를 수행하는 기관이지 언론의 자유를 침해할 수 있는 어떠한 권한도 갖고 있지 않은 기관이다."라고 주장했다.

국가고위공직자들은 자신의 발언이 과연 적절한지, 타 기관의 정체성을 부정하거나 위태롭게 하는 것은 아닌지 되돌아보기 바란다. 민주주의란 힘 있는 몇 명이 모든 권력과 권한을 마음대로 휘둘러 '있는 색깔'조차 없게 만드는 요술을 부리는 사회를 의미하는 것이 아니다. 방통위원장의 초법적, 공격적 발언에 대해 방송사들은 이제 답변을 해야 할 차례다.

■ 2009년 08월 29일

미디어 법 4불가론
[김창룡의 미디어창] 누구를 위한 법안인가

국회 미디어 법 직권상정이 임박하자 여야의 대치도 더욱 격화되고 있다. 민주당 당대표는 단식에 들어갔다. 방송3사 노동조합은 11년 만에 합동으로 전면파업을 예고하고 있어 한국사회 전체가 혼란과 불안의 소용돌이에 휘말리고 있는 모습이다. 대체 미디어법이 무엇이기에 여야는 한 치의 양보도 없이 이런 극단적 대립과 충돌을 마다하지 않는가?

오죽하면, 김형오 국회의장이 최근 자신의 홈페이지에 "방송법이 이렇게 죽고 살기로 싸워야 하는 법이냐?"고 성토했겠는가. 김 의장은 방송법이 결국 '조중동'의 방송 참여를 놓고 싸우는 것일 뿐이라면서 "이 법은 민생과 직결되는 법도 아니고, 협상하고 타협하면 못 할 게 없다."고 지적했다.

국회의장은 이 문제의 본질을 '조중동의 방송 참여'로 규정했다. 맞는 말이다. 또 하나 더 있다. 재벌의 방송참여를 허용하는 문제도 포함돼 있다. 그동안 김 의장은 중립적 입장을 지키기 위해 무던히도 노력해 왔다. 한나라당은 '배신감을 느낀다'고 할 정도로 김 의장에 대해 불만을 표시했다. 야당은 직권상정을 앞두고 '김 의장 직권남용'이라고 비판하고 있다.

이런 현실을 두고 국민과 국가를 위해 고언을 내는 것은 언론학자의 역할이다. 나는 처음부터 '미디어 법 개정은 가능하다. 그러나 여론독과점을 예방할 수 있는 사전조치가 충분히 논의됐을 때'라는 전제를 내세웠다. 미디어 법 개정을 반대하는 야당이나 미디어 법 개정을 원하는 여당이나 이런 입장을 원하지 않았다. 그래서 미디어국민발전위원회에는 어느 쪽으로부터도 추천을 받지 못했다. 여야는 국민의 입장보다 서로의 입장을 충실히 전달할 수 있는 대리인을 찾았기 때문이다.

오히려 특정당의 입장에 서지 않기 때문에 더욱 홀가분하게 중립적으로 학자적 양심에 따라 의견을 전개할 수 있어 좋다. 이 시점에서 '미디어 법을 어떻게 보는 것이 바람직한가'라는 일반인의 판단을 돕기 위해 말씀드리고자 한다. 결론부터 정리하자면 미디어 법 직권상정은 안 된다는 것이다. '4불가론'으로 그 이유를 설명드리고자 한다.

첫째, 미디어 법안은 화급을 다투는 민생법안이 아니다.

미디어 법안은 민생법안이 아니라는 점을 여당 의원도 인정했다. 일자리 창출이라는 주장도 허구였음이 드러났다. 방송통신위원장이 인정하고 사과했으니 이를 믿을 수 있다. 이것이 아니더라도 진실로 미디어 법안을 통해 일자리가 늘어난다면 방송인들이 나서서 환영할 일이지 파업을 통해 반대할 이유가 없다. 그렇다면 민생법안도 일자리 창출 법안도 아니라면 여당에서 왜 이렇게 사생결단식으로 밀어붙이는가? 이 부분은 사실의 영역이 아닌 해석과 판단의 영역이기 때문에 입장에 따라 다양할 수 있다. 미디어 법안은 국회의장도 안타까워했듯이 무조건 올해 내에 통과시켜야 할 민생법안은 아니라는 사실이다.

둘째, 최종안이 공개되지도 논의되지도 않았다.

미디어오늘에 따르면, 나경원 한나라당 간사가 최종안이 아니지만 지분율을 제외한 수정안 일부 내용만을 공개했다고 한다. 그 주요내용은 △ "신문, 대기업의 지상파, 종편, 보도 PP의 부분적 허용(여론지배력에 따라 범위 조정, 영국 사례)" △ "대기업 및 일간신문 또는 뉴스통신은 2012년 12월 31일까지 지상파방송사업자의 최다액 출자자 또는 경영권을 실질적으로 지배하는 자가 될 수 없도록 경과조치" △ "방송사업자는 30% 이상의 시청점유율을 초과할 수 없도록 하고, 시청점유율 초과점유분에 대한 방송사업 소유 제한, 방송광고시간 제한 등의 필요한 조치를 명함(독일 사례)" 등이다.

독일모델, 영국모델 등 해외 사례를 연구 논의하는 단계의 안을 최종안으로 내세우고 있다. 영국, 독일은 언론시장이나 환경이 한국과는 매우 다르다. 또한 이외에도 어떤 주요한 내용이 더 포함돼 있는지 의원들조차 모른 채 직권상정에 나선다는 것은 어불성설이

다. 일부 공개된 '30% 이상의 시청점유율'이란 규정은 있으나 마나 한 내용이다. 실제로 국내 어느 방송사도 30% 아닌 20% 시청점유율도 현실적으로 어렵기 때문이다. 최종안이 투명하게 공개되지 못한 상태에서 직권 상정된다는 것은 졸속법안으로 더 큰 후유증을 동반하게 된다.

셋째, 국민 다수가 반대하고 있다.

국민 여론 흐름을 보면 '미디어 법 개정 반대 60.8%, 찬성 33.2%'(13일 KSOI), '미디어 법 직권상정 반대 64.5%, 찬성 27.3%'(10일 한길리서치), '미디어 법 회기 내 처리 반대 74.9%, 찬성 20.8%'(8일 미디어리서치) 등 지극히 부정적이다. 국민 대다수는 현재의 미디어 법 통과에 동의할 수 없다는 입장이다. 국민의 대의를 수렴하고 따라야 할 국회가 여론을 무시하는 행태는 민주주의를 부정하는 결과가 된다. 포퓰리즘으로 가야 한다는 것이 아니라 국민의 눈을 두려워하며 이들을 보다 만족시킬 수 있도록 법안개정과 홍보 등이 필요하다는 주장이다.

넷째, 후폭풍에 따른 사회적 비용이 너무 크다.

방송법이 아무리 국가경제를 살리는 법이라 주장해도 현재처럼 지상파 방송3사, YTN노조 등 대부분 방송인들이 극렬하게 반대하고 야당마저 장 내외 투쟁이라는 극단수단을 강구하는 상황에서 일방통행식은 더 큰 후유증을 동반하는 법이다. 정치가 사회를 통합하고 행정을 지도하지는 못할망정 거꾸로 사회를 분열시키고 갈

등을 조장하는 결과를 초래하는 것은 정치 스스로 사망선고를 내리는 것이다. 이런 식의 직권상정이 성공되더라도 향후 방송은 정치편향성, 저질과 폭력성, 난장판 섹스프로그램의 범람 등 우리 후손들이 치러야 할 대가가 눈에 선하다.

박근혜 전 한나라당 대표조차 '직권상정 반대표'를 내세웠다. 충분한 논의를 더하라는 메시지다. 무엇 때문에 시한을 정해야 하는가. 여야대리인이 아닌 전문가들을 통해 충분히 논의하고 더욱 다듬어져야 한다. 일방적 밀어붙이기는 '권력 장악'이라는 다른 정치적 의도가 있다는 의심을 받게 될 것이다.

■ 2009년 07월 21일

‘물러나라면 물러나!’ 국회의원 40명의 힘
[김창룡의 미디어창]

MBC <PD수첩> 사건이 이상한 방향으로 흘러가고 있다. 검찰이 최근 기소를 결정했을 뿐인데도 마치 불법프로그램으로 확정 판결이라도 받은 듯 청와대의 입은 성급하게 거친 논평을 내놨다. 이것은 무죄추정의 원칙이라는 헌법을 명백하게 위반하는 행위에 해당한다. 청와대의 행동대원으로 자처하고 나선 듯 이번에는 한나라당 초선 40명이 MBC 엄기영 사장을 정조준하여 ‘엄기영 물러가라’고 외치고 있다.

<PD수첩> 사건은 이제 검찰의 손을 떠나 법원으로 간 이상 이제부터 본격적인 법리논쟁이 시작된 것이다. 유죄로 보는 검찰의 주장 하나하나가 물증과 함께 법정에서 판가름 나게 될 것이다. 법원의 판결에 영향을 미치거나 판결의 가이드라인을 제시하려는 시도는 정당한 재판을 받을 권리를 침해한다는 차원에서 경계돼야 한다. 이명박 대통령이 강조하는 법치사회란 법에 의해 지배받는 사회를 의미한다.

법치사회는 떼거리나 힘이 지배하는 사회에 대칭되는 개념이다.

법의 판결이 나오기 전에 미리 불법으로 혹은 합법으로 예단해서는 안 된다는 것은 상식이다. 정당한 법절차를 존중하고 판사의 판결에 어떤 영향을 미치는 시도도 곤란하다. 특히 권력층이 입으로는 법치를 내세우고 실제로는 법집행에 영향을 미치는 언행은 삼권분립의 정신에도 어긋나며 이는 민주주의의 퇴행을 가져오게 된다. 이런 것이 모여서 제왕적 대통령, 사법부의 행정부 시녀화로 이어지는 것이다.

한나라당 초선의원 40명은 6월 23일 MBC <PD수첩>에 대한 검찰 수사결과 발표와 관련, "MBC의 제작책임자와 최고경영자는 책임을 지고 물러나야 한다."며 MBC 엄기영 사장의 사퇴를 촉구하고 나섰다고 한다.

이들은 성명에서 "지난해 온 국민을 광우병 공포에 몰아넣고, 사회적 대혼란을 야기한 MBC <PD수첩>은 객관적 사실이 아니라, 왜곡과 과장이었다는 것이 만천하에 드러났다."고도 주장했다. 청와대 이동관 대변인이 낸 논평과 대동소이하다.

이동관 대변인은 지난 6월 19일 브리핑에서 검찰의 MBC <PD수첩> 수사결과와 관련해 "이것이 외국에서 일어난 일이면 경영진이 국민한테 사죄하고 총사퇴해야 되는 일"이라고 주장했다. 그는 "이런 부분에 대한 사회적 책임, 경영적 책임에 대해서는 전혀 문제제기가 안 되고 있는 것은 심각한 도덕 불감증이라고 생각한다. 글로벌 스탠더드에 올라서려면 권한에 맞게 책임지는 사회가 돼야 한다. 비판만 하고 책임지지 않겠다거나 주관적 판단에 따라서 사물을 보겠다는 것은 언론이 아니다."라고 주장했다.

청와대나 한나라당 초선의원 40명이나 비슷한 주장을 하고 있다. '왜곡 과장이 만천하에 드러났다.' '경영자가 책임져야 한다.' '엄기영 사장은 물러나라.' 등으로 압축된다.

한나라당 초선의원들이 모여 '공영방송사 사장 물러가라.'는 식의 힘의 위세를 과시하는 것은 과히 적절해 보이지 않는다. 입법의원들이 스스로 유죄를 단정하는 오류를 범하고 있기 때문이다. 또한 프로그램이 설혹 위법한 것으로 판명 나더라도 그것이 사장이 물러나야 할 만한 사안인지 여부는 그다음에 다뤄야 할 일이다. 국회의원 40명이 모여서 단순히 청와대의 행동대 역할에 머무는 정도로 비치는 것은 그 주장에 전혀 새로운 내용이 없기 때문이다. 이미 청와대 대변인이 분개하며 정치적 메시지를 보낸 내용의 재탕에 해당되는 정도로 보인다.

상대가 누구든, 범행내용이 무엇이든 검찰의 기소행위를 두고 청와대와 국회의원 40명이 나서서 이렇게 부적절하게 위법언행을 보이는 자체가 정치적 무리수로 해석된다. 진실로 원하는 것은 무엇인가? <PD수첩> 유죄 - 엄기영 사장 퇴진 - 이명박 대통령 낙하산 사장 투하 - MBC 장악 성공 - MBC 민영화……. 이렇게 진행되는 시나리오의 전주곡을 들려주는 것인가?

법치사회는 구호로 이루어지지 않는다. 이명박 대통령이 좋아하는 법치는 청와대와 국회의원들부터 먼저 정당한 법절차를 존중하는 것이다. 검찰의 기소단계에 불과한 혐의내용을 기정사실로 인정하여 최고 권력기관이라는 청와대와 국회의원 40명이 합심하여 <PD수첩>을 단죄하는 것은 법치사회에 역행하는 것이다. 더구나 <PD수첩>의 유죄라는 주장에 한 걸음 더 나아가 '사장 물러가라'는 식은 억지에 불과하다.

공영방송사 사장을 국회의원들이 '물러가라'는 식으로 쫓아내는 것이 법치인가? 오보 때문에 사장이 물러나야 한다면 국내 방송사 신문사 사장은 단 한 달을 버티지 못하고 모두 물러나야 한다. 이보다 정도가 더 심한 명백한 오보, 대형 오보, 조작 논란 등은 수시로 벌어지는 것이 국내언론 현실이다. 법치는 '무죄추정의 원칙'을 지키는 헌법 존중의 상식에서부터 출발해야 한다. 여기에 청와대 대변인, 국회의원, 교수도 예외는 없다. 제발 오버하지 마라.

■ 2009년 06월 23일

저널리즘이 사라진 방송사
[김창룡의 미디어창] '性은 살고 時事는 죽고'

한국의 방송이 퇴행하고 있다. 저널리즘이 사라진 방송프로그램에 선정성과 흥미성만 난무하고 있다. 공영방송, 상업방송, 공중파, 케이블 TV 구분 없이 오직 시청률 경쟁에 몰입하는 모습이지만 이를 견제하고 제재해야 할 방송통신심의위원회는 출범 1년 만에 권위와 신뢰의 위기 속에 중심을 찾지 못하고 있다.

선정성 문제에 관한 한 선두에 선 상업방송 SBS는 '황금나침반'(5월 15일 방영)에서 생소한 '텐 프로'라고 불리는 유흥업소 여대생과 사귄 여자가 100명에 이른다는 '현대판 카사노바' 청년을 출연시켰다. 출연모습도 극적이다. 23살이라는 자칭 여대생의 술집 호스티스의 얼굴에 눈만 가린 채 시청자들의 궁금증을 자극했다.

패널과 오가는 대화는 위험 수준이다. "가게에서 손님으로 만난 남자친구가 보통 한 달에 400만 원 정도의 용돈을 준다." "한 달 수입은 최고 2,000만 원, 평균 1,000만 원" "(술집에 오는) 힘든 사람에게 따뜻한 상담을 해 주는 데 보람을 느낀다." 등. 여과 없이 이런 내용이 그대로 방영되는 데 문제가 없는지, 이런 프로를 보는 월 급여 100만 원대의 여성 근로자들의 입장과 방송의 해악을 고민이나 해 봤는지 의문이다.

동아닷컴은 5월 18일자 "'텐프로' 여대생 고민 왜 들어 줘야 하나"라는 제목의 기사에서 "이 프로를 지켜보면서 이 시대를 사는 청춘들의 수많은 고민 가운데 왜 하필 선정적인 내용의 주제를 지상파가 나서서 해결해 주겠다고 하는 것인지 의문이 끊이지 않았다."고 지적했다. 옳은 지적이다. 지상파 방송은 보다 공익적이고 공공적인 이슈를 다뤄야 하지만 시청률 확보가 어렵다는 이유로 '성을 상품화'하는 것이다. 이뿐만이 아니다.

조선닷컴은 5월 18일자 '저질사회 부추기는 TV'라는 제목하에 패륜과 성을 상품화하는 내용들을 조목조목 비판하고 있다. 부제에서 "불륜·패륜 '백화점'" "근친상간도 '운명'으로" "상황설정 신종 '패륜 바이러스' 퍼뜨린다" 등 신랄한 비판을 제기하고 있다. 정확하고 옳은 지적이다.

조선닷컴은 "'시청률만 올리면 그만' 기발한 불륜 찾는 데 혈안 '가족해체' 죄책감 없어"라며 그 구체적 사례로 다음과 같은 프로를 언급했다. 치매에 걸린 시어머니를 방에 가둬 둔 채 다른 남자와 불륜에 빠지고, 그 시어머니를 국도변에 버리는 며느리(KBS 2TV '장화홍련'), 유산 욕심 때문에 쓰러진 아버지를 수술하면서 식물인간으로 만들어 버린 아들(SBS TV '카인과 아벨'), 하루에도 수차례 어머니에게 칼과 쇠파이프를 휘두르는 12살 어린이(SBS TV

'긴급출동 SOS 24') ······.

방송이 이처럼 저질, 퇴행하는 데는 그만한 이유가 있다. 방송심의와 제재를 담당한 방송통신심의위원회가 통합 전후 정치심의 논란에 빠지면서 제 기능을 하지 못하고 있기 때문이다. 단순히 심의 문제만이 아니라 방송 내외적 환경에도 원인이 있다.

전반적으로 방송광고 시장이 위축되면서 공영, 민영방송 가릴 것 없이 시청률 경쟁에 나선 것도 한 원인이다. KBS의 경우 예산을 줄인다는 명목하에 시사프로그램 진행자를 모두 아나운서들로 대체했다.

아나운서들은 깊이 있는 질문이 제대로 되지 않고 민감하지만 꼭 물어야 할 질문을 하지 못하는 등 심층인터뷰에 한계를 갖는 경우가 잦다. 장·차관들은 출연하여 일방적으로 홍보성 정책 광고를 전하지만 여기에 대해 적절하게 대응하지 못하는 경우가 허다하다. TV, 라디오 가리지 않고 저널리즘은 사라지고 일방 홍보만 난무한다. 방송사의 시사프로그램은 죽었다. 이 사이를 비집고 시청률을 내세워 갖가지 패륜, 자극적 소재, 벗기기 경쟁에 나서는 모양새다.

문제는 이명박 정부가 방송법을 현행대로 개정하게 되면 이런 타락한 방송 프로그램은 더욱 많아지고 성 상품화 경쟁은 더욱 가속화될 것이라는 점이다. 신문사에 방송사를 허락하든 대기업을 방송사에 끌어들이든 그것은 이 정부가 판단하여 결정할 문제다. 그러나 그 결과, 지금의 이런 방송 문제가 더욱 심화될 전망이라면 철저한 대비책이 필요하다. 문제는 그런 대비책은 보이지 않고 법만 통과시키려 한다는 점이다.

채널수가 늘어난다고 볼 것이 많아지는 것이 아니다. 한국처럼 전반적으로 시청률이 높은 방송환경에서 각 프로그램은 공기와 같이 시청자들의 의식과 가치관에 직접적 영향을 미치게 된다. 섣불리 경영논리, 시장논리로만 접근해서는 안 되는 이유가 여기에 있다. 방송의 공영성을 거부하는 순치된 공영방송사에 시청료를 지불할 이유가 없다.

시청자들도 이런 상황에 대해 좌시해서는 안 된다. 수동적인 단순 미디어 소비자로 전락하는 한 방송사들은 더욱 시청자를 봉으로 알고 제작에 나설 것이다. 깨어 있는 시청자들만이 저널리즘을 부활시킬 수 있다. 제작진의 각성을 촉구하고 방송통신심의위원회에 제 역할을 당부할 수 있어야 한다.

고 김수환 추기경이 전두환 군사정권 시절 이런 말을 남겼다.
"신문은 있으나 저널리즘은 없고 국민은 있으나 주권은 없다."
이명박 정권하에서는 이런 말이 가능할 것 같다.
"방송은 있으나 저널리즘은 없고 시청자는 있으나 선택권은 없다."

■ 2009년 05월 18일

기자, PD의 수난시대
[김창룡의 미디어창] 그래도 권력 감시는 멈출 수 없다

1990년대 이야기다. 한 검찰 출입기자가 수사검사의 방에 몰래 들어가 수사 중이던 사건에 대한 내용을 프린트해 나오다가 마침 출근하던 검사에 의해 붙잡혔다. 그는 현행범으로 구속됐다. 무리하고도 불법적인 취재행위였고 또한 현행범이었기 때문에 구속이 불가피해 보였지만 이때 언론은 일제히 '언론자유'를 부르짖었다. 이 덕분에 그는 불과 며칠 만에 풀려나왔다.

그렇게 무리하고도 명백한 불법취재까지 해야 했던 이유가 무엇이었나 등에 대해 논란이 있었지만 조용하게 넘어갔다. 엄밀히 따져 보면, 이것은 언론자유를 내세울 만한 명분이 되지 못한다. 언론사의 불법적인 취재가 정당화되기 위해서는 까다로운 조건을 충족시켜야 하기 때문이다.

2009년 3월 말, YTN 노종면 노조위원장은 구속됐다. 형법상 업무방해 혐의를 적용하여 구속시킨 것이다. 노 위원장은 낙하산 사장에 대해 방송의 정치적 중립성과 공정성 차원에서 문제를 제기하며 반대하다 끝내 형사처분을 받게 될 운명에 처했다. 며칠 뒤 검찰은 MBC PD수첩 제작자의 한 사람인 이춘근 PD를 전격 체포했다. 이어 제작진의 자택에 대해 압수수색을 실시하고 심지어 또 다른 제작자의 약혼자 집까지 압수 수색했다고 한다.

권력의 부당한 낙하산 인사정책에 대해 반대하고, 권력의 졸속협상을 비판, 감시했다는 이유로 기자, PD들이 수난을 당하고 있지만 이에 대한 '언론자유' 침해 목소리는 경향, 한겨레 등 몇몇 신문사와 인터넷 언론사 등에 한정된다. 조선, 중앙, 동아일보 등은 마치 약속이나 한 듯이 오히려 검찰의 무리한 수사에 힘을 실어 주는 듯한 기사를 내보내고 있다. 권력의 부당한 언론탄압에 대해 침묵하고 있는 작금의 현실이 언제 자사에 부메랑이 돼 다가올지 알 수 없다.

언론자유를 내세워야 할 때는 침묵하고 사주의 세금포탈이나 명백한 불법행위에 대해서는 거꾸로 '언론자유'를 운운하는 것은 스스로 언론 자격이 없다는 소리다. 불법행위에 대해 처벌받으러 가는 사주에게는 "사장님 힘내세요."라고 외치면서 같은 동료 언론인의 핍박에 대해서는 냉담한 언론 현실은 언론인들을 초라하게 만든다.

왜 검찰의 수사를 권력의 탄압으로 간주하는가? 이것은 검찰 스스로 이미 수사권 남용으로 정리했기 때문이다. 또한 해외 사례를 보더라도 명백한 과잉수사, 언론탄압 요소가 다분하기 때문이다.

PD수첩은 지난 2008년 4월 '미국산 쇠고기, 과연 광우병에서 안전한가'라는 프로그램으로 당시 광우병의 위험성에 대한 보도를 내보냈다. 보도내용이 '과장됐다' '왜곡됐다' 등의 논란을 가져왔다. 검찰은 당시 정운천 농식품부 장관과 민동석 정책관 등의 <PD수첩>에 대한 수사 의뢰 및 명예훼손 고소가 있은 후 5명의 검사 수사팀을 만들어 6개월 동안이나 수사를 했다. 결론은 명쾌했다.

검찰은 "(PD수첩이) 오역을 하긴 했지만 공적 사안을 다룬 보도이고, 명예훼손 피해가 구체적이지 않은 상황에서 제작진을 체포·압수 수색하는 것은 수사권의 남용"이라는 것이었다. 이와 관련한 학계의 토론회도 열렸다. 다양한 주장이 나왔지만 공통된 내용 한 가지는 '형사처분 대상은 아니다'라는 점이었다.

다소 과장과 왜곡이 있었다 하더라도 공공성과 공익성, 진실이라고 믿을 만한 상당한 이유 등이 있다고 본 것이다. 이것으로 일단락되는 듯했지만 검찰은 새로운 수사팀을 꾸려 현재 강도 높게 수사를 진행하고 있다. '형사처분'을 염두에 두지 않는 한 이렇게까지 무리하게 수사하기는 힘들어 보인다.

현재의 수사팀은 과거 수사팀에 대해 '수사도 아니었다'는 식으로 부정한 것으로 보도됐다. 어떤 수사내용을 보여 주려고 이렇게 자기부정까지 하는지 기대보다 우려가 앞선다. 게다가 방송테이프 원본까지 요구하고 있는 것으로 알려졌다. 앞으로 방송 원본까지 넘겨야 하는지에 대해서도 논란이 될 것이다. 참고가 될 만한 영국 사례가 있다.

1975년 영국에서 3일간 치러진 팝송제전(Pop Festival)을 해산시키는 과정에서 경찰관이 코 부분을 강타하였다고 주장하면서 당시 ITN 촬영기자가 손해배상청구소송을 제기했다. 영국 지방법원은 증인 소환장을 통해 해산과정 중에 촬영한 모든 필름이나 비디오(공중에 보도됐든 보도되지 않았든)의 제출 및 공개를 요구했다. 이에 대해 ITN 방송 국장은 공중에 방영되지 않은 필름의 제출요구에 응할 수 없다고 대응했다.

결론은 3일간에 걸친 팝송제전을 찍은 모든 필름의 원판을 제출할 것을 요구하는 명령은 너무 광범위하여 가혹할 정도에 이르므로 취소돼야 한다는 것이었다.

PD수첩에 대한 검찰의 수사와 법원의 판결이 어떻게 나올지는 아직 거쳐야 할 많은 과정이 남아 있다. 수사권도 조사권도 없는 시사프로그램이 어느 정도까지 정확해야 하는지 검찰이 기준을 제시하지 못하게 되면 형사처분은 무리한 수사로 검찰의 수사권 남용으로 되돌아올 것이다. 권력을 감시, 견제해야 하는 언론의 역할을 검찰, 법원도 존중해야 한다. 이런 상황에서 어떻게 언론인들을 향해 권력을 감시하는 역할을 성실히 하라고 요구할 수 있는가.

이것은 궁극적으로 국민의 알권리를 위해 노력하는 언론인들을 한 줌의 권력에 충실하여 '알아서 기라'는 강압적 지시로 비칠 수 있다. 선진국에서 언론에 대해 형사처분을 자제하는 대신 민사처벌을 강력하게 하는 이유는 행여 있을 수 있는 '언론자유의 위축' 효과를 우려하기 때문이다.

언론인들의 부당한 특혜도 곤란하지만 언론인들을 강제로 끌고 가고 압수 수색하는 모습 그 자체도 문제다. 사회가 너무 격해지고 수단이 극단화되고 있는 것은 불행이다. 양보와 타협, 상생과 통합의 사회를 위한 필수조건은 권력이 좀 더 겸허해지는 것이다. 그것이 검찰권력이든 언론권력이든 국민과 역사 앞에 절제와 양보로 나타나야 한다.

■ 2009년 03월 27일

대법관이 재판의 독립성을 존중해 주기는커녕 거꾸로 침해한 사실이 대법원 진상조사단에 의해 확인됐다. 3월 16일 대법원 진상조사단은 신영철 대법관에게 제기된 재판 개입 의혹의 상당 부분을 '법관의 독립 침해 행위'로 규정했다. 또 이용훈 대법원장의 발언에 일부 자신의 생각을 더해 '작문'을 한 뒤, 이를 마치 대법원장의 말인 것처럼 판사들에게 전달하기도 했다고 조사단은 밝혔다.

진상조사단이 밝힌 신영철 대법관의 행태는 충격적이다. 판사 개개인의 재판의 독립성을 보호해 줘야 할 위치에 있는 사람이 거꾸로 다양한 방법으로 재판에 개입한 사실이 드러났기 때문이다. 전화를 걸고 이메일을 보내고 직접 소집까지 하고 할 수 있는 모든 방법을 동원한 것 같다. 오죽하면 내부의 판사들조차 공개적으로 '사법부를 흔드는 두 가지 손'이라는 제목으로 항의성 공개 글을 게시판에 올렸겠는가.

전화 걸고 이메일 보내고 소집하고 ……

울산지법 민사2단독 송승용 판사는 지난 3월 2일 법원 내부 게시판에 올린 '사법부를 흔드는 두 가지 손'이라는 글에서 촛불재판과 관련된 의혹에 대한 철저한 진상규명과 해명, 그리고 일부 언론의 사법부 길들이기에 대해 엄정한 대처가 필요하다고 주장했다. 두 가지 손 중 하나인 내부의 손은 대법원이 당초 무시전략에서 진상 밝히기로 급선회하면서 그 실체가 드러났다.

　법관 스스로 후배 판사들의 재판에 개입하고 영향력을 행사한 대가로 대법관이라는 자리를 차지하게 됐다는 지적을 면할 수 없게 됐다. 더구나 대법원장의 발언에 일부 자신의 발언을 가미해 '작문'까지 했다고 할 정도면 아주 작정하고 나섰다고밖에 볼 수 없다. 일선 판사들의 불만과 문제제기는 정당한 것이고 차제에 어떤 형태로든 개선돼야 할 부분이다.

　문제는 또 하나의 손이다. 바로 본질을 흐리고 모든 사회현안을 좌우익 이념대립으로 몰고 가는 신문사들이다.

　송 판사는 사법부의 독립성을 흔드는 두 가지 요소로 내부의 의혹제기와 함께 일부 언론의 보도를 거론했다. 직접적으로는 동아일보의 '사법부를 흔드는 판사들의 가벼운 입'(2월 28일자) 제하의 칼럼을 겨냥했다. 그러나 조선일보 역시 '좌파' 색칠을 더하며 '법복을 벗어라'고 호통 쳤다. 판사의 얼굴사진과 실명을 공개하며 이념 공세에 보조를 맞췄다.

　추상적인 이념대립은 밑도 끝도 없다. 조선, 동아일보는 사회의 모든 악을 '좌파' '좌익' '친북좌파' 등으로 몰아붙인다. 여기에는 가려야 할 쟁점도 없고 오직 처단해야 할 '빨갱이 집단' '친북좌익 집단'만이 존재할 뿐이다. 한국을 과잉이념사회로 몰아가는 데 매우 나쁜 역할을 하며 사회를 통합하기는커녕 분열을 조장한다.

조선 동아, 모든 사회악을 좌파로 몰아붙여

이번 대법원 진상조사단은 사법부의 문제점, 쟁점이 무엇인지 분명하게 밝혀냈다. 사법부를 흔드는 것은 '판사들의 가벼운 입'이 아니라 대법관의 부당한 재판개입이라는 사실을 공개했다. 대법원 치부를 대법원 스스로 밝혀냈다는 점에서 진실의지와 용기를 높이 평가해야 한다. 여기에 무슨 이념 타령이 나올 수 있나. 사법부를 제대로 감시하지 못한 언론의 역할을 반성해야 하는 것 아닌가.

대법원장의 말을 작문수준으로 이용해서 일선 판사에게 부당한 영향력을 행사하려 했다는 것 역시 대법원 스스로 밝혀냈다. 이 얼마나 중대한 문제인가. 일선판사들이 재판의 독립을 요구하고 부당한 외부개입 중단을 호소하는데 신문이 거꾸로 일선 판사들을 향해 '입 다물라' '옷 벗어라' 하는 식은 언론의 횡포이자 스스로 언론이기를 포기한 행위가 된다.

모든 길은 '좌파' '친북좌파'로 통하는 일부 신문사들의 지면제작 행태는 안타깝다. 사법부 내부의 손은 척결되겠지만 또 다른 한손은 해결할 방법이 보이지 않는다. 선출되지 않은 권력, 언론은 본질을 흐리고 쟁점을 피하는 방법으로 권력집단과 비위를 맞추는

행태를 보이고 있다.

지금은 사법부의 독립을 촉구하고 대법관, 법원장 등 법원 내부의 부당한 재판개입에 대한 제도개선에 초점을 맞추면 된다. 여기는 좌파도 우파도 개입할 여지가 없다. 민족의 신문을 자처하는 조선, 동아일보가 이념으로 민족을 분열시키고 사법부의 독립을 방해한다면 역사의 죄를 짓는 결과가 된다. 진정으로 '민족의 신문'은 어떤 신문이 돼야 하는가를 다시 한 번 고민해 주기를 바란다.

■ 2009년 03월 16일

설날을 일주일 앞두고 참담한 비극이 벌어졌다. 2009년 1월 20일 용산철거민과 경찰 등 6명이 사망하고 27명이나 부상을 당했다고 한다. 진압에 나섰다가 동료를 잃은 경찰이나 강제철거에 항의하며 생존권 투쟁에 나섰다가 참변을 당한 철거민 유가족과 동료 등 또한 이런 비극을 지켜봐야 하는 시민 모두가 참담한 심정을 가눌 수 없다.

과격시위가 참변의 직접적 원인인지, 경찰의 대책 없는 무모한 특공작전이 보다 근본적 원인인지 아직 확실하지 않다. 분명한 것은 졸지에 생명을 빼앗긴 희생자와 유족, 부상자들의 슬픔을 달래고 위무하는 일이 살아남은 자의 업이다. 청와대에까지 분노를 확산시키는 일도 괜히 정치적 쟁점만 만드는 것으로 보일 뿐이다.

그런데 불과 얼마 전까지만 하더라도 공중파 방송사 여성앵커로 주가를 날리다 청와대 부대변인으로 변신한 김은혜 씨가 뜻밖의 논평으로 성난 민심에 불을 댕겼다. 김 부대변인은 '용산 철거민

사망' 사건에 대해 "이런 과격시위의 악순환이 계속될 수 있는데 이번 사고가 그런 악순환을 끊는 계기가 됐으면 좋겠다."는 발언을 한 것이다.

이에 대해 김유정 민주당 대변인은 즉각적으로 김 부대변인의 실명까지 거론하며, "제정신이라면 국민의 생명을 앗아 간 참상을 두고 어떻게 이런 발언을 할 수 있겠느냐."며 "지금 청와대가 이 비극 앞에서 '과격시위' 타령을 하고 있을 때인가. 정말 기가 막힐 노릇"이라며 "목숨을 건 철거민들의 저항을 경찰특공대를 투입해 안전장치 하나 없이 폭력 진압한 결과가 아닌가."라며 비판했다.

청와대 부대변인의 논평은 야당의 반발을 가져왔고 이것은 향후 정치적 쟁점으로 파문이 확산될 조짐을 보이고 있다. 어떤 사안이든 정쟁으로 변질되면 여야 편 가르기식으로 본질은 흐려지고 온갖 주장과 억측만 난무하는 소모전 양상으로 흘러가게 된다.

여야 논평을 가지고 누가 옳고 그른지 따지는 것은 지난한 일이고 불필요하다. 의견은 다양할 수 있기 때문이다. 또한 정치인들의 발언은 철저한 정치적 계산과 이해관계를 전제로 하기 때문에 곧이곧대로 받아들여서도 안 된다.

김 부대변인의 발언은 권력의 집권철학을 대변한다는 차원에서 문제가 있는 것으로 보인다. 방송사 여성앵커에서 청와대 부대변인으로 변신하는 과정에서 2008년 2월 당시 김은혜 씨는 오마이뉴스와의 인터뷰에서 "…… 정치에 관심 있어서가 아니라 얼마 전부터 홍보직 서비스 분야를 한 번 경험해 보고 싶다는 꿈을 갖고 있었다. 기자로 제가 추구했던 가치와 크게 다르지 않고 구현될 수 있을 거라 생각해서 결정했다."는 발언을 했다.

또한 "기자가 천직이라고 생각한다."고 그동안 말해 왔는데 왜 이런 선택을 했느냐는 질문에 다시 이렇게 답변했다.

"맞다. 지금도 그 생각을 하지만, 기자 정신을 유지하며 사는 것과(지금 이 일이) 크게 동떨어지지 않는 것 같다. 보다 효율적으로 (정책이) 많은 사람들한테 전달될 수 있도록 할 수 있다면 그 또한 기자 정신의 구현이라 생각한다."

이런 발언의 모순에 대해 '스타기자의 변신'이란 제목으로 지난해 '미디어오늘'에 문제를 제기한 바 있다. 이번 참사를 통해 나타난 김 부대변인의 논평은 자신의 변신이유, 목적과 다르게 나타나기 때문에 다시 한 번 환기시킬 필요가 있다.

김 부대변인은 이번 '철거민 참사사건'의 실체가 밝혀지기도 전에 "과격시위의 악순환을 끊는 계기가 돼야 한다."고 주장했다. 이 주장에는 이번 사건을 파악하고 해석하는 메시지가 분명하게 나타난다. 참사의 원인은 과격시위 때문이라고 단정하고 있다. 그리고 국민을 향해 과격시위의 악순환은 안 된다고 경고하고 있다.

이것이 본인이 청와대에서 '홍보직 서비스 분야'를 체험하며 기대한 일인가? 이것이 '기자정신의 구현'이라고 믿고 있는가?

홍보도 실체가 파악되기 전에는 함부로 논평이나 주장을 자제하는 것이다. 홍보 차원에서 논평이 필요하다면 중립적 입장에서 유족들을 위무하고 사태수습을 위한 신속한 방안을 제시하는 정도다.

기자정신이라면 무엇인가? 사건의 어느 한쪽 면만 부각시키는 것이 아니라 진실을 추구하고 중립을 유지하는 것이다. 섣부른 단정은 금물이다. 어느 쪽을 대입시켜도 이 부대변인이 약속한 당초의 변신의 이유가 납득되지 않는다.

청와대에 들어가면서 '기자정신'을 운운한 자체가 기자들을 욕되게 한 것이라고 생각해 본 적은 없는지, 청와대에 들어가서 기자정신을 구현한다는 자체가 가능하다고 믿은 것인지 ……. 기자직을 떠나도 기자정신으로 살아가겠다는 그 정신은 높이 평가하고 싶다. 그러나 청와대 부대변인으로 등장해서 내놓는 논평 어디에도 '기자정신' '홍보서비스 마인드'도 보이지 않은 것은 유감이다.

언행이 일치하지 않은 청와대 부대변인의 논평이 반복된다면 신뢰를 잃어 가고 있는 이명박 정부의 소방수 역할은 기대하기 힘들 것이다. 한때 국민적 믿음의 상징이었던 여성앵커가 권력의 나팔수로 전락한 모습을 보는 것은 안타까운 일이다.

국민을 향해 따스한 눈길을 보내고 진솔한 목소리를 낼 수 없다면, '과격시위 단절'을 운운하며 훈계하듯 눈을 부라리면, 김 부대변인은 자신이 그토록 기대했던 '기자정신 구현'과 '홍보서비스 실습'도 만사휴의가 될 것이다. 김 부대변인이 미래에 뭘 하든 그것은 별로 중요하지 않다. 표리부동한 폴리널리스트들의 권언유착을 단절시키는 것이 더 시급하다. 지금 이 순간에도 제2, 제3의 권력 하수인을 자처하는 언론인들은 좌고우면하고 있다.

최시중, 이동관, 김은혜 등 언론인들에 둘러싸인 이 정부는 국민과의 소통이 단절됐다. 청와대 대변인, 부대변인이 모두 폴리널리스트 출신이지만 이들이 민의를 어떻게 전달하고 반영하는지 현실을 보면 희망적이지 않다. 이명박 대통령이 폴리널리스트와는 단절하고 국민과 소통해야 할 텐데……. 재임기간에는 기대하기 힘들 것 같다. 그래도 이 대통령에게 박수를 보낼 날이 오리라고 믿어야 한다. 그것이 이 나라를 위한 길이니까.

■ 2009년 01월 20일

KBS 노조는 어디서 무얼 하고 있는가
[김창룡의 미디어창] 노조원들의 공분을 보고 있는가

공영방송 KBS가 관영방송 KBS로 급격한 탈바꿈을 하는 과정에 일선 기자와 PD들의 저항의 몸짓은 애처로울 지경인데 정작 KBS 노조는 어디서 무얼 하고 있는지 보이지 않는다. 시대의 흐름을 거스르는 KBS 노조의 납득할 수 없는 침묵은 무엇을 의미하고 있는가?

신뢰도 1위, 영향력 1위를 자랑하던 KBS의 해체는 굉음을 울리며 진행되고 있다. '기자 중의 기자'로 손꼽히던 김용진 KBS 탐사보도팀장이 팀원으로 강등되더니 지방으로 쫓겨났다. 지방은 다시한 번 과거나 지금이나 유배지로 전락한 셈이다. 한두 명의 인사문제라면 그냥 넘어갈 수도 있다.

그러나 KBS PD, 기자 등 구성원들의 분노에 찬 목소리가 연이어 터져 나오고 있는데 이들의 목소리를 대변해야 할 KBS 노조는 침묵 속에 빠졌다. 한때는 '낙하산 인사반대'라며 저항 시늉을 내는 듯하더니 정작 낙하산 사장의 인사전횡과 구성원들의 조직적인 반발이 나오는데 최일선에서 공영방송 사수를 외쳐야 할 노조는 형체를 찾을 수 없다.

그동안 KBS 노조의 납득하기 힘든 행보가 한두 번이 아니었지만 최근 들어 KBS PD, 기자들의 항의성명을 보면서 외부자의 시각에서 이해할 수 없는 일이 너무 많다.

이병순 KBS 사장의 '9·17 보복성 사원 인사'에 대해 KBS PD협회가 "더 이상 성명으로만 그치지 않고 총의를 모아 행동에 나서겠다."고 했다.

KBS PD협회(회장 김덕재)는 최근 발표한 성명에서 보복인사→감사팀의 징계절차→<미디어포커스> <생방송 시사투나잇> 폐지논의 등 일련의 움직임에 대해 "공영방송 KBS를 죽음의 심연(深淵)으로 몰아가는 행보는 계획대로 절정을 향해 치닫고 있다."며 "지난 19일 열린 국회 문광위는 그동안 소문으로만 떠돌았던 이러한 시나리오들이 백일하에 드러나는 순간이었다."고 성토했다.

KBS <미디어포커스> 제작진도 성명을 발표했다.

▲ KBS PD협회가 지난 23일 낮 12시 서울 여의도 KBS 신관 5층 국제회의실에서 총회를 열어 9·17 보복성 사원 인사와 <생방송 시사투나잇> 폐지 움직임에 대한 대응책 마련을 위해 논의하고 있다. ⓒ 미디어오늘

<미디어 포커스>의 개편이 사실상 '폐지'라는 것이다. <미디어 포커스> 제작진은 "현 상황에 깊은 우려를 표한다. 문패와 틀을 바꾸는, 사실상 기존 프로그램의 폐지나 다름없는 작업을 하면서, 합당한 논거조차 대지 않고 일사천리로 개편 작업이 진행되고 있기 때문"이라고 주장했다.

<미디어 포커스> 제작진은 "사 측이 자신들을 있게 한 권력과 조중동에 화답하기 위해 <미디어 포커스> 개편이라는 성의를 보이는 것은 아닌지 강한 의구심을 갖고 있다. 그렇지 않다면, 왜 미디어 비평 프로그램의 필요성을 인정한다면서 <미디어 포커스>라는 프로그램 이름을 굳이 바꾸려고 하는가?"라고 반문했다.

방송사에서 프로그램을 개편하고 없애는 것은 일상적으로 있는 일이다. 다만 자율적으로 합당한 논의를 통해 이루어지는 것인가, 일방적 지시나 밀실에서 보이지 않는 손에 의해 진행되는 것인가에 따라 결과는 천양지차가 난다. 현재 논란이 되고 있는 프로그램들은 이미 정치권에서 여러 차례 간섭을 하며 폐지를 촉구한 적이 있다는 점에서 자율적인 결정으로 보기 어렵다. 어디서 누구의 지시로 폐지가 되었는지는 시간이 지나면 드러나는 법이다.

능력 있는 기자, PD들을 적대시하며 부당한 사유를 내세워 쫓아내는 것은 KBS의 경쟁력을 스스로 떨어뜨리는 자충수가 된다. 공영방송에서 관영방송으로 과거로의 회귀가 착착 진행되는데 정작 이를 견제하고 문제를 제기해야 할 KBS 노조는 입을 봉해 버렸다. KBS 노조는 누구를 위해 무엇 때문에 존재하는지 구성원들에게 설명할 수 있어야 한다.

KBS는 KBS 구성원만의 것이 아니고 말 그대로 '국민의 방송'이다. KBS 노조가 이해할 수 없는 행보를 보일 때 누가 나서서 공영방송 사수를 대신 외쳐 주겠는가. 공영방송을 위한 일선 기자, PD들의 애처로운 거부의 몸짓을 외면하는 KBS 노조는 역사의 죄를 짓고 있는 셈이다. KBS 노조는 부당한 인사정책에 항의하는 구성원들의 절박한 몸부림과 요구에 응답하기 바란다.

■ 2008년 09월 24일

'정치권력의 힘에 포위되다'
[김창룡의 미디어창] 신뢰도 1위, KBS

검찰, 감사원, 교육부 등 국가기관이 KBS를 정조준하고 있다. 공영방송 KBS의 독립성을 위해 보호막이 돼야 할 KBS 이사회마저 역설적으로 정치권력의 편으로 기운 모습이다. 유재천 이사장이 KBS 이사회로 와서 가장 먼저 한다는 것이 '보도본부장 징계' 추진으로 비치는 것은 기대를 저버린 행태로 비판받게 될 것이다.

검찰, 감사원은 정연주 KBS 사장을 몰아내기 위해 앞장서고 있다는 비판을 받고 있다. 촛불집회에서 '공영방송 지키기'를 위해 나선 시민들은 정부의 방송장악 의도를 규탄하고 있다는 것이 바로 그 물증이다. 국가기관이 사장 몰아내는 데 겉으로는 합법적 방법을 강구하는 데 비해 보도본부장에게 압박을 가하고 있는 곳은 바로 KBS 이사회다. 명목은 '이사회 관련 KBS뉴스에 문제가 있다'는 이유 때문이라고 한다.

▲ 지난 **13**일 **KBS** 사옥 앞에서 공영방송 수호를 위한 촛불문화제가 열렸다. ⓒ 미디어오늘

KBS 이사회는 17일 오후 3시 임시이사회를 열어 '9시 뉴스 왜곡보도에 관한 인책건'을 안건으로 다루기로 했다고 한다(경향신문 6월 17일). 이 보도에 따르면, 익명의 KBS 이사의 말을 인용하여 "최근 이사회를 다룬 KBS 뉴스 9의 2가지 보도가 문제가 있는데도 개선의 여지가 없어 이 본부장 해임권고안을 논의할 가능성이 크다."고 말한 것으로 전했다.

여기서 이사회가 문제 삼은 2가지 보도란 지난 5월 15일 '신태섭 KBS이사 사퇴 압력'이란 제목으로 보도한 것이다. 첫 번째 내용은 "KBS 이사회가 정연주 사장에 대한 사퇴권고안을 안건으로 다룰 예정"이라고 보도했지만 이사회 측은 "당시 정 사장에 대한 사퇴권고안이 아니라 KBS의 제반 현안을 논의했기 때문에 이 보도는 오보"라고 주장한다.

또 하나는 지난 5월 26일 2007년도 KBS 경영평가 결산 내용을 보도하면서 "KBS에 대한 외부 경영평가 위원회의 경영평가서에 KBS 경영의 문제점을 지적하는 내용을 이사회가 이례적으로 첨부했다."는 한 외부경영평가위원의 발언을 공개했다는 것이다. KBS는 "이사회가 첨부한 내용은 외부 경영평가위원회가 동의할 수 없는 것으로, 평가위원의 인격권을 침해했으므로 법적 대응을 할 것"이라고 보도했다. 이에 대해 이사회는 "이사회가 마치 월권을 한 것처럼 보도했다."며 보도책임자에 대한 징계논의에 착수했다고 한다.

KBS 이사회가 서둘러 임시이사회를 열어 어떤 결론을 내릴지는 알 수 없다. 여기서 분명한 것은 과연 이런 사안으로 KBS 이사회가 보도본부장을 징계하기 위해 이사회를 소집하여 논의할 만한 정당성과 적절성을 갖추고 있느냐는 점이다. 오히려 이사회가 부당하게 편집권을 침해할 요소는 없는가에 대한 의문이다. 이런 문제를 제기하는 데는 적어도 세 가지 이유가 있다.

첫째, 일의 순서와 절차에 문제가 있기 때문이다.
KBS 이사회에서 '오보' 혹은 '편파보도'라고 주장하는 2건의 보도는 모두 이사회의 일방적인 주장일 뿐이다. 중재위원회나 법원으로부터 오보판정이 난 것도 아닌 일방적 주장을 기초로 해당 보도책임자에 대한 징계를 논의한다는 것 자체가 난센스다.

둘째, KBS 이사회도 논란의 이해당사자이기 때문에 공정성을 유지할 수 없어 이번 사안으로 징계를 내릴 위치에 있지 않다.
문제의 보도에 대해 KBS 측 주장과 이사회 측 주장은 서로 맞서 있으며 이를 판정하기 위해서는 객관적으로 권위를 지닌 기관의 판단이 필요하다. 이해당사자가 주관적 판단을 내리고 그 판단을 근거로 징계를 가하게 되면 우월적 지위의 남용으로 심각한 편집권 훼손행위로 비판받게 될 것이다.

셋째, 설혹 보도에 문제가 있다 하더라도 이사회가 직접적 징계주체가 될 수 있느냐는 문제와 왜 직접 보도한 취재기자, 부장보다 보도본부장이 직접적이고 가장 중대한 징계대상자가 돼야 하느냐는 점이다.

이사회의 주장처럼 오보를 했다고 해서 보도본부장을 징계하는 식이라면 어느 보도본부장이 제 임무를 수행할 수 있겠는가. 그동안 언론계 중대한 오보의 경우도 대부분 취재기자가 일차적 책임을 지고 국장이나 본부장은 도덕적 책임 정도에 머물렀다. 상대적으로 사소한 보도에 문제가 있다는 주장만 가지고 KBS 이사회가 보도본부장 징계를 운운하는 것은 명백한 월권행위다. KBS 이사회 스스로 존재이유를 반문해 보기 바란다.

KBS는 그동안 각종 미디어 평가에서 신뢰도 1위를 유지해 왔다. 과거 편파방송, 불공정보도 때문에 'KBS 시청료 거부운동'까지 겪었던 공영방송의 눈부신 발전은 구성원과 사회 전반적 민주주의 발전에 힘입은 바 크다. 권력의 힘이 개입하기 시작하면 방송은 독립성과 공정성을 잃게 된다. KBS 이사회가 공영방송 지킴이의 보루가 될 것인지, 낙하산 인사들의 권력 눈치 보기의 전위대가 될 것인지 기로에 섰다.

■ 2008년 06월 17일

부시의 여론조작, 놀아난 미국과 한국 언론
[김창룡의 미디어창] '전 백악관 대변인 회고록 파문'

이라크 전쟁은 불필요한 전쟁이었지만 여론을 조작해서까지 전쟁을 치렀다는 주장이 조지 부시 미국 대통령 최측근으로부터 나왔다. 부시 대통령을 3년 가까이 보좌했던 스콧 매클렐런 전 백악관 대변인이 회고록을 통해 이런 파격적인 주장을 하고 있다고 한국의 워싱턴 특파원들은 경쟁적으로 보도하고 있다.

마치 한국 언론은 아무 문제가 없었다는 듯 '부시의 입 부시를 쪼다' 혹은 '부시가 이라크 전쟁을 위해 여론을 조작했다'는 식으로 미국 국내 문제로 한정해서 보도하고 있다. 부시 행정부의 전쟁을 부추긴 미국 언론, 그 미국 언론보다 더 미국적인 보도를 통해 한국 국민의 눈과 귀를 가리며 진실외면에 앞장서 스스로 침략전쟁 선전 도구로 전락했던 한국 언론, 특히 조선, 중앙, 동아 일보는 최소한의 자기반성과 죄의식을 느껴야 하지 않을까. KBS, MBC, SBS 등 방송사들의 무책임한 보도, 미국 정부의 주장, CNN 등 미국언론의 주장을 여과 없이 보도했던 과거 자료는 고스란히 부끄러운 흉터처럼 남아 있다.

불필요한 전쟁 때문에 수십만 명의 무고한 이라크 시민들이 죽어 갔고 지금 이 시간에도 이라크와 아프가니스탄에는 미국의 꼭두각시 정권 때문에 테러와 준전시 상황이 그치지 않아 시민들이 질곡의 삶을 살아가고 있다. 여기에 대한 최소한의 도덕적 책임을 공유해야 한다는 주장에 대해 한국 특파원과 언론인들은 어떻게 받아들일까?

‘거짓말’을 앞세워 수많은 인명을 살상하는 전쟁이라는 극단적인 선택을 하는 미국 정부에 대해 그 논리의 정당성과 그 목적의 타당성 등을 검증하고 견제하기는커녕 선전도구처럼 전쟁논리를 전파하는 데 앞장선 언론은 이런 ‘자기반성형’ 회고록을 보는 심정이 어떠할까?

‘담담하다’는 반응이라면 이미 그런 진실을 알고도 여론조작에 자발적으로 나섰다는 점에서 ‘사악하다’는 비판을 받게 될 것이다. ‘충격적이다’라는 반응이라면 정보부재, 판단미숙에 따른 여론조작의 수단이 됐다는 점에서 보도기관의 역량과 윤리적 기준에 심각한 문제가 있다는 반증이다.

2003년 4월 미국의 이라크 침략전쟁은 미국의 의도대로 사담 후세인을 제거했고 중동지역 한가운데 친미정권을 세우는 것으로 사실상 막을 내렸다. 유엔이 이 전쟁을 공식적으로 반대했고 전 세계의 반전운동이 거셌지만 미국은 영국과 함께 전쟁을 일으켰고 전쟁시작 불과 20일 만에 ‘성공’이라며 자평했다.

미국이 전쟁의 명분으로 내세웠던 '이라크 대량살상 무기의 존재'나 '9ㆍ11테러의 배후로 믿고 있던 오사마 빈 라덴의 연계설' 등에 대해서는 어떤 물증도 제시하지 못했다. 그러나 미국 언론이나 국내 '숭미주의' 언론은 미국의 전쟁명분에 대해 어떤 이의도 제시하지 않은 편이었다. 전쟁 후 미국 언론은 뉴욕타임스 등을 중심으로 '반성문'을 내보냈지만 정작 한국 언론은 과거 어떤 보도를 했고 어떤 오보를 양산했는지 점검도 반성도 없다.

'미디어의 전쟁보도(김창룡, '매스컴과 미디어 비평' 2003, pp.210 - 241)'를 통해 국제뉴스를 다루는 한국 언론의 문제점을 6가지로 정리했는데 일부를 인용하면 이렇다.

먼저 출처가 불분명한 정보를 자의적으로 키우거나 확대 해석해서 보도하는 행태로 여론조작을 한다는 점이었다. 특히 한국 언론은 미국의 CNN이나 ABC방송 등 미국언론의 충실한 나팔수 역할을 수행했다는 점이다. 오보나 의도된 왜곡보도가 전쟁 초기 3 - 4일 동안 거의 85%에 이를 정도로 극심했다는 분석이 나왔다.

전쟁 초기 미국 내는 물론 세계의 여론을 미국 편으로 잡아 두려는 미국의 언론통제 전략과 정확하게 맞아떨어졌으며 결과적으로 한국 언론도 이런 미국의 언론통제 전략에 놀아난 셈이 됐다고 지적했다.

부시 전 대변인의 뒤늦은 고백과 참회를 보도하는 한국 언론을 보며 마음이 착잡하다. 이런 지적을 하면, 그 누구든 '반미주의자'

'친북세력'으로 매도하는 행태에 변함이 없다. 신문시장을 지배하는 거대신문사들에게 보다 높은 도덕성과 공정성을 요구하는 것은 당위다. 그만큼 영향력이 지대하기 때문이다.

불필요한 전쟁 때문에 직접적 피해자가 된 이라크 시민들은 영문도 모른 채 죽어 가고 있고 부상당한 채 살아가야 한다. 왜 고향을 떠나야 하며 왜 가족과 헤어져서 살아가야 하는지 그들은 이해하지 못한다. 똑같은 인간이 다른 인간의 행복추구권을 훼손하고 생명까지 앗아 갈 특권을 그 누구에게도 부여하지 않았다. 그런 나쁜 짓을 하는데 옆에서 말리지는 못할망정 부추기고 떠들어 댄 그들은 누구인가?

맥클랠런 전 대변인의 고백은 우리의 판단과 죄악을 되돌아보게 한다. 현직에 있을 때는 전쟁 분위기에 편승하여 전쟁논리를 확산시켰고 이제 현직을 떠나 책을 통해 돈벌이에 나서는 전 대변인의 장삿속을 보면서, 한국 언론은 어디로 가고 있는지 다시 생각하게 된다.

■ 2008년 05월 29일

[대구경제가 망해 가는 진짜 이유들
[김창룡의 미디어창] 100억 원대 횡령혐의자 비호 앞
장선 언론]

건설회사 공금 100억 원대를 빼돌려 구속영장이 신청된 건설업자에 대해 지역에서 내로라하는 언론사 대표들이 합동으로 탄원서를 제출하는 '언론계 비극적 사건'이 발생했다. 미국쇠고기 협상파문 때문에 제대로 주목을 받지 못했지만 보통 심각한 문제가 아니다.

미디어오늘(5월 9일자) '대구 언론사 대표들, 횡령 건설업자 불구속 탄원서에 서명 논란'의 제목의 기사에 부제는 이렇다. "대구 KBS · TBC · 대구일보 · 매일신문 등 …… '부적절함 넘어 부도덕' 비판"이라고 해설을 붙였다. 이 보도가 사실이라면 이는 단순히 도덕적 부적절함을 넘어 배임과 직무유기의 불법논란까지 불러올 사안이라는 판단이다.

대구 지역 언론사 대표들이 회사 돈 104억 원을 빼돌린 혐의로 구속영장이 청구된 지역 건설업자를 선처해 달라는 탄원서를 대구지방법원에 제출했다고 한다. "지역 경제가 어려우니 박 씨를 불구속해 달라."는 내용의 탄원서는 김범일 대구시장 등이 주도한 것으

로, 서상기 한나라당 의원(대구 북구을), 이화언 대구은행장, 김형렬 대구 수성구청장 등도 서명한 것으로 알려졌다고 미디어오늘은 보도했다.

이 신문은 구체적으로 누가 이런 탄원서에 서명했는지 이름까지 밝혔다. 공영방송사 지역대표, 지역 최대 신문사 대표 등 지역의 막강한 신문, 방송사 대표들의 이름이 올라 있다. 윤덕수 KBS 대구방송 총국장, 이노수 TBC 사장, 이용길 매일신문 사장, 이태열 대구일보 회장은 지난 6일 공금횡령 혐의로 검찰 조사를 받고 있는 건설사 (주)해피하제의 실질적인 대표 박 모(50) 씨를 불구속해 달라는 탄원서에 서명했다고 한다.

이 덕분인지는 분명하지 않지만 거액의 회사 돈을 횡령한 혐의를 받고도 이례적으로 영장이 기각됐다고 한다. 검찰은 박 씨에 대한 구속영장이 기각된 뒤인 지난 8일, 기자실에서 관련 사실을 브리핑하면서 '대구 패밀리 정신이 이렇게 강한지 몰랐다'고 비꼰 것으로 전해졌다.

이 사건이 왜 중요하고 2008년 언론계의 비극적 사건의 하나라고 주장하는가? 수사 중인 사건에 대해 왜 수사와는 무관한 언론사에 대해 배임 혹은 직무유기의 의혹이 있다는 주장을 하는가?

첫째, 권력을 비판, 감시하는 것이 언론의 숙명적 사명임에도 불구하고 이를 외면했기 때문이다. 단순히 외면하는 정도가 아니라 비리혐의자에 대해 엄정한 수사를 감시하기는커녕 불구속 수사하

라고 탄원서를 제출하는 데 서명까지 했으니 이는 자기 신분이나 직책을 망각한 행태로 보이기 때문이다.

둘째, 탄원서에 서명한 언론사 대표들은 취재기자들의 취재영역과 보도내용에 직접적 영향을 미칠 수 있는 위치에 있기 때문이다. 일선 취재기자들이 건설업자의 불법로비에 대해 보도하려 할 때 소속회사 대표가 탄원서에 서명할 정도라면 제대로 보도가 되겠는가. 외풍을 막아 줘도 제대로 보도할 수 있을지 의문인데, 대표가 앞장서서 '선처'에 서명할 정도라면 대구시민들의 눈과 귀를 가리는 '배반의 망동'을 하고 있다는 비판을 받게 된다.

셋째, 무엇보다 탄원서를 주도한 정치권 사람들은 이해당사자들, 범죄연루혐의자들이라는 점이다. 100억 원대 회사 돈을 빼돌려 '정관계 로비 의혹'이라는 얘기가 나오고 있는 만큼 그 돈이 탄원서를 주도한 사람들과의 연관성을 의심할 수 있다는 것이다. 만약 언론사 대표들이 이런 내용을 알고서도 서명했다면 공범의혹을 받게 될 것이고 이런 내용조차 모른 채 서명했다면 스스로 언론사 대표 자격이 없다는 증거가 된다.

넷째, 탄원서를 제출할 만한 사유가 무엇인가? 그 탄원서에 언론사 대표가 서명하지 않을 수 없는 공익적 당위성이 있느냐에 대한 물음이다. 이 사건은 언론사 대표가 탄원서에 서명할 만한 공공적, 공익적 이유가 없다는 데 문제의 심각성이 있다. 한 개인 건설업자가 사적 이윤을 목적으로 수차례에 걸친 '설계변경' 등을 시도했고 이것을 '지역경제'를 운운하며 탄원서를 만들었다는 사실이다. 대형 건설업계 비리에 한국 언론은 부끄럽게도 그 한 축으로 기능해 왔다. 뿌리 깊은 한국사회 구조적 관행적 불법, 비리 사건에 언론은 참담할 정도로 연루돼 있었거나 적극적 가담자였다는 것이 과거 교훈이다.

선진국의 상위권 사회투명성 지수(TI)는 공통적으로 9.0(10점 만점)대를 기록하고 있다. 한국처럼 국민소득 2만 불대라면 투명성 지수가 최소한 7.0대 내외가 정상수치다. 그러나 한국의 투명성 지수는 5.0대를 기록하고 있어 경제적으로 잘살지만 여전히 부패한 국가의 이미지를 벗어나지 못하고 있다.

부패한 나라, 비리가 많은 지역에 투자가들이 가지 않는 것은 동서양을 막론하고 공통된 현상이다. 그런 곳에 해외 투자가들이 투자를 꺼리는 이유는 결과를 예측할 수 없기 때문이다. 공정한 경쟁을 기대할 수 없고 로비와 불공정, 특혜가 판을 치기 때문이다. 해외 투기꾼은 와도 해외 투자유치는 어렵다.

대구 지역경제가 어려운 것은 이런 불법, 탈법 의혹을 받고 있는 개인 건설업자를 시장에서 솎아 내지 못하거나 단죄하지 못하기 때문이다. 건실한 업체가 투명한 경쟁을 통해 성장하고 이를 제도적으로 뒷받침해 줄 때 지역사회가 건강해지는 법이다. 획일화된 사회구조, 법보다 의리, 지역정서를 먼저 따지는 곳에 발전은 없다. 검사도 판사도 한통속 문화 속의 한계를 벗어나기 힘들다. 뭘 기대하겠는가.

대구 시민, 지역사회단체, 학계에서 이런 문제를 지적하고 지역
언론의 직무태만과 배임행위에 대해 목소리를 높이지 못하는 한
대구경제의 몰락은 쉽게 치유되지 않을 것이다. 부당한 탄원서 서
명행위는 공정보도 책임자의 자살행위로 인식하게 해야 교훈으로
삼게 될 것이다.

해당 각 언론사들이 자체 조사를 한다고 하지만 자사 대표나 사
장이 연루된 사건을 어떻게 보도하겠는가. 기대하지 않는 것이 낫
다. 해당 검사 역시 당연히 구속돼야 할 인사가 이렇게 불구속 판
단을 내리는 재판부를 보며 이미 이 사건이 어디로 갈 것이라는 것
을 영악할 정도로 잘 안다. 언론의 침묵 속에 진실은 사라지고 잊
힐 것이다. 그 무렵 탄원서에 서명한 사람들은 폭탄주를 기울이며
'지역기관장 모임'의 효율성을 자축하고 있을 것이다.

■ 2008년 05월 11일

한국 언론이 퇴행하고 있다
[김창룡의 미디어워치] 언론선진화에 역행하는 언론계 인사들

한국 언론의 선진화에 역행하는 인사들의 부끄러운 행렬이 그치지 않고 있다. 과거 언론계에서 정치권으로 말을 갈아탈 때에 최소한 조용하게 좀은 쑥스럽게 움직이던 모습과 대조적으로 이제는 당당함이 넘쳐 뻔뻔하게 보여도 개의치 않는 분위기다. 과정의 불투명성이 결과의 화려함에 묻혀 버린다.

김두우 중앙일보 수석논설위원이 청와대로 자리를 옮기기 이틀 전까지 기명칼럼을 쓴 사실에 현직 기자들이 분노했다. 영문을 모르는 독자들은 그냥 막연한 피해자로 남는다. 유성식 한국일보 정치부장이 역시 정치권으로 자리를 이동하면서도 언론계에 상처를 남겼다. 현직 정치부장이 현역에서 곧바로 권력의 품에 안긴다는 것은 언론 본연의 권력 감시 기능을 포기한 처사로 보였기 때문이다.

MBC 김은혜 앵커는 청와대로 가면서 '정치하러 가는 것'이 아니라고 했다. '기자정신의 구현'이라는 해괴한 논리로 시청자들을 혼란시켰다. 여기다 방송의 정치권 독립을 주장했던 노조위원장 출

신 최문순 MBC 사장마저 정치인으로 변신하기 위해 통합민주당 국회의원 비례대표 후보로 신청했다고 한다. 간판 앵커의 변신으로 전전긍긍하던 MBC가 이제 전직 사장마저 정치권으로 줄서기 했다는 사실에 충격을 받은 모습이다.

최문순이 누구던가. 전국언론노동조합 위원장, MBC 노조 위원장 출신으로 '방송의 정치적 독립성'을 누구보다 크게 앞장서서 외치던 언론인이 아니었던가. 최 전 사장이 "언론 독립성을 유지하기 위한 방어막을 시급하게 만들기 위해 공천을 신청한다."라는 주장을 내세웠지만 얼마나 설득력이 있는가. 전쟁을 막기 위해 전쟁을 해야 한다는 논리로 남의 땅을 함부로 침공하는 행위와 무슨 차이가 있는가.

오죽하면 전국언론노조 문화방송본부가 성명서를 발표하며 "퇴임사의 잉크도 채 마르지 않은 상황이다. 조합은 최 전 사장의 납득되지 않는 이번 행동에 대해 서글픔을 넘어 분노까지 느낀다."고 개탄했을까.

이제 정치권은 언론인들로 넘쳐난다. 전·현직 언론인들이 언론계에서 정치권으로 꾸준히 들어가면서 기자, 앵커, 국장, 논설위원, 사장, 회장 출신들이 하나의 거대한 집단을 형성하게 됐다. 언론계 출신 정치인들이 늘어나는 데 비례해서 한국 언론의 위상은 초라해져 가고 있다. 최대의 단점인 정파적 편향성의 시비에서 자유롭기는커녕 오히려 문제는 더 심화됐다. 소문은 사실로 확인됐다.

언론계 인사들의 정계진출을 왜 비판적으로 봐야 하는지 몇 가지 이유를 제시하겠다.

첫째, 언론인이 공천을 받거나 청와대의 부름을 받기 위해서는 언론인의 본분을 성실하게 수행해서는 불가능하기 때문이다. 공당에서 공천을 주거나 비례대표 의석을 보장하는 이유는 그만한 기여나 이용가치를 인정받기 때문이다. 모두는 아니더라도 대부분의 언론인 출신들이 공정 보도보다는 불공정 보도로 국민의 보편적 이익보다는 특정당, 특정후보를 위한 편향된 이익을 위해 노력했을 때 주어지는 일종의 특혜다.

둘째, 언론계를 떠나는 것으로 문제는 끝나는 것이 아니고 음험한 커넥션을 형성하게 된다. 권력으로 간 언론인들은 자신의 심복이나 측근을 다시 불러들이는 창구 노릇을 하고 있다. 그들은 불공정 보도를 구조적으로 만드는 잘못된 커넥션을 형성하는 뼈대 역할을 하게 된다. 한국 같은 공·사 구분이 잘 안 되는 사회에서 '한 번 선배'는 직위와 직종이 바뀌어도 후배 기자들은 '선배'라고 찾아가서 서로 '누이 좋고 매부 좋은 거래'를 할 위험에 빠지게 된다. 언론계에도 전관예우가 있는 법이다.

셋째, 민주적 기본질서를 해치고 언론계 신뢰를 망치기 때문이다. 민주주의 사회의 기본은 상호 견제와 감시체제에 의해 움직이는 것이다. 언론과 권력이 서로 일정한 거리를 유지해야 하는 이유이기도 하다. 그러나 서로 당기고 끌어 주는 사이가 되기 위해서는 이런 거리를 없애야 한다. 폭탄주와 러브샷으로 혹은 학교, 고향

선후배로 거리를 없애고 유착관계가 형성돼야 자리이동이 가능해 진다. 떠나는 자는 자신의 정치적 야망, 목적을 위해 가겠지만 그 렇게 원칙 없이 떠나는 바람에 피해와 상처는 고스란히 남은 자의 몫이다. 어느 언론사치고 정치권으로 많이 떠난 언론인이 있었던 언론사가 정치적 독립, 신뢰를 받고 있다는 평가를 들어 본 적이 없다.

그러면 해결책은 있는가? 완벽하지는 않지만 없는 것보다는 나은 방법이 있다. 개개인의 선택과 자유에만 맡기기에는 언론인, 언론 사의 역할이 너무 지대하기 때문에 대응책 마련이 시급하다. 공정 한 게임의 룰을 만들고 이를 정착시켜야 한다.

한국기자협회, 전국언론노동조합, 각개별 언론사가 윤리강령을 통해 회장을 포함한 언론인들의 정계진출에 제한을 둬야 한다. KBS는 2003년 윤리강령 개정으로 6개월 전에 현직에서 물러나도 록 했지만 이런 강령이 지켜지지 않았다. 그러나 일단 이런 강령이 있는 것과 아예 없는 것은 큰 차이가 있다. 일단 구성원들의 합의 된 강령을 만드는 것이 급선무다.

그다음, 강령제정 이후 운영이 매우 중요하다. KBS처럼 뻔히 강 령을 지키지 않고 공천을 신청하는 인사들에 대해서는 비록 사표 를 제출했다고 하더라도 강령위반 사실을 기사로 알리고 공문을 통해 해당 정당 공천심사위원회에 의견서를 제출해야 한다. 언론단 체들은 윤리강령을 위반한 언론인들을 그 대상이 누구든 언론계의 적으로 간주하여 도덕적, 사회적 비판이라는 부담을 줘야 한다. 윤리강령 운영위원회 운영위원에 일정 수의 외부인사가 반드시 참여해야 한다.

한국 특유의 정서상 떠난 사람, 더구나 한때 한 배를 탄 언론인 아니면 앞으로 잘 보여야 할 언론인에 대해 그렇게까지 할 필요가 있는가라는 온정주의가 이제는 언론계 전체를 위기로 몰아가고 있다. 현직 앵커, 기자, 사장 중에서 이제 누가 언제 정치권으로 자리를 옮길지 의심스럽게 됐다. 필요하다면 옮길 수 있겠지만 최소한의 예의를 갖추는 것이 어느 때보다 중요한 시대가 됐다. 이것은 이명박 정부가 추구하는 선진화의 전제조건이기도 하다.

■ 2008년 03월 20일

외신 인용·특파원 운영 돌아봐야
[김창룡의 미디어창] 아프간 피랍사태가 한국 언론에
남긴 것

아프간 피랍사태는 한국 언론 보도의 윤리성과 특파원 운용 방식의 관점에서도 향후 풀어야 할 숙제를 남겼다. 이는 국제문제 보도에서 반복적으로 나타나는 현상인 만큼 그 뿌리가 깊어 해결책도 다각도로 모색해야 할 것으로 보인다.

일반적으로 외신 오보는 그 피해자가 해외에 있다는 점에서 그 심각성이 별로 부각되지 않는 편이다. 그러나 이번 아프간 인질사태처럼 한국인이 해외에서 인질로 잡혀 있는 상황에서 외신의 오보는 곧바로 그 가족과 친지, 한국인에게 직접적인 영향을 미친다. 그만큼 신중하고 책임감 있게 보도해야 하는 당위성이 있지만, 이번 아프간 사태에서는 확인되지 않은 외신 보도들이 여과 없이 전달됐다.

'8명이 석방됐다' '군사작전에 나섰다' 등의 오보는 피랍자 가족들의 피를 말리는 보도였다. 외신 오보에 따른 국내 언론의 오보였기 때문에 부분적으로 면책될 수 있지만 윤리적 문제는 남는다.

'몸값으로 얼마가 지불됐다' '피랍자가 성폭행 당했다' 등의 보도 역시 외신 인용이라 하더라도 너무 쉽게 보도하는 경향이 있다. 절제와 신중함이 결여된 외신인용 보도경쟁은 한국기자협회 언론윤리강령 및 실천요강 중 '제2장 취재 및 보도' 강령에도 위배된다.

피랍자 중 일부가 성폭행을 당했다고 보도하게 되면 그중 누군가가 의심받게 될 것이고 공연히 한 가정을 파탄으로 몰고 갈 수도 있다. 설혹 외신이 그렇게 보도하고 의심하더라도 국내 언론이 이런 보도까지 부각시켜 보도할 이유가 어디 있을까. 언론의 존재 이유는 소문을 전달, 확산시키는 것이 아니라 진실을 찾아 취재에 나서는 것이다. 스스로 진실에 접근하기 힘든 구조라면 기회를 보면서 일단 유보하는 것이 보다 윤리적인 보도행태가 된다.

또 뉴스보도를 대가로 금품이 거래된 의혹도 제기됐다. 서방의 언론윤리강령에서도 인터뷰나 뉴스거리를 얻기 위해 직·간접적으로 돈을 건네는 행위에 대해서는 엄격하게 금지하고 있다. 그러나 아프가니스탄 탈레반 무장 세력에 피랍된 한국인의 인터뷰가 국내외 언론에 잇따라 공개되는 데 대한 우려의 목소리가 커지고 있는 가운데 인질의 인터뷰에 금전 거래가 오갔다는 의혹이 제기됐다.

연합뉴스 등 언론 보도에 따르면, 아프간 이슬라믹 프레스(AIP)의 라파트 야쿠브 편집장은 인질과의 통화에 '정보 장사꾼'으로 통하는 중개인이 끼게 되고, 이 과정에서 적지 않은 돈이 오가기도 한다고 주장했다.

이런 가운데 중앙일보가 탈레반을 잘 알고 있다는 현지 소식통과 연락이 닿았다며, 지난 7월 30일 인질 이지영 씨와의 전화 통화에 성공했다고 보도했다. 그러나 중앙일보의 한 관계자는 "다른 언론들의 추측과는 달리 이번 인터뷰에 아무런 대가도 지불하지 않았다."고 주장했다.

중앙일보는 신문기자 출신으로 현재 미국 유력 언론의 통신원으로도 활동하고 있다는 알리 아부하산(가명)을 아프간 특별 통신원으로 위촉, 7월 31일자부터 아부하산이 촬영한 사진과 취재 내용을 보도했다.

반면, KBS는 미국 CBS 방송이 한국인 여성 인질 임현주 씨의 인터뷰를 공개한 직후인 지난 7월 27일 <뉴스광장>을 통해 "탈레반은 어제(26일) 오후 KBS에 피랍 여성의 육성이 담긴 테이프를 구매할 용의가 있는지 타진해 왔다."고 밝혔다. KBS는 "피랍자의 음성을 들려주는 것도 중요하지만 테러집단과 거래하는 것은 옳지 않을 뿐 아니라 자칫하면 테러집단의 전술에 말려들 우려가 있다고 판단해 제의를 단호히 거절했다."고 밝혔다.

언론의 상업주의, 현지 취재가 불가능한 상황, 최신 정보에 대한 욕구 등이 맞물리면서 언론은 특종의 욕구를 강하게 받게 된다. 가명의 현지인을 임시로 고용한 보도 형태는 취재의 현실적 어려움을 짐작하게 한다. 주어진 현실에서 나름대로 최대한 성의를 보이는 모습으로 볼 수도 있지만 어떤 거래가 있었는지, 그리고 다른 언론사로 하여금 경쟁을 유발하고 신뢰성에도 문제가 있을 수 있다는 점에서 윤리적 논란을 부를 수 있다. 크레딧을 가명으로 사용하는 것 자체가 기사의 신뢰성을 떨어뜨린다. 통신원의 신분과 위치를 정확하게 밝히는 것이 오해의 소지를 없앨 수 있다.

특파원 문제를 살펴보자.

특파원 파견 시기와 선발 방식, 자질 문제 등이 거론될 수 있다. 과거보다 진일보한 것은, 일부 언론사에서 특파원 예고제를 통해 사전에 현지어와 현지사정을 공부하고 난 뒤에 특파원으로 가도록 한다는 점이다.

이번 아프간 인질사태에서는 한국 기자, 특파원들이 현지에 파견될 수 없었던 구조적 문제가 있었다. 그러나 한국 기자들이 현지에 들어갔다 하더라도 얼마나 한국 국민의 기대에 부응하는 뉴스로 보답했을지에 대해서는 의문이다. 이는 특파원의 자질의 문제가 아니라, 특파원을 현지에 보내는 시점이 중요하기 때문이다.

미국, 일본 등의 언론사들은 아프간에서 상주하다시피 하면서 현지를 취재하고 있기 때문에 어디를 가서 누구를 만날 수 있을지, 현지 종교지도자 가운데 누가 가장 영향력이 있는지 등 사전취재, 정보가 축적돼 있다. 그러나 한국의 특파원, 기자들은 항상 사건이 터져야 현장에 급파되는 식이다. 이런 식으로 가서는 제대로 취재할 수 없다. 세계적 통신사, 현지 언론의 보도기사를 흉내 내기도 힘들다.

더구나 한국 언론은 아프간 현지 취재에 유럽 등 타국에서 특파원 활동을 하던 기자를 보내려고 요르단 암만 등에서 대기하도록 했다. 보다시피 아프간에서 영어는 별 도움이 되지 않는다. 현지인과 접촉하고 현지인의 도움을 받기 위해서는 현지어가 필수다.

　여전히 특파원 선발에서 영어만 기준이 되고 중동권 전문기자 등은 관심권 밖이다. 그러나 달라진 것은 한국에도 분쟁전문기자, 중동 등 분쟁지역 취재를 전문으로 하는 기자와 PD 등이 존재하고 있다는 점이다. 이들의 활약이 때로는 기성 특파원, 기자를 능가하지만 문제는 시장이 없다는 점이다.

　자사 특파원 육성에는 한계가 있기 때문에 지역전문가, 분쟁지역 자유기고가 등을 활용할 수 있는 시스템을 갖춰야 한다. 언론사별로 이들을 임시 고용하고 정당한 대가를 지불할 수 있는 기준이나 원칙이 필요하다.

　대형 언론사나 중소규모의 언론사나 이번 아프간 납치사태에서 별 차별성 있는 뉴스를 제공하지 못했다. 미국 등 구미에 집중된 특파원 운영으로 아프간, 이라크 등지에서 문제가 발생하게 되면 서방 외신 중심의 보도로 편향되는 모습이 반복해서 나타났다.

　영어 일변도의 특파원, 구미중심의 특파원, 사건이 발생해야 비로소 현지에 파견하려는 임기응변식 특파원 운영제. 아프간 전쟁(1989년), 걸프전쟁(1991) 등을 거치며 현지 전문가 양성, 특파원 다변화 등이 거론됐지만 별로 달라진 것은 없다. 2001년 9·11테러사건 이후 다시 터진 미국의 이라크 침략(2003년) 등 국제보도에서 한국 특파원의 존재와 활동은 미미했다.

이것은 국제뉴스에 대한 국민들의 무관심에도 일부 원인이 있다. 모두가 국내뉴스, 재미있는 드라마, 코미디물에 관심을 쏟고 국제문제를 외면하는 풍토에서 국내 언론은 자연스럽게 독자나 시청자들의 기호에 영합한 측면도 있다. 심지어 한 중앙일간지는 경비가 과다하다는 이유로 해외 특파원을 철수하기도 했다. 흥미와 관심사만 추구하다 보면 특파원, 국제문제는 파고들 틈이 없다.

준비가 된 특파원을 언제, 어디로 보낼 것인가는 그 신문사, 방송사의 역량, 위상을 상징한다. 앞으로 국제문제를 제대로 보도하지 못하는 언론사는 경쟁에서 뒤처지게 될 것이다. 남이 파견해야 나도 파견하는 식의 특파원 운영제로는 결코 경쟁사를 앞서 가지 못한다. 또한 사건이 터져야 비로소 기자를 허둥지둥 보내는 언론사 역시 미래가 없다. 차라리 외신 크레딧을 밝히며 외신보도를 내보내는 것이 보다 정직한 서비스가 될 것이다.

■ 2007년 09월 06일

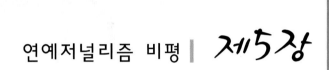

연예저널리즘 비평 | *제5장*

억울한 정수근, 매스컴의 과도한 뭇매
[김창룡의 미디어창]

프로야구 선수 정수근의 '술집난동 사건'의 진실이 새롭게 밝혀지며 그의 누명이 벗겨지고 있다. 애초부터 정수근의 난동은 없었으며 술집 종업원 박 모 씨가 허위신고를 했다는 것이다. 박 모라는 술집종업원의 거짓말 신고가 매스컴에 부각됐고 진실 여부는 무시된 채 정 선수는 일방적으로 구단으로부터 버림받고, 한국야구위원회로부터 '무기한 실격선수'라는 중징계를 당한 셈이다.

사건의 열쇠를 쥐고 있는 박 씨는 2009년 9월 4일 스포츠조선과의 전화통화에서 "정수근 선수는 그날 조용히 술만 마시고 갔다. 일이 이렇게 될 줄 몰랐다."면서 경찰에서 조사를 받게 될 때도 지금과 같이 허위신고였다고 진술할 수 있겠냐는 질문에 "사실이 그런데 어쩌겠나. 내가 허위 신고한 게 맞다."고 확인했다.

이 보도가 사실이고 박 씨의 말 또한 사실이라면, 박 씨는 정말 고약한 거짓말쟁이고 그 거짓말에 언론도 야구위원회도 놀아난 셈이 됐다. 박 씨는 지난 8월 31일 밤 경찰에 "야구선수 정수근이 웃통을 벗고 소란을 피운다."고 신고를 했었다. 이 허위신고는 너무나 큰 파괴력을 가지고 각 매스컴에 대서특필됐다. 최소한의 기초적인 사실관계도 무시된 채 정 선수의 과거 전력까지 부각되면서 그는 매스컴의 희생양이 됐다.

'야구 타임즈'는 "9회 말 쓰리아웃, 정수근의 '돌이킬 수 없는'" 제하의 기사에서 '어른이 되지 못한 악동 정수근'이라며 "…… 소속팀 롯데는 4강 문턱의 기로에서 한창 중요한 시기에 놓여 있었다. 정수근은 바로 음주파문으로 숱하게 물의를 일으켜 징계가 해제된 지 한 달도 안 되는 시점이었다."고 지적했다. 나는 이 보도에 대해 '정수근의 남은 선택'이라는 칼럼에서 "반론이 어려운 올바른 지적이다."라고 시인했다. 그러나 이것은 정정돼야 할 것 같다. 반론이 필요한 부당한 지적이라고. 정수근이 음주파문으로 물의를 일으킨 것은 사실이지만 이번 경우는 상황이 다르다고, 허위신고만 아니었더라면 아무 문제도 없는 절주, 절제된 행동이었을 뿐이었다고.

'스포츠 동아'는 한화 김인식 감독의 말을 인용해서 '한심한 놈'으로 표현했다. 사실관계 확인도 없이 정수근이 술과 관련돼 허위신고가 됐다는 그 자체만으로 이런 욕을 먹는다는 것은 부당하다. 언론의 사실관계 확인이 더욱 필요한 사안이었다.

나 역시 미디어오늘의 '정수근 관련 글'에서 "술을 좋아하는 것을 탓할 수 없지만 그 술을 통제하는 데 실패한 것이다. 또한 과거 경험으로부터 느낀 것은 많아도 달라진 것을 확실히 보여 주지 못해 솜방망이 징계를 내린 야구위원회도 도매금으로 비판받게 생겼다.”라고 지적한 것은 잘못이다. 경찰출동 여부를 떠나 정 선수의 술집난동 보도를 정도의 차이가 있을 뿐 어느 정도 사실로 믿었기 때문이다. 조용히 맥주 두 잔 마시고 간 것이 사실이라면 ‘술을 통제하는 데 실패했다’라는 단정적 표현은 올바르지 못하다.

도대체 무엇 때문에 이 모든 혼란과 소동, 오보가 만들어지며 사회를 어지럽히고 멀쩡한 야구스타를 희생자로 만들었는가. 이런 유형의 혼란은 앞으로도 우리 사회에 빈번하게 발생하게 될 것이다. 이를 막기 위해서는 거짓을 용인하는 사회가 돼서는 안 된다.

가장 먼저 박 씨의 거짓은 사회적 응징이 필요하다. 이것은 선의의 거짓이 될 수가 없다. 허위신고로 경찰이 출동했다거나 허위신고로 프로야구선수의 생명이 왔다 갔다 하는 중대한 거짓말이 어떻게 용납될 수 있단 말인가. 그가 진정한 롯데팬이라면 경찰에 허위신고를 할 것이 아니라 정 선수에게 직접 술집에 오지 말고 야구에 집중하라고 조언이나 부탁을 했어야 했다.

그다음은 첫 보도로 이를 확산시킨 언론의 책임이다. 거짓말한 박 씨의 말에 더욱 비중을 두며 정 선수의 반론이나 사실관계 확인에 소홀했다는 점이다. 많은 언론에서 일제히 정 선수의 음주관련 과거 이야기까지 포장하여 사건을 더욱 키워 버렸다. 구단의 징계나 야구위원회의 징계는 이에 대한 결과물일 뿐이다. 물론 구단도 야구위원회도 성급했다는 지적을 받을 수 있으나 워낙 민감한 시기에 불필요하게 큰 뉴스로 다뤄진 것이 문제였다.

앞으로 야구위원회나 구단은 진실확인을 거쳐 정 선수에게 기회를 한 번 더 주기를 기대한다. 이와 아울러 정 선수는 이번 해프닝을 한 번 되돌아볼 필요가 있다. 다른 선수가 이런 일에 연루됐더라도 이렇게 크게 비화됐을까. 이 점은 평소 자신의 이미지 관리가 얼마나 중요한가를 웅변한다. 정 선수를 아끼는 많은 팬들은 그라운드에서 치고 달리고 몸을 던지는 모습에 열광한다. 술집을 전전하며 이런 구설에 오르내리는 자체가 프로선수의 정신자세와 자기관리에 문제가 있다고 안타까워한다.

거짓이 확대되고 징계까지 이어지는 데는 거짓 그 자체만으로는 부족하다. 이 거짓을 더욱 확대시키는 매스컴의 파괴력이 절제 없이 이어질 때 희생의 강도는 예상을 뛰어넘는다. 거짓이 죄의식 없이 함부로 난무하는 사회, 거짓에 관대한 사법부……, 거짓의 첫 희생자는 진실이며 거짓의 가장 큰 피해자는 정 선수가 아니라 한국사회이다. 거짓말쟁이의 비극은 그가 진실을 말해도 진실로 받아들여지지 않는다는 점이다. 박 씨의 거짓신고와 거짓고백은 모두 더블체크가 필요하다.

■ 2009년 9월 5일

"진실은 강자를 불편하게 해"
[김창룡의 미디어창] 거짓과 혼돈의 사회 – 고 장자연
씨 사건

탤런트 장자연 씨가 유서에 남긴 원망과 한탄의 대상자 소속사 전 대표 김 아무개 씨가 2009년 7월 6일 현재 구속을 눈앞에 두고 있다. 신인배우의 꿈을 품고 이를 악물고 참아 내던 수모의 시간과 굴욕의 세월을 뒤로하고 스스로 자신의 짧은 인생을 마감한 장 씨는 지하에서나마 위안을 받을 수 있을까?

김 씨가 스스로 폭행·협박을 인정한 점, 해외로 장기 도피했다는 점 등에서 구속될 확률은 매우 높다. 문제는 구속 자체가 이번 사건의 진실을 밝히는 출발점이나 수사의지로 보이지 않는다는 점이다. 경찰, 검찰 등 수사기관의 우수한 수사능력을 믿지 못해서가 아니다. 진실을 밝히려는 언론의 기능과 역할을 부정해서도 아니다. 이 사건과 관련하여 현시점에서 드러나고 있는 경찰과 언론의 수준, 앞으로 검찰이 보일 행태 등을 종합해 보면 역시 진실은 이들의 영역에서 벗어나 있는 모습이다. 그 이유를 하나씩 따져 보자.

먼저, 가장 중요한 역할을 하고 있는 대한민국 경찰의 수사력 수준에 대해서다. 이번 사건에 가장 핵심적인 사안이라고 할 수 있는

'성상납과 술시중 강요' 등에 대해서는 구속영장 청구내용에서 제외했다고 한다. 대신 '폭행, 협박, 횡령' 등으로 구속영장을 신청한 뒤 성상납 등은 나중에 수사하겠다는 것이다. 필요하면 관련자들도 소환하겠다는 것이다.

나중에? 나중에 언제? 이 정도 되면 한국경찰의 수사능력과 의지를 '안다'고 생각하는 사람들은 이미 결론이 나와 있다. 눈치 빠른 언론은 벌써 '용두사미 수사'를 운운하고 있다. 사건의 본질은 회피하며 곁가지 수사로 생색내기를 하려는 모습을 언론은 파악했기 때문이다.

'사회적 타살' '가진 자들의 부도덕한 불법행태' 등으로 사회적 이목이 집중되던 이 사건에 대해 경찰은 그동안 해외로 도피한 김 전 대표가 잡히지 않아 수사가 안 된다고 하소연했다. 이제 김 전 대표가 잡히니 경찰은 무엇이라고 하는가. 그가 입을 열지 않아 수사에 어려움이 있다고 또 하소연한다. 김 씨가 입을 여는 부분은 '술시중도 스스로 했고 강요는 없었다'는 식이다. 유서에 자신에 대한 원망과 두려움이 나오지만 '자신 때문에 자살한 것 아니다'고 부정하고 있다.

그의 말을 믿든 믿지 않든 문제의 김 씨가 인정하는 부분만 보더라도 죄질이 매우 나쁘다. 파티가 열리는 옆방으로 데려가 손과 페트병으로 얼굴과 머리를 폭행했다는 내용을 보라. 연예인의 얼굴이 생명인데 손과 페트병으로 얼굴을 폭행했을 정도라면 평소 그가 죽은 장 씨를 어떻게 취급했는지 미루어 짐작할 수 있다.

이미 항변권이 없는 죽은 장 씨와 '마약을 한 듯한 말'을 뱉어내며 '사자(死者)에 대한 명예훼손'도 거침없이 진술하고 있다. 자신에게 불리한 말을 하지 않고 유리한 말만 골라 가며 왜곡과 과장, 은폐를 일삼아도 이를 탓하기가 쉽지 않다. 나름대로 자신은 방어권 행사를 하고 있기 때문이다.

문제는 경찰의 수사능력과 의지 부분이다. 김 씨의 입만 쳐다보고 그의 진술 일부를 흘리는 식이라면 더 이상 기대할 것이 없다. 이 사건에 관한 한 초기에 경찰이 보인 우왕좌왕하던 모습에서 조금도 달라진 것이 없기 때문이다. 횡령, 폭행 정도로 조사내용을 검찰에 넘긴다면 앞으로 경찰의 수사 독립 같은 것은 무시해도 좋다.

문제는 이런 수사기관에 대한 감시, 견제역할을 하는 언론의 사명이다. 수사권을 가진 수사기관에 대해 언론은 그 정당성과 타당성 등을 감시, 비판함으로써 수사의 왜곡이나 은폐, 축소 등을 견제한다. 그런데 언론에서 이번 사건과 관련하여 보여 주는 내용을 보라.

"일본에서 송환된 김 씨는 이탈리아 명품 브랜드 '돌체&가바나' 검정색 티셔츠를 착용하고 있었다."는 식의 보도를 하고 있다. 김 씨가 쓰고 있는 모자와 속옷에 대해 명품을 운운하며 흥미 위주로 접근하고 일부 네티즌들은 '신정아 뺨치는 명품족' 등으로 화답하고 있다. 이런 고가품, 사치품을 한국에서는 언론이 명품으로 만들었다. 이번 사건과 사치품이 무슨 상관있나. 이런 일부의 보도가 사건의 본질을 훼손하고 희화화한다. 경찰이 밝힌 내용이라 하더라도 죽은 장 씨가 마치 김 씨와 마약이라도 한 것처럼 보도한 것은 잘못된 것이다. 마약혐의자의 물귀신 작전이든 실제로 함께했든 항변권이 없는 죽은 자에 대한 예의가 아니며 정당한 보도도 아니다. 이런 주장을 흘리는 경찰에 대해 문제제기를 해야 하지만 거꾸로 충실히 받아 적고 '명품 사치품' 구분도 못 하며 엉뚱한 보도를 쏟아 내고 있다.

또 있다. 앞으로 이 사건이 검찰로 넘어갔을 때 검찰이 보일 행태에 대해서도 주목해야 한다. 노무현 전 대통령 비리연루 사건 때 검찰은 매일같이 언론에 수사브리핑을 했다. 이번 사건과 조금 다르지만 사회적 관심이 높고 공공성이 충분한 만큼 검찰이 어떻게 언론에 정보를 제공하는지도 관심거리다. 검찰이 너무 친절하게 매일 브리핑할 때도 문제다. 반대로 검찰이 자의적으로 입을 다물고 관련 정보 일체를 비밀에 붙이는 소위 밀실수사를 고집하는 것도 문제다.

한국은 이미 OECD 회원국 중 자살률 1위라는 불명예를 안고 있다. 경제선진국이 되어도 자살을 부추기는 세력을 견제하고 이런 현상을 예방하지 못하는 사회는 불행할 뿐이다. 법치는 사회적 약자들의 눈물을 닦아 주고 한을 풀어 주는 데서부터 출발해야 한다. 여기에 경찰, 검찰, 언론도 힘을 집중해야 한다. 강자의 불법, 탈법의 만행에 눈감고 약자의 하소연에 무심할 때 법치는 강자의 액세서리로 전락하는 법이다.

수사기관과 언론의 분발을 기대한다.

■ 2009년 7월 6일

최홍만의 두 번째 선택
[김창룡의 미디어창] '위기의 격투인생'

"최홍만 K - 1서 아웃 위기"

"최홍만 종합격투기가 더 낫다"

"정직하지 못한 '홍만 씨' 그리고 증가하는 안티" ……

화제를 몰고 다니는 사나이 최홍만. 최근 레이 세포와의 대전에서 무기력한 모습으로 완패한 뒤 짧은 격투기 인생 가운데 최대 위기를 맞고 있는 모습이다. 위에 인용한 제목들은 인터넷언론 스포츠 면에 올라온 머리기사 제목의 일부다. K - 1 주최 측은 사실상 '퇴출'을 시사했고 한때 그를 응원하던 팬들은 싸늘하게 돌아선 모습이다. 그에게 우호적이던 언론조차 비관적 보도를 내놓고 있다. 막바지에 몰린 그가 선택할 수 있는 카드는 극히 한정된 것 같다.

무엇이 잘못된 것일까?

최근 4연패에 따른 결과인가? 인내심 없는 팬들의 과도한 반응인가? 그것도 아니라면 뇌하수체 종양제거 수술에 따른 후유증인가, 혹은 병역회피 의혹, 가수데뷔, 영화촬영 등 외도가 빚은 문제인가?

원인이 무엇이든 팬들과 K-1 주최 측이 느끼는 공통점은 '이대로는 안 된다'는 것이다. 보다 정확하게 표현하면 '기술 없이 덩치로 적당히 애국판정으로 승수를 쌓아 가는 식' '단조로운 펀치와 느린 발, 무릎기술로 허우적대는 스타일'로는 흥행을 망치고 K-1 수준만 낮춘다는 위기감의 발로라는 점이다.

한때는 국내 격투 팬들의 인기를 한 몸에 받은 최홍만이 어떻게 이런 천덕꾸러기로 전락했을까? 안티 팬들은 그의 멍든 가슴에 상처를 덧씌우고 있다. 프로스포츠의 세계에서 인기도 비난도 한순간이지만 그것을 감당해야 하는 것은 오직 자신뿐이다.

따지고 보면, 그가 오늘의 격투인생 위기를 맞고 있는 것은 우연이 아니다. 프로 격투기 시장에는 오직 승리만 존재한다. 너저분한 패배 이유는 모두 변명으로 통하는 냉혹한 현실에서 모든 격투기 수련생들이 완벽한 기술을 구사하려고 구슬땀을 흘리는 사이에 그는 너무 많은 것을 너무 일찍 시작했기 때문이다.

3류급 선수 몇 명을 물리치고 인기를 조금 얻는가 싶더니 국내 방송 연예프로그램에 나타나 웃음을 팔고 다녔다. CF를 찍는 호사도 누렸다. '좀 더 격투기술 연마에 집중하라'는 지적이 있었지만 방송과 주변의 유혹도 만만치 않았다. 가수로 데뷔도 했고 일본에서는 영화촬영도 끝냈다고 한다. 이 와중에 '머리가 아프다' '아프지 않다' 등 알 듯 말 듯한 모호한 말로 군대도 면제받았다.

‘뇌하수체 종양’이라는 어려운 말로 군 면제를 받는 과정에서 일반인의 상식을 뭉개 버렸다. 군 면제를 받을 정도라면 당연히 입원했거나 후유증으로 병약한 몸으로 보양에 힘써야 했겠지만 그는 놀랍게도 몇 개월 만에 바로 격렬한 K-1 무대에 다시 섰다. 한국의 병역법을 우롱했고 병무청의 신뢰도를 다시 의심스럽게 만들었다. 현역으로 끌려간 최홍만보다 약하고 여린 몸뚱이를 가진 대다수 한국 청년들의 상식과 원칙을 혼란스럽게 만들었다.

최홍만은 군 문제에 관한 한 한국사회에 큰 빚을 지고 있다. 법적으로 어떻게 그것이 가능했는지 모르겠지만 현실적으로 불가능하기 때문이다. 공익 판정조차 나오지 않을 정도면 K-1 무대에 서서는 안 된다. K-1 무대에 서서 라운드 보이가 아닌 격투기를 할 정도면 입영대상자여야 한다. 이것이 지켜지지 않을 때 병역법은 여전히 특정인을 위한 특례법으로 전락하고 법집행의 형평성은 부정된다.

특혜는 누리고 의무는 저버릴 때 그 누구도 비난에서 벗어날 수 없다. 그의 의무라면 격투기 본연의 자세로 투지와 기술을 무대에서 보여 주는 것이다. 기술이 부족하면 투지라도 보여야 할 텐데……. 기술은 그 시절 그대로, 투지는 실종될 때 무엇 때문에 격투기 무대를 찾는지 의문을 갖게 된다. 팬들의 실망이 분노로 바뀌는 것은 시간문제다.

최홍만은 이제 선택해야 한다. K-1에 남을지, 종합격투기(MMA)로 전향할지에 대한 선택이 아니다. 가수, 영화배우를 하든가, 격투

기에 전념하든가. 표도르도 영화 찍는데 왜 나만 갖고 그러냐는 식
은 여전히 자신의 처지를 모른다는 핀잔을 받게 된다.

프로의 세계는 냉엄하다. 볼 것 없는 선수는 매니저가 아무리 로
비력을 발휘해도 시장이 거부한다. 6연패를 당한 뒤 최홍만을 패배
시키며 재기에 성공한 레이 세포는 왜 퇴출되지 않았나. 그는 헤비
급치고는 단신임에도 불구하고 어떤 상대도 방심할 수 없는 한 방
과 빠른 스피드, 탁월한 테크닉과 쇼맨십 등을 고루 갖추고 있어
그가 이기든 지든 화끈한 경기를 펼치기 때문이다.

아직 기회는 있다. 최홍만이 자신의 신체를 활용한 기술을 연마
하고 좀 더 진지하게 집중된 힘을 발휘한다면 놀라운 성과도 낼 수
있는 잠재력이 있다. 영화도 찍고 가수도 하는 식으로는 어느 종목
으로 가더라도 성공할 수 없다. 그가 종합격투기로 가면 오히려 더
쉽게 먹잇감이 될 것이다. 위기관리에 성공한 진정한 프로의 모습
을 기대한다.

■ 2008년 12월 9일

‘최진실 법’, 용어도 법안추진도 부적절
[김창룡의 미디어창] ‘스타자살’, 화제성 내용 쫓아다닌 공영방송

국민을 충격과 비통 속에 빠트린 탤런트 최진실 씨의 자살사건 이후 일주일, 최 씨의 죽음은 ‘단순 충동자살’로 결론이 났지만 한국사회에 ‘사이버 모욕죄’와 ‘인터넷 실명제’ 도입에 대한 뜨거운 쟁점거리를 남겼다. 일부 언론에서 성급하게 만들어 낸 ‘최진실 법’이란 부적절한 용어를 한나라당에서 차용하는 바람에 오히려 고인에게 ‘이중폭력행사’라는 반발을 가져오기도 했다.

미디어오늘(10월 8일자)에 따르면, 헤럴드 경제가 처음으로 ‘최진실 법’이란 용어를 만들어 사용했고 이를 한나라당에서 그대로 이용한 것이라고 한다. 독자의 이해를 돕기 위해 만든 용어라고 하지만 부적절했다. 공당에서 이를 인용하여 공개적으로 법안을 추진하겠다고 나서는 것은 더욱 부적절하고 부당하다.

그 이유는 간단하다. 우선 최 씨의 죽음이 과연 인터넷 악플이 직접적 원인이었는지 우울증이 더 직접적 원인이었는지 분명하지 않다. 우울증을 심하게 앓아 중증이었다면 악플과의 상관성에 의문을 제기할 수 있다. 죽음의 직접적 원인이 불분명한 상황에서 '최진실 법'이라는 법안을 만든다는 것은 너무 성급해서 다른 목적이 있을 것이라는 의심을 갖게 한다.

설혹 악플 때문이었다고 하더라도 자살은 정당화될 수 없고 이를 토대로 법안을 만든다는 것에 사회적 동의를 구하기도 어렵다. 더구나 살해된 성폭행 희생자의 이름을 본떠 만들려고 했던 법안조차 그 유가족들의 반대에 부딪혀 무산된 경험이 있다. 따라서 특정인의 이름을 본떠 만드는 법안은 신중해야 한다. 고인의 뜻을 헤아려야 하고 유가족의 동의가 우선돼야 한다. 미디어도 정당도 좀 더 신중했어야 했다.

최 씨의 자살사건은 예상대로 이후 모방 자살이 잇달았다. 미디어는 자살, 모방 자살을 경쟁하듯 보여 줬다. 공영방송이라는 KBS와 MBC는 당일 9시 뉴스에서 헤드라인으로 각각 뉴스시간의 10분과 15분을 대폭 할애해서 대서특필했다. 애도와 동정, 추앙이 봇물을 이루었고 특집편까지 따로 만들어 보도했다. 대중스타에 대한 그만한 대접은 죽은 자에 대한 예우라고 하지만 다루는 방식과 내용이 문제였다. 공영방송인지 상업방송인지 구분이 안 될 정도로 흥분했다. '최고의 배우' '최고의 스타' 등 찬사가 쏟아졌다. 스타성을 반대하는 것도 아니고 최 씨의 인기를 시샘하는 것도 아니다.

한국 방송이 보여 주는 스타자살 사건에 대해 진지한 고민과 성찰보다는 사건에 초점을 맞춰 화제성 내용을 쫓아다녔다. 영안실에 대기하며 잇달아 찾아오는 유명연예인들의 눈물과 유가족들의 통

곡을 여과 없이 클로즈업하여 예사로 보여 줬다. 무례한 카메라 촬영이었고 방송사 내 게이트키핑조차 생략된 공영방송의 저질화를 보는 듯했다. 포토라인은 무시됐고 최 씨의 친인척이면 누구든 붙잡고 말을 걸었고 그 말을 고스란히 방송에 내보냈다. 공영방송의 존재이유를 묻고 싶었다. BBC를 닮고 싶다는 KBS에게 이런 유명스타의 자살사건을 어떻게 보도하는지 공부라도 좀 하라고 권하고 싶다.

한나라당이 정기국회에서 통과시키려는 '사이버 모욕죄'와 '인터넷 실명제'에 대해서 인터넷 실명제와 사이버 모욕죄를 동시에 추진하는 것은 과도한 표현의 자유를 제한하는 결과를 빚는다. 현행법으로도 처벌할 수 있고 더구나 처벌한 전례도 많은데 굳이 '사이버 모욕죄'까지 신설할 이유는 없다. 대신에 인터넷 실명제를 더 강화하는 정도로도 얼마든지 입법취지를 살릴 수 있다고 본다. 대책 없는 민주당도 이에 무조건 반대해서는 안 된다. 현실적으로 악플러들이 사이버공간의 질서를 해치고 인격살인에 직·간접적 원인이 되는 행태를 더 이상 용인해서는 안 된다.

비겁한 익명의 악플러들을 걸러 내고 사이버 공간의 질서를 잡아 주기 위해 인터넷 실명제를 강화한다는 것은 불가피한 측면이 있다. 특히 대중스타들에 대한 욕설과 비방 등 '얼굴 없는 테러'에 대해서는 단속이 불가피하다. 한국인 특유의 속성, 앞에 나서서는 입도 제대로 벙긋 못 하면서 얼굴만 가리면 무슨 짓이든 하는 일부 몰지각한 악플러들에 대해 '인터넷 실명제'를 강화하는 방향으로 제도를 보완하는 것이 타당해 보인다. 물론 이 자체가 다소 부족해 보일 수도 있으나 법은 최소한의 개입에 그쳐야 한다. 입법은 또 다른 법익을 훼손할 수 있기 때문에 최후의 수단이 돼야 하고 반드시 국민적 공감대를 얻을 수 있어야 한다.

고인의 이름을 '법안'이란 미명하에 정당이나 미디어에서 언급하는 자체가 고인에 대한 예의가 아니다. 또한 매우 부적절한 용어 선택이다. 방송사마다 고인을 기리는 특집을 마련한다고 한다. 시청률을 의식한 상업주의를 경계하며 동시에 인간생명존중과 사회적 파장에 대해서도 함께 고민해 주기를 바란다.

대중스타들에게도 꼭 한마디를 전하고 싶다. 스타는 대중의 인기를 먹고살지만 동시에 비난과 욕설도 때로는 감당해야 한다. 현대사회의 강화된 네트워크는 스토커들의 목소리까지 여과 없이 스타에게 전달되는 열린사회로 만들었다. 대중스타는 외모만큼이나 정신적 성숙을 요구받고 있다. 때로는 감당하기 힘든 스트레스를 받을 때도 있지만 유명세란 그런 것을 극복해야 얻어지는 것이다. 너도 나도 불완전한 인간인데 어찌 완벽을 요구하고 기대할 수 있겠는가마는 대중스타는 삶도 죽음도 스타답기를 바라고 있다. 스타의 일거수일투족은 너무나 큰 사회적 영향력을 갖기 때문이다.

■ 2008년 10월 8일

[최진실 죽음, '애도도 추측도 멈춰라'
[김창룡의 미디어창] '대중스타 자살' 언론의 상업적
잣대]

중국산 멜라민 공포를 일거에 쓸어버리는 인기 탤런트 최진실의 갑작스런 죽음은 전국을 충격과 슬픔에 빠지게 했다. 불과 며칠 전에만 해도 대중 매체에서 즐거운 웃음과 생글생글한 미소를 선사하던 대중스타가 하루아침에 싸늘한 시신으로 발견된 것이다.

2일 경찰에 따르면, 최 씨는 이날 오전 6시 15분께 자택에서 숨진 채 어머니 정 아무개(60) 씨에 의해 발견됐으며 현재 경찰이 현장에서 사망 경위를 조사하고 있다. 경찰은 "최 씨가 이날 아침 안방 욕실 샤워부스에 압박붕대로 목을 매 숨겨 있는 것을 가족이 신고했다. 일단 시신을 욕실 현장에 둔 채 조사 중"이라고 말한 것으로 보도됐다. 정황상 최 씨의 자살로 추정되지만 그 이유나 배경에 대해서는 전혀 밝혀진 바 없다. 경찰은 "최근 탤런트 안재환 씨의 자살과 관련한 악성 루머로 최 씨가 괴로움을 토로해 온 사실 등에 주목해 사망 경위와 동기를 조사할 방침"이라고 한다.

수사는 시작단계지만 미디어는 각종 루머와 추측을 쏟아 내며 이미 결론을 보도하고 있다. '사채 25억 원의 진실' '왜 자살했나 …… 우울증도' '최진실 죽음, 고 안재환 죽음과 관계있나' 등등. 미디어가 대중스타의 자살에 대해 자세하게 보도하는 것은 불가피한 측면이 있다. 국민이 궁금해한다는 차원에서 당위성을 주장한다. 절대 이야기하지 않는 것은 스타의 자살은 '잘 팔리는 특종상품'이라는 상업성이다.

연예스타 안재환의 죽음으로 이미 많은 논란을 가져왔고 현재도 '자살, 타살'조차 밝혀내지 못한 상태다. 여기에다 이 사건에 직·간접적 관련설이 끊임없이 제기돼 온 최 씨의 죽음은 궁금증과 흥미적 요소를 더욱 극대화, 한동안 밑도 끝도 없는 루머와 추측이 대중매체를 지배하게 될 것 같다.

이 시점에서 대중스타와 한국 언론도 차분히 한 번 짚어 주기 바란다. 도대체 삶의 궁극적 목표가 무엇이며 이런 허망한 죽음을 어떻게 바라봐야 할 것인가? 돈으로 빚어지는 이 황금만능주의의 희생양들과 파문을 어떻게 다뤄야 할 것인가? 먼저 한국 언론에 대해 문제를 제기하고자 한다.

대부분 죽음을 미화하는 한국적 보도관행은 불문율인가? 자식을 두고 노부모를 남기고 스스로 삶을 끊는 이기적 행위에 대해 언제까지 '애도' '미화' '동정'을 보여야 하는가? 대중스타는 삶도 죽음도 젊은이들에게 너무나 큰 영향력을 미친다. 한국사회에서 가장 큰 불효 중의 불효는 부모보다 자식이 먼저 이승을 떠나는 것이다. 그 이유가 무엇이든 간에 절망감과 슬픔은 남은 자의 몫이다. 안타

까운 죽음을 안타까워하지 말자는 것이 아니다. 죽음이라는 숭고한 인간의 마지막 의식 앞에 숙연해지고 애도하는 그 행위 자체를 부정하는 것이 아니다. 무책임하고 반윤리적 자살 행위에 대해서는 언론이 좀 더 엄격한 보도기준과 잣대를 적용해 달라는 것이다.

대중스타들의 무책임한 행위에 대해서도 질타의 소리가 높아야 한다. 이들은 화려한 조명 아래 화려한 삶을 살아가는 청소년들의 우상이다. 그러나 평범한 일상의 삶으로 돌아오면 사소한 것과 다투고 하잘것없는 일로 괴로워해야 하는 범인의 범주를 넘을 수 없다. 대중의 인기와 관심을 이용해서 거액을 벌고 화려하게 사는 만큼 이 사회에 대한 책임의식, 대중에 대한 소명의식 같은 것도 고민해 봐야 한다. 일반인들에게는 항상 있을 수 있는 고민과 갈등이 대중스타에게는 상대적으로 크게 느껴질 수 있다. 최 씨는 이혼의 아픔을 겪고 두 자식의 성까지 바꾸며 홀로서기에 나서는 당찬 여성의 모습을 보여 줬다. 그런데 이렇게 어린 자식과 노모를 두고 극단적 선택을 한 것은 무책임하고 무모한 그릇된 선택이었음을 스타들도 인식해야 한다.

자식을 먼저 보낸 가정을 한 번 가 보라. 그 가정에는 이미 웃음과 생기도 사라졌다. 남은 사람들에게 씻을 수 없는 수치심과 슬픔, 낭패감, 절망감을 남기는 경우가 대부분이다. 심지어 이들 중 일부는 아예 또 다른 자살이라는 선택을 하는 경우도 있다. 자살은 전염성이 강한 일종의 질병이라는 인식 때문에 한국기자협회는 자살 보도 준칙도 만들어 두고 있을 정도다.

최진실은 살아서 국민스타로 많은 청장년층의 우상이었다. 그러나 그 죽음에 대해서는 아직 애도를 유보해야 한다. 언론도 추측과 루머 수준의 보도는 자제해 주기를 바란다. 대중 연예인들이 앞다퉈 애도하는 모습도 보고 싶지 않다.

대중스타를 바라보는 젊은이들의 맹목적인 시각에도 교정이 필요하다. 이들의 화려한 삶은 동경하지만 이들의 무대 뒤에서 보이지 않는 갈등과 초라한 인간적 고민 등은 보지 못한다. 너도나도 연예인이 되겠다고 뛰어들고 있는 현실이다. 그러나 이들도 현실을 살아가는 평범한 인간일 뿐이다. 과도한 집착이나 맹목적 숭배에 따른 어리석은 흉내 내기 등은 또 다른 비극을 가져올 뿐이다. 한국만큼 연예인 천국인 세상 이들 소수가 미디어를 독점적으로 지배하며 국민의 눈과 귀, 의식마저 지배하는 곳은 드물다. 이 자체가 비정상적이다. 죽은 자는 말이 없고 산 자의 괴로움이 더욱 커지는 하루다.

■ 2008년 10월 2일

최민수의 '죄와 벌'
[김창룡의 미디어창] 화려하지만 불행한 스타들의 삶

46세의 영화배우 최민수 씨가 73세의 유 모 씨를 폭행하고 차에 매단 채 질주한 혐의로 피소 위기에 처했다. 언론보도를 종합하면 부분적으로 논란은 있지만 사실관계는 비교적 단순하다.

지난 21일 오후 1시쯤 이태원동 도로 상에서 음식점 주인인 유 모 씨와 말다툼을 벌이다 주먹으로 수차례 폭행을 하고 자신의 차로 유 씨를 본닛에 매단 채 끌고 갔다는 것이다. 시비의 발단은 주차단속 중인 견인차 때문에 길이 막히자 최 씨가 자신의 오픈지프에서 욕설을 퍼부었고 이를 지켜본 유 씨가 '왜 그렇게 욕을 하느냐'고 훈계했기 때문이라고 한다.

논란이 되는 몇 가지 부분은 흉기 사용 여부이다. 피해자는 흉기를 휘둘렀다고 진술하고 최 씨는 그렇지 않다고 한다. 차에 매단 채 끌고 간 주행거리가 일부에서는 60m, 피해자는 300~400m라는 부분 등이다. 최 씨는 단순폭행이라고 주장하고 피해자는 '살인미수'라고 맞서고 있는 상황이다.

이 정도로 정리하면 그 상황이 대략 머리에 그려진다. 우발적 상황에서 최 씨가 울컥하는 화를 참지 못하고 자신보다 27살이나 더 많은 노인에게 폭행하고 차에 매단 채 끌고 간 사건이다. 살인미수냐 우발범행이냐, 패륜범이냐, 단순폭행범이냐 등은 수사기관과 법원에서 밝혀야 할 문제다.

영화배우는 대중의 박수를 가장 큰 자양분으로 믿는다. 대중의 환호냐 냉대냐는 이들의 성공과 실패로 직결된다. 이번 사건으로 자신의 인생에서 예기치 못한 큰 봉변을 당해 병원에 입원한 유 모 씨가 직접적인 큰 피해자다. 더구나 젊은이들의 폭언, 비행에 대해 모두가 외면하는 상황에서 어른의 입장에서 '그러지 말라'고 한마디 한 대가치고는 너무 큰 벌을 받은 셈이다. 그러나 그런 부당한 벌을 가한 배우 최 씨가 더 큰 피해자가 될 수도 있다고 본다.

46세 최 씨의 나이도 더 이상 철부지의 연배로 보지 않는다. 불혹을 한참 넘긴 나이에 여전히 길거리에서 폭언과 주먹질을 하는 행동거지라면 그는 '국민배우'의 자격을 상실했다. 더구나 사과하는 방식과 시기도 문제다.

그런 사건이 발생했다면 바로 사과하고 당사자에게 용서부터 비는 것이 순서였다. 그런데 기자들을 모아 놓고 국민을 향해 큰절을 했다. "한 번도 무릎을 꿇지 않은 최민수가 무릎을 꿇었다."는 식으로 보도됐다. 기자들 앞에서 그런 의식을 행하기 전에 피해당사자에게 용서를 먼저 구하는 것이 정도가 아닌가.

스포츠 한국(4월 25일)과 인터뷰에서, 유 씨는 "청와대에 탄원을 해서라도 흉기 부분은 명명백백하게 밝히겠다. 정상적인 사람이었다면 기자들을 불러 모아서 무릎을 꿇는 것이 아니라 나한테 먼저 와서 무릎을 꿇어야 했다."고 전했다. 이 내용이 사실이라면 최 씨는 여전히 피해당사자는 안중에도 없는 것으로 보인다.

피해자 유 씨는 "최민수에게 용서는 없다. 나를 매달고 300~400m를 질주한 것 자체가 살인미수다. 변호사도 선임했고, 끝까지 죄를 밝히겠다."고 단호하게 말한 것으로 전해졌다.

이런 사건에 휘말려든 것은 최 씨의 평소 자기절제, 자기통제 부족이다. 인간인 이상 누구나 실수할 수 있지만 대중스타, 스포츠 스타, 인기인의 경우는 상황이 다르다. 최 씨뿐만 아니라 유명 탤런트 등 화려한 모습의 이면에 이처럼 불행한 사건에 연루돼 끝내 불행한 파국을 맞은 사람은 국내외에 수도 없이 많다.

이들의 몰락은 팬들을 안타깝게 한다. 왜 그런 폭행을 하고 왜 그런 상식 이하의 행동을 하며 스스로 불행한 현실에서 벗어나지 못하는가?

답은 의외로 간단한 데 있다. 배우, 스타 이전에 이들은 평범한 사람들의 평범한 삶의 법칙에 서툴기 때문이다. 생활 속의 작은 타협과 이해는 공존공생의 기초다. 드라마와 스포츠의 세계와 다양하고 평범한 사람들과 함께 어울려 살아야 하는 상식의 세계와는 엄연히 생존방식이 다르다는 점을 간과하고 있기 때문이다.

주먹 하나로 백만장자의 돈을 벌었지만 성폭행 등으로 감방을 드나든 왕년의 핵주먹 타이슨, 세계복싱 미들급의 전설 아르헨티나의 카를로스 몬존의 부인 살해 및 은폐기도 사건 등. 매니저 뺨을 때려 입건된 조영빈 개그맨의 사건 정도는 주목조차 받지 못한다. 스포츠 스타면서 부인이었던 영화배우 최진실을 폭행한 것으로 알려진 조성민 야구선수, 대학동창과 주먹다짐으로 불구속 입건된 영화배우 유오성 등.

수많은 스타들의 일탈된 행동 역시 그 종류만큼 다양하다. 스타라고 해서 성인군자의 행동을 기대하고 요구할 수는 없다. 그러나 대중스타들은 젊은이의 우상이고 그 언행은 대중에게 큰 영향을 미치는 법이다.

자기 스케줄 관리는 매니저가 해 줄 수 있지만 자기관리는 자기가 해야 한다. 드라마와 현실의 구분에 철저해야 한다. 잔인하고 오만한 극중 행동은 박수를 받을 수 있지만 현실에서 일탈한 언행은 매장당할 수도 있다. 대중의 인기를 먹고살겠다는 대중스타라면 대중 한 사람 한 사람에게 좀 더 겸손해져야 한다. 그것이 진정한 프로다.

■ 2008년 4월 26일

'제2, 제3의 나훈아가 없으려면'
[김창룡의 미디어창] 매스컴과 대중스타

2008년 1월 넷째 주, 세간의 관심은 온통 '나훈아'였다. 해괴한 소문의 주인공이 된 나훈아에 대한 본인의 직접 해명성 기자회견이 있었고 무책임한 매스컴에 대한 분노도 있었다. 대중가요 스타가 무대에서 노래가 아닌 격정적인 언어와 몸짓으로 항변하는 모습은 연예저널리즘의 실패를 질타하는 몸부림이었다. 문제는 현재와 같은 매스컴 환경과 언론법제하에서는 제2, 제3의 나훈아 피해자가 줄을 섰다는 점이다.

나 씨는 지난 1월 25일 회견에서 '여배우와의 루머'와 관련하여 "난 이 자리에 해명하러 나온 것이 절대 아니다. 해명을 하자면 여러분이 해야 될 것이다. 언론의 펜대로 불거진 이번 루머로 인해 많은 사람들이 힘들어한다. 나 역시 괴롭다."며 "반드시 이니셜로 피해를 입고 있는 처자들의 억울함을 풀어 주길 바란다."는 뜻을 밝혔다. 이 말을 액면 그대로 믿게 되면 루머와 관련하여 자신만이 피해자가 아니라 그에 연루된 것으로 보도된 또 다른 두 명의 대중스타들도 억울하다는 주장이다.

연예계의 소문은 당사자 한 사람에 피해가 한정되는 것이 아니라 그 대상으로 지목된 다수의 사람들도 함께 피해를 보게 된다는 점에서 근본적인 대처가 필요하다. 물론 대중스타가 되기 위해 매스컴이 필요했고 매스컴이 그들을 영웅으로 만드는 데 조연을 한 것은 사실인 만큼 일반인과 똑같은 사생활의 자유를 누릴 수는 없다. 그러나 근거 없는 괴소문의 피해자로 고통을 받는다는 것은 부당하다. 그런 부당한 소문의 가해자 격은 매스컴이다. 개인 블로그, 인터넷 매체, 포털 사이트, 댓글, 기성매체 등 다양한 모습의 매스컴이 서로 소문을 주고받으며 확대 재생산한 셈이다.

현대사회에서 과거와 달라진 점은 인터넷을 기반으로 네트워크가 강화돼, 소문이 삽시간에 확산될 기반이 형성됐다는 점이다. 사소한 추문이 '그럴듯하게 포장돼' 매체를 반복할수록 소문의 내용이 구체화되고 과대하게 포장되는 경향도 보인다. 여기에 기름을 붓는 것이 기성언론매체들, 역시 사실관계 확인이 어렵지만 '해명하라'는 식으로 혹은 '본지에 최초고백'식으로 기사화하게 되면 소문이 거의 사실로 인정받는 수준으로 변화하게 된다.

'나훈아 사건'과 유사한 사례가 있다. 소문이 사실로 발전하는 행태를 그대로 보여 준 사건으로 대법원 판례까지 나왔다. 인기아나운서 출신 백 모 씨는 결혼 후 각종 루머에 시달렸다. 그중 가장 저급하면서도 질이 나빴던 것은 '자신이 낳은 아이가 친자가 아니다'라는 보도였다. 한 인터넷 매체에서 보도한 내용이 인터넷을 타고 퍼져 나가기 시작했고 급기야 한 스포츠 매체에서 '본지에 최초고백' 식으로 '해명을 한다'고 해서 보도했다. 본인은 안면이 있는 기자의 전화요청에 응대했고 '기사화하지 말아 달라' '해명이 오히려 호기심을 더욱 부추긴다'며 극구 반대했다. 그러나 그 신문은 사진까지 게재하여 기사화했다. 결국 사건은 법정으로 넘어갔다.

친자확인 소동 때문에 어린아이를 병원으로 데리고 다니며 피를 뽑는 등 고통의 세월을 보냈고 결국 '친자가 맞다'는 확인을 받게 됐다. 한국 같은 사회에서 여성의 정조권을 의심받는 상황에서 진실을 밝히기 위해 4-5년의 세월을 보냈고 재판에서도 이겼지만 민사상 피해보상금으로 1억 원을 받았을 뿐이다. 이 액수도 국내 명예훼손사상 실제로 지급된 액수 중에서 가장 많은 액수 중 하나로 기록됐다. 그러나 정신적 피해와 가족들의 고통 등을 감안하면 이런 액수는 터무니없다. 그래서 미국이나 영국 같은 곳에서는 '징벌적 손해배상(punitive damage)' 제도를 만들어 놓고 보도의 성격이 사악하다고 배심원들이 판단할 경우 일반 배상액에 100배까지 부담하도록 하고 있다. 백 모 씨의 사건이 미국에서 벌어졌다면 그 언론사는 최대 101억 원을 지불해야 했고 그렇게 되면 아마 신문 영업정지 상태로 파산을 맞았을 것이다. 그만큼 자유를 주지만 그 책임에 대한 중요성 또한 법적으로 강력하게 묻고 있는 것이다.

한국에서 나 씨가 소문의 진상을 밝히고 피해를 보상해 달라는 식으로 검찰에 수사를 의뢰했다고 가정해 보자. 어떻게 될까? 일단 수사기관에서 인터넷 매체, 댓글 등을 중심으로 악성루머 유포자들을 찾아낼 것이다. 그사이 나 씨는 검사실로 드나들며 조사를 받게 될 것이고 자신의 해명성 주장에 대해 입증의 노력을 하게 될 것이다. 이런 행위 자체가 연일 뉴스감이 될 것이다. 언론은 먹잇감이 생긴 셈이고 본인은 그에 비례해서 고통의 시간을 갖게 된다.

법원으로 넘어가면 어떤 결과가 나올까? 나 씨의 주장이 모두 사실로 확인됐다 하더라도 그에 대한 피해보상액이 최대 5천만 원도 넘기 어렵다. 국내 언론법제상 매체의 보도 정도, 보도내용의 위법성 정도, 보도매체의 파급 정도 등을 따졌을 때 그렇다는 것이다. 우리나라는 여전히 인격권에 대한 법적 보호가 취약한 상황이다. 2005년 개정된 언론중재법에서 인격권을 강화했지만 선진국에 비해 현격히 낮은 수준이다.

나 씨가 '여배우와 관련된 야쿠자 폭행 및 신체훼손설'에 대해선 "3류 소설 속에서나 나올 법한 기막힌 이야기다. 직접 이 자리에서 보여 주겠다. 내가 5분 동안 보여 주면 믿겠느냐?"며 바지를 벗으려 했다는 보도를 보면서 개인의 인격권이 이처럼 무시돼도 좋은지 다시 한 번 반성하는 시간이 필요했다. 언론사 개별 윤리강령에 대한 손질이 필요하고 이를 준수하지 않았을 때 법적 처벌을 강화해야 할 것이다.

또한 연예인 당사자 입장에서는 소문에 대해 초기에 적극 대응할 필요가 있다. 그것이 대중스타의 의무이기도 하다. 소문이라는 것은 정보의 수요와 공급이 제대로 이루어지지 않을 때 만들어지는 법이다. 그런 소문이 근거 없는 것이라 하더라도 본인의 적극적인 해명은 필요하다. 문제는 연예계에 그런 소문이 때로는 사실로 드러나기 때문에 각자의 적극적 대응은 필수라는 점이다.

예를 들면 대중스타였던 모 방송진행자가 자기 아버지뻘 되는

사람과 동거설, 결혼설 같은 것이 나돌 때 본인은 극구 부인했지만 몇 개월 가지 않아 '사랑하기 때문에 결혼한다'는 식으로 발표했다. 이런 사례가 한두 건이 아니다. 팬들은 우롱당했고 오보라는 비판을 받아야 했던 언론의 보도는 뒤늦게 사실로 확인됐다. 이런 현상은 연예인들 스스로 자초한 측면도 있는 만큼 악성소문일 경우 팬들에 대한 정보서비스라는 점에서 적극적으로 대처할 필요가 충분하다.

연예인들은 대중의 관심으로 먹고산다. 특히 자신의 우상이나 그 라이벌에 대한 관심과 호기심은 상상을 초월할 정도라는 점을 인식해야 한다. 한국 방송에 내용은 없고 연예인들의 말장난 프로가 이렇게 과다하게 많은 것은 바로 대중의 요구를 방송사가 상업적으로 이용하는 것이다.

매스컴은 연예인들을 위한 홍보수단으로만 존재하는 것이 아니다. 매스컴에서 보도하는 것이 모두 진실이고 사실일 수는 없는 법이다. 사실이 아닐 경우, 내용이 비록 터무니없는 것이라 하더라도 팬 관리, 정보서비스 차원에서 적절하고 정확한 정보제공이 당사자 측에 있다는 점도 무시돼서는 안 된다. 소문을 취재가 어렵다는 이유로 그대로 보도한다는 것은 저널리즘의 수치다. 그런 수준이라면 저널리스트로 불릴 자격이 없다. 최소한의 윤리강령을 지키지 않는 저널리즘, 저널리스트는 현대정보사회의 적이다. 자율통제가 무시되는 곳에 타율통제가 강화되는 것은 불가피하다. 초라해지는 인격권에 대한 보호 법제가 더욱 강화돼야 할 것이다.

■ 2008년 1월 27일

2007년 12월 31일 격투기 팬들을 흥분시킬 대격돌의 날이 다가오고 있다. 종합격투기 최장신 최홍만과 소위 '60억분의 1'이라고 불리며 종합격투기 황제로 군림하는 표도르(31, 러시아)와의 한판 승부는 승패의 결과를 떠나 빅카드라는 점에 이의는 없다.

보도에 의하면, 최홍만이 생애 최대의 승부라 할 수 있는 표도르와의 대결을 앞두고, 훈련 비공개를 선언하는 등 비장한 각오를 감추지 않고 있다고 한다. 최홍만은 표도르전 전략에 대해선 "하룻밤 정도 미쳐도 될 것이다(표도르와 붙는 순간은). 엄청 난폭해질 것"이라고 호언했다고도 한다.

씨름에서 과감하게 이종격투기로 전환하여 최고의 성공을 거둔 최홍만이 최근 부진을 딛고 세계 최강대열에 합류하며 몸값을 올릴 수 있느냐는 이 한판에 달려 있다고 해도 과언이 아니다. 현재의 종합격투기 세계에서 표도르를 상대할 만한 강자가 없다는 평가가 나올 정도의 막강한 상대 표도르와 대적한다는 것은 그 자체

가 큰 행운이기도 하지만 위기가 될 수도 있다.

최홍만과 표도르의 경기방식은 '1라운드 10분, 2라운드 5분'의 과거 프라이드 룰로 치러질 예정이라고 한다. K-1처럼 입식타격은 물론이고 그라운드에 누워서도 타격, 꺾기, 조르기 등 모든 기술적용이 가능한 방식이다. 이런 경기방식은 입식타격식으로 일관해 온 최홍만에게는 불리하다. 최홍만은 "씨름을 해 왔기 때문에 잘 안 넘어진다."고 장담하지만 표도르에게는 통하지 않을 것이다. 막상 경기가 시작되면 어떻게 진행될까?

1회전 공이 울리면 양 선수는 링 중앙으로 접근하면서 표도르는 외곽을 돌게 될 것이다. 최홍만은 특유의 스트레이트를 던지며 접근한다. 어설프게 킥을 던지든 펀치를 날리든 이 순간 표도르는 최홍만을 끌어안고 간단하게 그라운드에 눕힌다. 일단 눕히게 되면 그다음부터는 표도르가 늘 해 오던 방식으로 요리하기 시작한다. 좌우펀치로 상대를 교란하면서 팔이든 다리든 유효거리에 들어오면 바로 꺾기를 시도할 것이다. 최홍만은 힘 한 번 제대로 사용하지 못하고 그라운드에 누워 아픈 팔을 움켜쥐고 허공만 쳐다보고 있을 것이다.

이런 시나리오는 너무 일방적이고 최홍만의 신장과 힘을 과소평가했다는 지적이 있을 수 있다. 그러나 현실적으로 이렇게 진행될 가능성이 매우 높다. 최홍만은 <산케이스포츠>와 인터뷰에서 "표도르의 약점은 얼굴이다. 서 있어도, 누워 있어도 대응책은 많다."라고 언급하며 펀치와 니킥 등 안면 가격으로 승부를 내겠다는 의도를 비쳤다고 한다.

최홍만의 펀치와 니킥이 표도르의 얼굴을 가격하기 위해서는 먼저 스피드가 따라 줘야 한다. 스피드와 함께 거리에 따라 장·단타를 퍼부을 수 있는 테크닉이 있어야 한다. 표도르는 '타격기술의 일인자' 크로캅의 왼손 스트레이트를 얼굴에 가격당해 비틀거리며 최대의 위기를 맞은 적이 있다. 웬만한 상대 같았다면 그대로 다운됐을 것이지만 표도르는 놀라운 맷집과 기술력을 발휘하며 곧바로 전세를 뒤집었다. 크로캅의 연결공격을 더 이상 허용하지 않았기 때문이다. 표도르는 크로캅의 눈부신 연타마저 허용하지 않았을 정도로 위기관리 능력이 뛰어나다. 최홍만이 표도르를 상대로 단타 몇 차례를 적중시킬 수는 있어도 그것으로 승부를 결정짓기는 어렵다.

격투기의 세계에 이변은 흔하다. 물론 최홍만의 뛰어난 신장과 탁월한 파워가 표도르의 기술을 압도하며 그를 궁지로 몰아넣을 수도 있다. 무차별 포격으로 표도르의 기술을 무력화하며 그라운드에서 오히려 우세를 발휘할 수도 있다. 그러나 여기에는 조건이 있다.

그 조건은 최홍만이 다양한 그라운드 기술을 갖추고 있다는 점, 그라운드 수비가 뛰어나다는 점 등이다. 그러나 최홍만은 이런 경기방식은 단 한 차례 해 봤을 뿐 경험도 경력도 일천하여 검증되지 않았다. 격투기가 아무리 이변이 많다 하더라도 그것은 어느 정도 수준에 올랐을 때 나타나는 현상이지 절대 강자와 절대 약자 사이의 대결은 대부분 예상대로 나타난다는 사실을 무시해서는 안 된다.

어떤 경기에도 배울 것은 많다. 특히 패배한 경기에서 배우고 느끼는 것은 더욱 많은 법이다. 최홍만은 재능도 있고 잠재력도 뛰어난 탁월한 전사의 조건을 갖추고 있다. 그러나 표도르와 맞붙기에는 준비가 제대로 되지 않았다. 또한 그는 또 다른 음악적 재능으로 음반취입까지 할 정도로 집중력이 분산돼 있다. 자신의 재능을 살리고 취미를 가꿔 나간다는 것은 바람직한 일이다. 그러나 격투기의 세계는 찰나의 승부로 모든 것이 결정 난다. 그 찰나의 순간을 위해 격투전문가들은 모든 것을 바치고 모든 것을 희생한다. 그러고도 패배의 쓴잔에 남몰래 눈물을 흘리기도 한다.

최홍만에게 찾아온 절대의 기회, 표도르와의 대결은 최홍만 인생일대의 대전환기를 가져올 수도 있지만 처참한 패배로 선택의 갈림길에 놓일 수도 있다. 정신적으로 한 수 접고 들어가서는 안 되겠지만 '요절을 내겠다'는 식의 만용은 함정이 될 수도 있다. 내가 가진 모든 것을 쏟아붓겠다는 자세로 임해 주기 바란다.

기억해야 할 한 가지, '나는 씨름했기 때문에 잘 쓰러지지 않는다'는 식의 생각은 금물이다. 표도르가 쓰러뜨리지 못한 거구는 보지 못했다. 그는 자신과 상대의 체중, 각도를 이용해서 함께 쓰러지는 방식을 주로 이용하기 때문에 최홍만도 쓰러진다는 전제하에서 그다음 어떻게 대응할 것인지를 준비해야 한다. 세기의 미스매치가 되지 않기를 기대한다.

■ 2007년 12월 26일

종합격투기 K-1 데뷔전을 눈앞에 둔 전 모래판의 천하장사 김영현 선수의 합류로 이제 격투기 팬들은 세 명의 천하장사 출신들의 혈전을 지켜보게 됐다. 이미 K-1 무대에서 성공한 최홍만, 프라이드에 첫 출전하여 처절한 패배를 경험한 이태현, 다음 달 첫 경기가 잡힌 김영현, 이들은 이제 씨름판이 아닌 세계 격투기 무대에서 샅바가 아닌 두 주먹과 발, 무릎 등으로 경기를 펼치게 된다.

이들이 씨름판에서 격투기 무대로 진출하는 데 일부 한국 언론은 격려는커녕 비난을 쏟아부었다. 그들의 선택을 꾸짖었고 씨름판 부흥의 책임을 물었다. 제일 먼저 K-1로 무대를 옮긴 최홍만은 '씨름계의 망신' '천하장사 명칭을 박탈해야 한다'는 등의 언론보도에 직면해야 했다. 최홍만뿐만 아니었다.

지난해 민속씨름 천하장사 출신 이태현이 이종격투기계로 진출한다는 소식에 일부 언론은 또다시 씨름 팬의 '배신감' '분노' '충격'을 앞세우며 그의 선택을 나무랐다. 심지어 언론보도는 "자신을 길러 준 씨름판을 저버리고 왜색이 가득한 격투기에 뛰어드는 그의 행동은 누구도 이해하기 힘든 이기주의적 발상"이라고까지 비판했다. '누구도 이해하기 힘든'이라는 무리한 수사를 동원하면서까지 언론의 공격은 무차별적이었다.

씨름판이라는 흥행시장이 대중의 관심권 밖으로 사라지고 씨름 선수들이 떠돌이 생활과 장외투쟁에 나설 때까지도 언론의 분석과 대안 제시는 없다시피 했다. 시장이 무너진 곳에, 프로씨름협회 등이 새로운 대안을 내놓지 못하는 상황에서 모든 책임을 씨름 선수 개개인에게 요구했다. 일부 언론은 씨름판의 천하장사가 종합격투기로 옮기는 데 대해 가혹하리만치 비판을 가했다. 이런 행태는 경기결과를 보도하는 데도 그대로 나타났다.

2006년 9월, 이태현이 데뷔전에서 패배를 당하자 "모래판에서 13년간 쌓아 올린 금자탑이 모래성처럼 무너졌다."고 탄식했다. "한물간 선수에게 졌으니 앞으로 프라이드에서 클 수 있는 길이 막혔다."고 단정하여 보도하는 식이었다. 데뷔전에서는 패배했지만 이후에 성공한 많은 선수들에 대해서는 어떻게 설명하려고 이런 식의 막무가내식 보도를 하는지 이해할 수 없었다.

2007년 9월 또 다른 천하장사 출신 김영현의 K-1 진출에 대해서는 별말이 없다. 그도 천하장사 출신이고 역시 종합격투기로 자리를 옮기는데, 아무런 비판도 분노도 책임도 얘기하지 않는다. 최홍만, 이태현이 받아야 했던 언론의 부당한 비난이 김영현에게 와서는 사라졌다. 오히려 '두 골리앗의 신경전' 등으로 보도하며, 당연시하고 있다.

프로 선수들의 선택은 그가 범법행위를 하지 않는다면 존중돼야 한다. 언론은 동일한 잣대로 공정한 보도를 해야 한다는 것은 상식이다. 그러나 이처럼 대상에 따라 누구는 비판이 아닌 비난을 받아야 하고 누구는 별문제가 없이 보도하는 것은 스스로 언론의 이중성을 드러내는 것이다.

또한 보도에 있어 프로선수와 아마추어 선수에 대한 구분이 있어야 한다. 아마추어 선수는 국가를 대표하고 명예를 소중히 여기지만 프로선수는 그렇지 않다. 프로 무대에까지 편협한 국가주의를 내세우고 애국심에 호소하는 방식은 스스로 함량미달의 언론인이라고 선전하는 셈이다.

프로선수의 패배는 개인의 패배일 뿐 국가망신도 씨름판의 몰락도 아니다. 프로선수는 전적이 곧 자신의 가치로 평가된다. 승리가 많게 되면 똑같이 무대에 올라도 파이트머니는 다르게 책정될 것이다. 패배가 많아지면 언론이 흥분하기 이전에 프로선수 개개인이 선택의 기로에 놓이게 될 것이다.

한국 언론은 일부에서라도 또한 스포츠계에서도 공정성과 균형성을 유지해 주기 바란다. 이제 이들이 라이벌 맞대결을 펼치게 될 날도 머지않았다. 또한 각각 세미 슐트 등 강자들과 맞붙을 가능성도 열려 있다. 경기와는 별개로 스포츠 면을 읽는 재미를 팬들에게 선사하기 바란다.

최홍만과 달리 김영현은 맷집과 유연성에서 문제가 있어 보인다. 때리는 법을 배우기 전에 어떻게 맞으며 데미지를 최소화하는가를 배우지 못하면 김영현은 최홍만과 다른 길을 걷게 될 가능성이 높다. 이태현처럼 준비 없이 조급하게 링에 오르게 되면 초반부터 만신창이가 될 수도 있다. 단순히 맞고 때리기의 격투기처럼 보이지만 여기에는 보이지 않는 고도의 테크닉이 있다. 이 테크닉을 우습게 여기고 무대에 올라오는 선수들은 보다시피 연전연패하고 있다.

씨름판에서 기술이 없으면 그냥 모래판에 쓰러지면 끝나지만 격투기 세계는 그렇지 않다. 기술이 부족하면 맞아도 골병이 들 정도로 무참히 얻어맞는다. 일부 씨름판 혹은 다른 종목에서 격투기 무대로 뛰어든 한국 선수들의 수준 이하의 기량을 언론은 지적하지 않고 있다. 전통의 복싱 시장 등이 침체하는 사이에 세계의 격투기 무대는 새롭게 각광을 받고 있다. 프라이드, UFC, K-1 등 종합격투기 시장은 스타들을 기다리고 있다. 격투기 강국 한국의 선수들이 충분한 준비기간을 거쳐 선전해 주기를 기대한다. 언론도 좀 더 공정성과 전문성을 갖고 이를 보도해 주기를 바란다.

■ 2007년 08월 28일

[
'4전5기' 운동식의 불꽃투혼
[김창룡의 미디어창] 그가 기립박수를 받아야 할 이유
]

국민에게 감동을 줄 수 있다면 그 누구라도 박수를 받을 자격이 있다. 특히 실의와 좌절에서 고민하는 사람들에게 벅찬 희망의 메시지를 온몸으로 전할 수 있다면 그는 기립박수를 받아야 한다.

'유도계의 살아 있는 전설' '비운의 스타' 운동식이 이종격투기로 전환할 때 관심 있는 사람들은 말렸고 대부분의 언론은 관심을 보이지도 않았다. 일본에서 '프라이드'라는 종합격투기에 진출하여 데뷔전을 초라한 기권패로 끝나자 대부분 '예상했던 대로였다'는 반응을 보였다. 그 이후 3번의 경기를 더 가졌지만 결과는 모두 패배였다. 1승이 목말랐지만 어느덧 '4전 전패'라는 딱지가 붙었고 팬들은 외면했다.

그런 운동식이 이종격투기 팬들에게 모처럼 첫 승 신고를 했다. 그것도 막강한 상대 '멜빈 마누프'를 암바로 기권승을 받아 낸 것이다. 2007년 6월 3일 미국 LA 메모리얼 콜로세움에서 열린 K-1 다이너마이트 미국대회에서 HERO'S의 검은 돌풍 멜빈 마누프를 암바로 제압했다. 윤동식은 현지 인터뷰에서 "그동안의 부진 속에서도 계속 응원해 준 팬들에게 감사한다."며 "첫 승을 거둬서 나 스스로와의 약속을 지킨 것 같다."고 전했다. 데뷔 3년 만에 겨우 첫 승을 올린 데 불과한 그의 승리에 너무 큰 의미를 부여하지 말라는 지적도 있을 수 있다.

그가 앞으로 챔피언이 되든 그렇지 않든 그의 이번 승리는 세 가지 의미에서 챔피언 벨트 이상의 의의가 있다고 믿는다. 그리고 쉽게 승리하고 성공하고 싶은 사람들에게 '그만한 노력과 투자를 하라'는 메시지를 담고 있기 때문에 그 어떤 교훈보다 값지다고 생각한다. 몇 번의 작은 좌절에 쉽게 포기하며 남 탓하는 사람들이 얼마나 많은가. 이제 세 가지 의미를 짚어 본다.

먼저 윤동식은 자신과의 약속을 지키는 사나이가 됐다.

승리 후 인터뷰에서 '나 자신과의 약속을 지킨 것 같다'며 스스로 대견해했다. 자신과의 약속조차 지키지 않는 경우가 얼마나 많은가. 가장 쉽게 저버리고 가장 쉽게 바꿔 버릴 수 있는 것이 자신과의 약속이다. 유도계에서 눈부신 금자탑을 세운 윤동식이 사실 프로에서 한두 번 패한 뒤 슬그머니 은퇴한다고 해서 그 누구도 문제시하지 않는다. 본인도 크게 아쉬울 것이 없다. 그러나 스스로 1승만큼은 해내겠다는 자신과의 약속을 지키기 위해 연패의 수모와 팬들의 외면을 감내했다. 혈혈단신 일본으로 건너가 과거의 자존심을 접고 무명들과 어울리며 구슬땀을 흘렸다. 남모르는 눈물과 땀방울이 그를 키운 것이다. 그런 고통과 좌절을 견뎌 냈기 때문에 첫 승은 더욱 값진 것이고 감동이 있는 것이다.

두 번째 스스로 자신의 가치를 높게 평가했고 그렇게 행동했다.

자만심은 곤란하지만 자긍심과 자신에 대한 믿음은 누구에게나 필요하다. 자긍심이 없는 사람들이 자신을 함부로 굴리고 함부로 말 바꾸고 소신을 조변석개(朝變夕改)한다. 정치인들, 학자, 지도자, 장관…… 시류에 따라 갖은 이유를 내세우며 자신의 소신을 헌신 짝처럼 버리는 부끄러운 인간들이 얼마나 많은가.

2005년 4월 데뷔전 상대 사쿠라바 카즈시가 누군가? 일본에서는 프라이드 영웅이고 일본 팬들의 우상이다. 그의 난타에 고개를 묻고 기권패를 당할 때 일본 팬들은 환호했고 한국 팬들은 발을 굴렀다. 야유와 욕설까지 난무했다. 그러나 그 이후의 상대도 약자는 단 한 명도 없었다. 윤동식의 자존심이 이를 허락하지 않았다. 무릴로 부스타만테, 퀸튼 잭슨 등 모두 챔피언을 했거나 현역 챔피언이거나 일류급들만 상대했다. 비록 1승이 급했지만 '썩은 고기'는 먹지 않겠다는 자신과의 또 다른 약속이었다.

이번에 상대한 멜빈 역시 타격 최강자로 정평이 나 있으며 '인간 병기'라고 할 정도로 타격과 파워에서 타의 추종을 불허한다. 지난 해 대회에서 준우승할 정도의 실력이며 언제든지 우승할 수 있는 저력과 파워의 소유자로 유명하다. 윤동식이 멜빈과 붙는다는 대진이 확정됐을 때 일부에서는 '미스매치'라는 지적이 나올 정도였다. 막강한 상대와 맞붙어서 승리를 따낼 때 그 투혼은 박수를 받아야 한다.

마지막으로 그의 승리는 대역전극이었다는 점에서도 감동적이다.

멜빈은 1라운드 공이 울리면서부터 맹공을 퍼부었고 윤동식에게 몇 차례 위기가 다가왔다. 펀치력은 카바위를 때려도 윤동식이 중심이 흐트러질 정도로 강했다. 매트에 드러누운 윤동식에게 멜빈은 양팔을 사정없이 휘둘렀다. 그러나 정타를 허용하지 않은 윤 선수는 마침내 역전의 기회를 잡았고 암바로 완벽한 기술을 선보이며 경기를 마무리했다. 절체절명의 상황에서도 침착함을 잃지 않고 반격의 기회를 노렸다. 휘두르는 멜빈의 팔을 거머잡고 눈부신 암바 기술로 연결시켜 마침내 2회에 경기를 끝낸 것이다. 얼마나 기다렸던 1승인가. 남들은 쉽게 하는 것 같던 1승을 거두는 데 삼 년 세월이 걸렸다니.

그러나 삼 년 세월은 종합격투기에서 필요한 최소한의 기간일 뿐이다. 종합격투기는 완벽한 기술의 콤비네이션이다. 주먹과 발의 타격기, 꺾기, 쓰러뜨리기, 수비력 등 어느 하나 구비되지 못하면 간단하게 쓰러지는 것이 종합격투기다. 한국의 유도 출신, 씨름 출신, 태권도 출신 종합격투기 선수들이 얼마나 많은가. 그들이 왜 연전연패하는가. 기술 준비 없는 쇼맨십, 얼치기 복서 혹은 발차기 정도로 무대에 올라오기 때문이다.

기술과 힘이 결합될 때 예술이 되고 스포츠가 된다. 스포츠에는 감동이 있고 눈물이 있다. 쉽게 승리하려는 선수들, 충분한 준비기간 없이 링에 올라가려는 조급한 선수들에게 윤동식은 강렬한 메시지를 전한다. 힘이 빠지고 지쳐 가는 국민에게도 윤동식은 극한 상황에서 극복해 내는 의지력을 보여 주며 '함께 노력하자'고 웃는다. 그의 미소가 아름답다. 그를 외면했던 언론도 이제 한 번쯤 '윤동식의 선택과 자존심'에 대해 지면을 할애해야 하지 않을까. 인생은 결과가 아니고 과정이기 때문이다.

■ 2007년 6월 4일

김창룡 ──

▌약 력
건국대학교 축산대학 졸업
영국 런던시티대학교 언론대학원 석사(MA)
영국 카디프대학교 언론대학원 박사(PH. D)

AP통신 서울특파원, 국민일보 기자, KBS 제1라디오 칼럼니스트, 한국언론재단 연구위원,
언론피해법률지원본부 실행위원, 한국기자상 심사위원, 한국방송심의위원회 심의위원 등 역
임. 미디어오늘 <김창룡의 미디어 창> 집필, 부산 KBS 1TV <이슈&이슈 쟁점토론> 사회
자. 현재 인제대학교 신문방송학과 교수 및 국제인력지원연구소 소장.

▌주요논문 및 저서
『인터뷰, 그 기술과 즐거움』(1993)
『보도의 진실, 진실의 오보』(1993)
『현대 한국언론과 전문기자제도』(1993)
『정치커뮤니케이션, 그 성공과 실패』(1995)
『법을 알고 기사쓰기』(1997)
『정부의 새로운 PR 방안 연구』(1998)
『실전취재보도론』(1999)
『명예훼손과 언론자유』(1999)
『현대 매스커뮤니케이션의 이해』(2001)
『매스컴과 미디어 비평』(2003)
『청렴한국, 아름다운 미래』(2006)
『매니페스토 보도매뉴얼』(2007)
『인터넷 시대, 실전취재보도론』(2007)
『내 인생의 성공학, 인당리더십』(2009)
그 외 다수

김창룡의

미디어
비평노트

초판인쇄 | 2010년 3월 18일
초판발행 | 2010년 3월 18일

지은이 | 김창룡
펴낸이 | 채종준
펴낸곳 | 한국학술정보㈜
주　소 | 경기도 파주시 교하읍 문발리 파주출판문화정보산업단지 513-5
전　화 | 031) 908-3181(대표)
팩　스 | 031) 908-3189
홈페이지 | http://www.kstudy.com
E-mail | 출판사업부　publish@kstudy.com
등　록 | 제일산-115호(2000. 6. 19)

ISBN　978-89-268-0900-6 03070 (Paper Book)
　　　　978-89-268-0901-3 08070 (e-Book)

이담 books 는 한국학술정보(주)의 지식실용서 브랜드입니다.